알기 쉽게 이해하는

핵심 요약

사회복지실천기술론

최 성 혁 · 지음

에듀컨텐츠·휴피아
ECH Educontents·Huepia

에듀컨텐츠·휴피아
ECH Educontents·Huepia

목 차

< 표 목차 >

〈 그림 목차 〉

알기 쉽게 이해하는【핵심요약】

사회복지실천기술론

에듀컨텐츠·휴피아
CH

제1장 사회복지실천기술의 개관

1. 사회복지실천기술의 개념

1) 사회복지실천의 정의

① Richmond(1922: 98) : 개인과 개인, 그리고 사람과 그 사회 환경 사이에서 의식적인 조정을 통해 인격을 발달시키는 과정

② Bowers(1949: 317) : 클라이언트와 환경 사이에 조화를 이루도록 지역사회 내의 자원과 클라이언트 개인의 능력을 최대한 동원하는 지식과 기술로서, 개인이나 개인의 성격을 벗어나 지원사회의 자원을 강조함.

③ Boehm(1958: 18) : 개인 또는 집단의 사회적 기능을 향상시키는 것으로, 개인의 손상된 능력의 복귀(회복), 개인적 또는 사회적 자원의 제공, 사회적 역기능의 예방을 포함

④ NASW(1958: 344, 1974: 4-5) : 개인, 집단, 지역사회가 사회적 기능을 향상시킬 수 있는 자신들의 능력을 회복시키고 그들의 목표 달성을 위한 사회적 조직을 창조할 수 있도록 도와주는 전문적인 활동(양옥경 외, 2005: 28)

⑤ Pincus & Minahan(1973: 9), NASW(1973: 4-5) : 사람들이 그들의 생활 과업을 수행하고 고통을 경감시키며 열망과 가치를 실현시키기 위하여 사람들의 능력에 영향을 미치는 환경과 그 사람 사이의 상호작용에 관여하는 것

⑥ Alexander(1977: 413) : 인간의 삶의 질 향상을 위하여 사람과 사회적 조직체가 사람들의 심리사회적 기능이 향상되도록 행동을 변화시키는 전문적 활동

⑦ Friedlander & Apte(1974: 4) : 한 개인이 사회적·인간적인 만족과 자립을 누릴 수 있게 개인적 혹은 집단적으로 원조하는 것을 전제로 인간관계에 관한 과학적 지식과 기술에 기초를 두는 전문직업활동

⑧ NASW(1973: 4-5), Zastrow(1992: 6), Barker(1995: 354) : 사회적 기능과 바람직한 사회적인 상황의 창출에 대한 사람들의 능력을 향상시키거나 회복시킬 수 있도록 개인, 가족, 집단, 지역사회 등을 원조하는 전문적인 활동(박석돈 외, 2010: 135)[1)2)]

---

1) Compton & Galaway(1975: 2-5)은 미국에 있어서 사회사업의 개념을 "인간의 욕구가 좌절되거나 사회환경에 적응하지 못할 때 사회복지사가 개입하여 사회심리적 원조를 제공하는 것"이라고 말하면서, "사회사업실천의 개념도 매우 유사한데, 즉 다양한 사회적 욕구를 지닌 사람들이 사회복지사를 만나 사회변화의 과정을 경험하게 함으로써 그들의 욕구를 충족시켜 주는 사회사업의 방

⑨ Skidmore et al.(2000: 6) : 개인과 집단(특히 가족) 및 지역사회의 문제를 해결하도록 하고 개인과 집단 및 지역사회와의 관계에서 만족을 획득하도록 사람들을 돕는 하나의 예술이자 과학이며 전문직 활동

⑩ 김융일 외(2000: 58-59) : 인간이 지닌 사회적 문제와 사회적 기능 수행 상의 어려움을 개별적, 집단적, 조직적, 지역사회적으로 도움을 제공하여 해결하기 위한 사회사업의 통합방법 중 하나, 따라서 사회복지실천 노력의 핵심은 사회적 기능 수행상의 문제를 중심으로 사회복지사와 대상자가 함께 활동하는 것

⑪ 김기태 외(2002: 2-3) : 모든 사람들이 개인적인 능력의 신장이나 환경과의 보다 나은 상호작용을 통하여 만족을 경험할 수 있도록 개인, 가족, 집단, 지역사회를 도와주는 전문적인 활동이나 서비스

⑫ 양옥경 외(2000: 30) : 사람의 삶의 질 향상을 위해 개인, 소집단, 가족 또는 지역사회의 문제 및 욕구에 권한부여적 문제해결 접근방법으로 개입하는 종합적인 전문 활동

⑬ 소결(이종복 외, 2006: 18-19) : 인간의 삶의 질 향상을 위해 개인, 집단, 가족, 지역사회를 대상으로 사회복지사가 그들의 사회적 기능을 원활히 수행할 수 있도록 클라이언트의 강점을 살려 그들의 욕구와 문제를 스스로 해결해 나갈 수 있도록 돕는 종합적・체계적인 전문적 활동

2) 사회복지실천에서의 기술의 의미[3][4]

① Morales & Sheafor(1997: 98) : 클라이언트 체계와의 관계에서 클라이언트체계와 관계된 구체적 상황에서, 사회복지실천의 가치와 지식에 기초를 둔 변화의 심리사회적 과정을

법" 이라고 하였음(김융일 외, 1984: 17).

2) Miley et. al.(1995: 9)은 NASW(전미사회복지사협회)에서 1981년 사회사업의 목표를 사람들과 그들의 사회환경 간 개입이라고 하였고, 이러한 것을 보면 미국 사회사업의 개념이 매우 개인주의적이고 기능주의적 관점에 기초해 있는 것을 알 수 있으며, 이러한 사회사업의 목표와 목적은 전문가들이 사람들의 경쟁심을 강화시키고 필요한 자원을 연결하며, 사회구조가 모든 사회성원의 욕구에 대응하도록 조직적, 제도적 변화를 추진하도록 하는 것임(김영모, 2000: 296).

3) 전재일・이성희(2004: 16)는 사회복지실천을 "사회복지사들이 수행하는 실제적인 일련의 활동과 행동" 이라고 하면서, 클라이언트가 이론으로부터 직접적인 영향을 받기보다는 사회복지사가 실제적으로 행하는 것, 즉 사회복지사가 취하는 구체적인 활동으로부터 영향을 받는다고 하였으며, 사회복지사가 전문가로서 사회복지실천을 하고자 할 때 '이론적 준거틀에 대한 관심' 을 기초로 하여 그들이 실천하는데 필요한 '지식과 기술' 을 확보하여야 한다고 함.

4) 사회복지실천과 기술의 관계에 대한 개념과 실천에 있어 필요한 기술들에 대해서는 Shulman(1984: 24-26; 전남련 외, 2009: 19), Sheafor et al.(1997: 16), Barker(1991: 222; 전남련 외, 2009: 19), 김혜란 외(2006: 27-28), 전재일・이성희(2004: 22) 등을 참고하기 바람.

지도하는 어떤 행동을 취하는 사회복지사의 능력(전남련 외, 2009: 17)

② 전재일・이성희(2004: 16) : 사회복지실천의 지식과 가치, 윤리, 의무에 기초하여 클라이언트와 관련된 특별한 상황의 변화를 위하여 심리사회학적 개입을 할 수 있는 사회복지사의 인지적이고 행동적인 능력

③ Bear & Federico(1978: 90-95)의 사회복지실천기술의 요소(전남련 외, 2009: 17)

㉠ 정보수집과 사정 ㉡ 전문적 자기개발과 활용

㉢ 개인, 가족 및 지역사회와의 실천 활동 ㉣ 평가

④ Johnson & Yanka(2001: 52-53)의 미국사회복지교육협의회의 기술 유형

㉠ 인지적 기술 : 상황 속의 사람들을 생각하고, 사람과 상황에 대한 이해를 개발하며, 활용해야 할 지식을 명백히 하고, 중재를 위한 계획을 수립하며, 평가를 수행하는데 사용되는 기술

㉡ 상호작용적 기술(관계적 기술) : 개인, 집단, 가족, 그리고 지역사회와 함께 일함에 있어, 이해를 전달하고 개발하며 함께 계획을 수립하고 행동계획을 평가하는데 사용되는 기술

⑤ Gordon(1962: 8)의 사회복지사의 적용기법 : 지원, 분류화, 정보제공, 해석, 통찰력 개발, 클라이언트와 사회복지사의 구별, 기관의 기능과 동일시, 구조의 창조와 이용, 활동과 계획의 이용, 긍정적 경험의 준비, 교육, 집단상호작용의 자극, 유용한 사회적 자원의 이용, 개인이나 집단 또는 그 합성체(지역사회)에 작용하고 있는 환경의 힘에서 변화를 초래하는 것 등(김융일 외, 2000: 131)

⑥ Lowenberg & Dolgoff(1971: 60-67)의 사회복지실천의 시작단계에서의 기초기술

㉠ 기본적인 원조기술 ㉡ 관여기술 ㉢ 의사소통기술

⑦ 엄명용 외(2005: 16)의 사회복지실천의 기초기술

㉠ 면담기술 : 의사소통 및 관여기술

㉡ 사정기술 : 개인과 환경의 상호작용 맥락에서 문제나 어려움을 발견하는 기술

㉢ 개입기술 : 문제나 어려움을 해결하는 기술

㉣ 팀워크기술 : 문제해결을 위하여 다른 전문직과 합동으로 노력하는 기술

㉤ 지지망 구축기술 : 개입효과의 지속성을 유지함으로써 클라이언트의 자립을 유도하는기술

㉥ 협상기술 : 클라이언트의 복지와 관련된 주변 체계와의 협상 기술

㉦ 평가 및 종결기술 : 클라이언트와 사회복지사의 협력적 노력의 결과를 평가하고 클라이언트의 자립생활을 위하여 종결하는 기술

3) 사회복지실천기술의 정의

① Smalley(1967: 17) : 사회복지사가 특정 프로그램이나 서비스의 목적을 달성하기 위해서 원조과정을 진행하는 데 필요한 방법을 사용할 수 있는 능력

② Henry(1992: 5) : 특정 시간에, 특정 목적을 위해서, 특정 방식으로 사회복지사가 사용하는 일련의 행동 혹은 과정(엄명용 외, 2015: 24-25; 김혜영 외, 2023: 14)

③ Morales & Sheafor(1997: 98) : 지식과 가치 및 개입 기법을 효과적으로 행동으로 사용할 수 있는 전문적인 능력(전남련 외, 2009: 17)

④ Cournoyer(2000: 2-4) : 사회복지실천은 사회복지사의 지식, 가치, 윤리, 의무로부터 나와야 하고, 사회복지사에게 필요한 핵심적인 자질과 일치해야 하며, 전문직 통합성의 특징을 반영해야 하고, 실천의 단계나 과정의 맥락을 고려할 때 사회복지실천의 목적과 일치하는 일련의 인지적·행동적인 행위(류종훈, 2006: 22-23)

⑤ 김융일 외(2000: 131)과 전재일·이성희(2004: 19) : 클라이언트체계와의 관계에서 사회복지실천의 가치와 지식에 기초하여 클라이언트와 관련된 특별한 상황의 변화를 위하여 심리사회적 개입을 할 수 있는 사회복지사의 능력

⑥ 류종훈(2006: 23) : 로봇처럼 모든 클라이언트, 모든 문제, 모든 상황에 똑같은 방식으로 적용할 수 있는 단순 테크닉이 아니라, 사회복지사가 전문직으로 가지고 있는 가치와 전문적 지식을 바탕으로 한 일련의 행위

⑦ 소결(전남련 외, 2009: 22) : 사회복지실천에서 사회복지사가 이론적인 체계를 갖추고 전문적인 가치와 지식에 기초하여 다양한 사회복지실천기술을 통합적으로 활용하여 클라이언트의 변화를 위해 개입하고 노력하는 행위의 총체

2. 사회복지사의 전문적 지식과 가치

1) 사회복지실천 지식의 개념

① 김융일 외(1997: 95; 2000: 117) : 과학, 예술, 학문 또는 연구, 조사, 실천을 포함하는 다른 영역들 중 일 분야에 대한 이론적이고 실천적인 이해를 획득한 것과 습득된 기술

② 이윤로(2007: 18) : 인간과 그들의 사회체계에 관해 알려진 것으로, 상황 속의 인간형상을 묘사하고, 개인과 그들의 사회체계의 기능을 설명하며, 인간발달, 인간의 다양성, 사회체계에 관한 지식을 포함하고, 욕구와 측정, 관계 형성, 사회사업과정, 개입에 대한 지식도 포함

2) 사회복지실천 지식의 기반

① Zastrow(2000: 7)의 견해

㉠ 사회복지실천은 인간 발달과 행동, 사회적・경제적・문화적 제도들, 이러한 제반 요인들 간의 상호작용에 관한 지식을 필요로 함.

㉡ 즉, 사회복지사의 지식체계 뿐만 아니라, 인간이 욕구와 행동을 설명하는 다양한 학문 분야 - 심리학, 사회학, 정치학, 경제학, 생물학, 정신의학, 문화인류학 등 - 의 지식을 필요로 한다는 것(원석조, 2013: 135-136)

② Kirst-Ashman(2003: 14)의 견해

㉠ 사회복지실천은 개인, 가족, 집단, 조직, 지역사회의 복지를 확대하기 위한 지식, 기술, 가치이 실천적 적용에 필요한 지식을 제공함(원석조, 2013: 136).

㉡ 사회복지실천의 전문직이 필요로 하는 지식들을 [그림 1-1]과 같이 제시함.

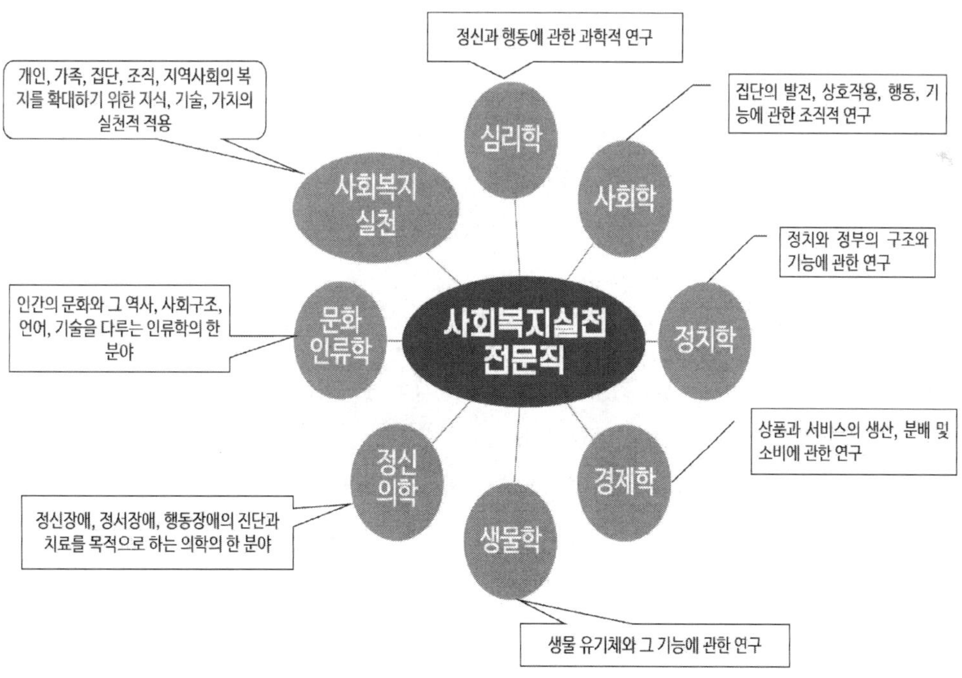

[그림 1-1] 사회복지실천의 지식 기반

③ Goldstein(1990: 41)의 견해

㉠ 사회복지실천가는 '이해'(understanding)라는 명목하에 반사적, 창조적, 독창적으로 이

론, 정보, 기관, 감각의 부분을 혼합하고 통합하려고 노력하여야 함.

㉡ 응용과학 이상의 예술로서 사회복지실천을 표현함.

3) 사회복지실천 지식[5]의 차원과 내용(Sheafor et al., 1997: 49-52)

① 패러다임

㉠ 의미 : 어떤 한 시대 사람들의 견해나 사고를 근본적으로 규정하고 있는 테두리로서 인식의 체계 또는 사물에 대한 이론적인 틀이나 체계

㉡ 과거에 환경 속 개인보다는 질병에 대한 진단을 중시하는 의료적 패러다임이 지배적이었다면, 최근에는 환경 속의 개인을 강조하며 환경과 개인 간의 상호작용을 중시하는 생태체계적 패러다임으로 변화하듯이, 그 시대에 사람들이 중요시하는 견해와 인식, 사고의 틀을 의미

㉢ 예시) 의료적 패러다임 VS 생태체계적 패러다임

② 기본이론

㉠ 행동을 기술하고 설명하며 어떤 문제가 왜, 어떻게 진전되는지에 대한 설명 제공

㉡ 심리학, 사회학, 정치학, 경제학, 문화인류학 등 기초사회과학 지식 포함

③ 실천준거틀[6]

㉠ 실천관점

- 사물이나 현상을 관찰할 때 그 사람이 보고 생각하는 태도나 방향을 의미
- 카메라 렌즈처럼 배경이 되는 현상 속에서 특정 현상을 확대하거나 초점을 두는 것
- 관점은 사회복지사가 클라이언트를 상대할 때 클라이언트의 어느 부분을 중점으로 바라보아야 올바른 개입이 이루어질 것인가에 대한 고려 지침을 제공

---

5) Siporin(1975: 96-100)은 사회복지실천에서 사용되는 지식을 기능에 따라 사정관련 지식과 개입관련 지식으로 구분하고 있는데, 사정관련 지식은 개인의 욕구와 문제, 상황 등을 이해하기 위한 지식으로, 사회복지사가 개입 이전에 클라이언트의 심리적, 사회적, 문화적 특징들을 이해하고 클라이언트의 문제가 발생하는 상황적 맥락을 분석하는 데 필요한 것이며, 개입관련 지식은 사회복지사가 개인이나 집단, 지역사회를 돕기 위한 실천과정에서 활용하는 실천이론과 개입방법에 관한 지식을 의미한다고 함(김혜영 외, 2014: 114-115).

6) 사회복지실천 지식의 이론적 준거틀은 인간 행동이나 상황, 사회환경을 바라보는 시각과 이를 어떻게 변화시킬 수 있을 것인가에 대한 지침을 제공함(Pincus & Minahan, 1973: 38-42).

- 실천에 대해 생각하고 조망하는 방법
- 사회적 기능을 바라보는 개념적 렌즈, 실천상황에서 무엇이 중요하게 고려되어야 하는지에 대한 폭넓은 지침 제공
- 예) 어느 한 인간이 가진 문제 상황을 알고 있다고 가정하자.
- 강점 관점 VS 진단적 관점
  - ㅁ 강점 관점 : 문제상황에서 개인의 임파워먼트를 강화시키는 즉 강점을 강화하고 단점을 보완하는 형식으로 이들의 역량을 강화시키는 방향으로 진행
  - ㅁ 진단점 관점 : 문제상황의 원인이 특정 과거나 평소의 심리적 문제 등이 문제가 될 것이라고 판단, 이와 관련한 근거를 집중적으로 수집하려고 할 것이고 마지막에는 그 진단 결과에 따른 처방을 내리려고 할 것임.
- 예시) 일반체계관점, 생태체계관점, 일반사회복지실천관점, 페미니스트 관점, 민족인지적 관점 등

ⓛ 실천이론
- 관점보다 더 구체화된 것
- 관점이 그저 사물이나 현상을 어떻게 바라볼 것인지 추상적으로 고민하는 것이라면, 이론은 더 나아가 사물이나 현상에 대한 관점을 정하고, 그 관점에 맞게 사물의 상태나 현상을 논리정연하고 체계적으로 설명하기 일반화한 가설이나 개념
- 어떤 행동이나 상황에 대해서 왜 그러한 것인지 가설이나 개념을 통해 설명하고 어떻게 그런 행동이나 상황을 변화시킬 수 있을지에 관한 지침을 제공
- 예시) 정신역동이론, 심리사회이론, 행동주의이론, 인지행동이론, 생태체계이론 등

ⓒ 실천모델(실천방법)
- 실천상황에서 사회복지사에게 보다 구체적인 실천방법을 알려줌.
- 문제 분석부터 시작하여 개입계획, 실천과정에 이르기까지 구체적으로 어떻게 행동해야 하는지 방법을 제시
- 이론은 그저 현상이 '~~로 인해 생겨난 것임을 알려주는 개념' 이라면, 모델은 '~~한 현상이 나타났을 때 어떻게 대처해야 하는지 실천방법을 알려주는 것'
- 사회복지실천 활동을 이끌어가는 데 사용되는 일련의 개념과 원리들의 집합체
- 예시) 심리사회모델, 기능적 모델, 행동수정모델, 인지행동모델, 과업중심모델, 위기

개입모델, 생활모델, 문제해결모델 등

④ 운용지침(= 실천지혜, 암묵적 지식)

㉠ 사회복지사가 현장에서 실천을 통해 경험적으로 만들어지는 지식

㉡ 사회복지사가 원만한 과업수행을 위해 알아야 하는 규칙, 절차, 양식, 특정 활동과 관련된 자원의 내역, 자원조달방법, 서비스 연결망에 대한 정보 등 실천현장에서 귀납적으로 만들어진 지식의 종류

㉢ 예) 사회복지사는 클라이언트가 저항을 보일 때, ○○한 대처를 했더니 저항을 보이지 않았음을 알게 되었고, 이것이 여러 대상한테도 똑같이 통하는 경우 알게 된 지식을 의미

4) 사회복지실천 지식의 분류[7]

① Kadushin(1959: 44)의 분류[8]

㉠ 일반적인 사회복지실천 지식

- 사회문제에 대한 내용을 포함한 사회복지정책과 서비스, 공식적인 정책에서의 사회복지사의 역할(예, 사회복지제도 및 행정: 사회복지행정론, 사회복지정책론, 사회복지법제론)
- 인간의 성장과 인성발달에 대한 정상적인 것과 비정상적인 내용을 포함하는 인간행동과 사회환경, 병과 무능력, 문화적 규범과 가치(예, 인간행동과 사회환경)
- 직접서비스 측면-C.W, G.W, C.O-과 조사와 행정 기능을 수행하는 사회복지실천방법(예, 사회복지실천론, 사회복지실천기술론, 사회복지조사론)

㉡ 특수한 실천분여에 대한 지식

- 사회복지사는 자신이 속해있는 특수한 실천분야의 목적과 철학, 사회에서 요구하는 그 실천분야의 제반 기능을 설명해 주는 지식을 갖추도록 해야 함.
- 예시) 교정사회복지 분야

  □ 사회복지사는 교정의 기능이 유죄판결을 받은 범죄자의 처벌이라는 것을 알 필

---

7) 미국 사회사업가협회(1981)에서 제시하고 있는 사회복지실천에 필요한 구체적인 이론과 기술을 포괄적으로 포함하는 사회복지 전문지식의 종류는 전남련 외(2009: 28-29)를 참고하기 바람. 그리고 이윤로(2007: 19-20)의 사회복지실천 지식의 분류는 전남련 외(2009: 29-30)를 참고하기 바람.

8) Kadushin(1959: 44)의 사회복지실천 지식의 분류에 대해서는 김융일 외(2000: 122-126)를 참고하기 바람.

요가 있음.

□ 처벌의 형태는 단지 법에 의해 허용된 것들, 즉 투옥(자유권의 박탈), 벌금(재산의 몰수), 사형과 사회에서 받아들여지고 부과하는 어떠한 다른 처벌과 함께 교정철학에 대한 공통의 믿음을 알아야 함.

ⓒ 특수한 기관에 대한 지식

- 사회복지사는 소속된 기관에 대한 특성과 역사적 배경, 목적 및 직무에 대한 지식을 갖추어야 함.
  - 예시 1) 보호관찰 사회복지사 : 현장서비스 기능(조사+감독) + 서비스 기능
- 사회복지사는 치료계획과 제도가 제공하는 자원에 대해 숙지

□ 직접적 사회사업실천 : 개인, 가족, 또는 집단을 대상으로 직접적으로 활동

□ 간접적 사회사업실천 : 클라이언트를 도울 수 있는 사람들에게 상담 제공 등

ⓡ 특수한 클라이언트에 대한 지식

- 점차 특수한 사례가 증가되면서 사회복지사에게는 클라이언트에 대한 폭넓은 지식 필요
- 이를 위해서 접수단계에서부터 클라이언트에 대한 세심한 기록과 사정이 요구됨.
- 예) 교정사회복지사가 만나는 클라이언트에 대한 지식은 클라이언트의 비행해동, 가족구성, 문제행동에 대한 법정 접촉과 그 배경, 학교 보고서, 병원 보고서 등

ⓜ 특수한 접촉에 대한 지식

- 사회복지사와 클라이언트와의 첫 만남 중요
- 문헌과 실제 경험을 통하여 얻은 지식으로부터 클라이언트와의 역동적 관계를 맺는 데에 있어서의 최초 접촉
- 예) Biestek(1961)의 관계론, 면접론 등

② Siporin(1975: 88-114)의 분류(전남련 외, 2009: 23)

㉠ 사정에 필요한 지식

- 개인과 환경에 대한 이해 : 클라이언트가 겪는 문제의 원인을 파악하기 위해 개인의 욕구, 심리, 행동, 가족, 지역사회 등 다양한 요소를 이해하는 지식
- 사회복지 정책 및 제도 이해 : 클라이언트가 이용할 수 있는 사회복지 정책, 서비스, 제도를 이해하는 지식
- 인간 행동 및 발달 이해 : 인간 행동의 다양한 측면과 발달 과정을 이해하는 지식

㉡ 개입에 필요한 지식

- 사회복지실천 과정에 대한 지식 : 클라이언트를 돕는 일련의 과정, 즉 접수, 사정, 계획 수립, 개입, 평가 및 종결 단계를 이해하는 지식
- 사회복지 실천 기술 : 클라이언트와 관계를 맺고, 문제를 해결하며, 사회적 기능을 향상시키는 데 필요한 구체적인 기술들에 대한 지식
- 윤리와 가치 : 사회복지 실천의 기본이 되는 윤리적 원칙과 가치에 대한 지식, 예) 인권 존중, 자기결정의 원칙 등
- 다양한 실천 모델 지식 : 개인, 집단, 가족 등 다양한 대상과 상황에 맞는 사회복지 실천 모델에 대한 지식

③ Gordon(1965: 32-39)의 분류(김융일 외, 1997: 96)

㉠ 확인된 지식 : 경험적인 검증과 관찰에 의한 지식

㉡ 가정적 지식 : 사실인 것 같지만, 아직 확인되지 않은 것으로서 현재로서는 받아들여져 활용되는 지식, 전문가로서 우리에게 중요한 것은 이러한 가정적 지식을 검증하려는 적극적인 시도

④ 김융일 외(2000: 119)의 분류

㉠ 사회복지사의 실질적인 개입활동을 다루는 실천지식 : "내가 무엇을 하며 그것을 어떻게 할 것인가?"라는 질문에 대한 해답을 찾는 것

㉡ 인간과 환경이 상호작용에 관련되는 인간체계의 발달, 성장, 기능 및 역기능 등에 관한 기초지식(Compton, 1983: 45-46)

⑤ 김혜란 외(2006: 24-25)의 분류

㉠ 기초지식 : 사회복지실천의 맥락과 대상자를 이해하는데 도움이 되고, 특히 사회적 소외계층이 겪는 문제가 발생하는 사회적 맥락과 바람직한 사회변화에 관한 다양한 관점과 시각을 가지기 위해 필요한, 사회학, 정치학, 경제학, 인류학 등 기초사회과학으로부터 획득되는 지식

㉡ 전문지식 : 사회복지사에게 필요한 전문적인 지식으로, 클라이언트에 대한 이해로부터 실천과정, 사회정책에 이르기까지 다양함. 구체적으로는 다음과 같음(Johnson et al., 1997; 전남련 외, 2009: 24-25)

- 인간행동과 발달에 관한 지식 : 인간의 행동적 특성을 이해하고 환경의 상호적 영향

력을 파악하기 위한 인간의 정서적, 심리적, 사회적 발달단계와 환경의 물리적, 사회적, 문화적 특성 등과 관련된 지식

- 인간관계와 상호작용에 관한 지식 : 개인, 가족, 집단, 지역사회, 조직이나 기관들 간의 관계와 상호작용을 촉진하며 효과적인 의사소통에 필요한 지식
- 실천이론과 모델에 관한 지식 : 다양한 실천상황에 적합한 전문적인 원조관계와 실천과정의 개입방법과 전략 등을 선택하는 데 필요한 지식
- 특정분야나 대상집단에 관한 지식 : 클라이언트 집단이나 실천상황, 기관 등에 관한 지식은 사회복지사가 특정한 대상자나 실천현장의 실무에 도움을 주는 지식
- 사회정책과 서비스에 관한 지식 : 도움이 필요한 대상자에게 서비스를 제공하는 전문가와 기관을 포함하여 전달체계에 관한 지식과, 사회정책이 변화해 온 역사적 맥락과 개인의 기능에 대한 사회정책의 영향력, 사회정책을 발전시키기 위한 사회복지사의 역할 등에 관한 지식
- 사회복지사 자신에 관한 지식 : 사회복지실천에 영향을 미치는 전문가의 감정이나 가치, 태도, 행동 등에 관한 지식

5) 사회복지실천의 전문적 기반(이종복 외, 2006: 19-21)

① 과학적 기반(과학성)

㉠ 개념

- 효과적인 개입을 위해서 사회현상, 사회적 조건과 문제, 사회정책과 프로그램, 사회복지 전문직, 다양성 실천이론과 관련된 지식에 바탕으로 두고 이를 적용, 활용하는 것임.
- 과학적 방법은 현상을 연구하고 지식을 형성하기 위한 구체적 접근방법임.
- 편견이나 주관성으로 인한 판단 상의 오류를 줄여주고 사회복지실천이 좀 더 효과적, 효율적이 될 수 있도록 함.

㉡ 구성요소(과학적 기반에 해당되는 지식)

- 사회정책과 프로그램에 대한 지식
- 사회현상에 대한 지식
- 사회복지 전문직에 대한 지식
- 사회복지 실천을 위한 지식

㉢ 과학적 기반이 적용되는 상황

- 사회복지실천의 결과에 대한 자료를 수집하고 조직화하고 분석함.

- 새로운 기법과 실천지침을 만들고 새로운 프로그램과 정책을 개발하기 위해 관찰, 경험, 그리고 공식적 연구를 활용함.
- 사회복지 개입을 안내하는 계획과 준거틀을 만들기 위해 기초 자료를 활용함.
- 전문직에서 다른 사람들이 설명하는 아이디어, 연구 그리고 실천을 교환하고 비평적으로 평가함.

② 예술적 기반(예술성)

㉠ 개념

- 예술 : 능숙한 수행을 하는데 필요한 특수한 기술로서 학습만으로는 배울 수 없는 직관적인 능력을 발휘해야 하는 것
- 사회복지사의 개인적 특성이나 예술적 혹은 직관적 능력 등을 과학적 기반과 더불어 적절히 활용하는 것임.

㉡ 구성요소

- 동정과 용기
- 진실된 인간 이해 : 온화함, 감정이입, 진실성
- 창의성 : 상상력, 융통성, 인내심
- 희망과 에너지
- 건전한 판단력
- 전문적 관계 형성
- 전문적 가치 : 기본적인 권리에 대한 존중, 사회적 책임감, 개인적 자유에 대한 헌신, 자기결정에 대한 지지 등

㉢ 예술적 기반이 적용되는 상황

- 사회복지실천의 면면에서 드러남
- 클라이언트와의 전문적 관계 형성, 클라이언트에 대한 감정이입된 의사소통
- 창의적 사고, 적합한 가치, 직관적 능력, 건전한 판단력, 인간의 고통에 직면할 수 있는 용기
- 의미 있고 상생적인 원조 관계를 수립할 수 있는 능력, 변화에 대한 장애물을 극복하는 창의성, 변화 과정에 에너지와 희망을 불어넣는 능력, 효과적인 전문가 스타일을 형성하는 것 등

6) 사회복지 전문직의 윤리[9]

① Lowenberg & Dolgoff(1992: 52-54, 60)의 윤리강령의 기능과 윤리적 의사결정 접근방법 (김융일 외, 2000: 112; 김혜란 외, 2006: 30-31)

㉠ 윤리강령의 기능

- 윤리적 딜레마 해결 및 의사결정 지원 : 윤리적 원칙이 충돌하는 상황에서 무엇을 우선해야 할지 판단하는 기준을 제시하여 복잡한 윤리적 문제에 대한 합리적인 의사결정을 지원
- 윤리적 판단의 틀 제공 : '생명보호', '평등', '자율성', '최소 손실' 등 7가지 원칙의 우선순위를 제시하여 사회복지사가 윤리적 판단을 내릴 수 있는 체계적인 틀을 제공함.
- 전문직의 가치와 품위 유지 : 사회복지사가 전문가로서의 품위를 유지하고, 윤리적 기준에 따라 행동하도록 안내하여 전문직의 신뢰도를 높임.
- 클라이언트 보호 : 사회복지사의 윤리적 행동을 통해 클라이언트의 권익과 안전을 최우선으로 보호하고, 클라이언트에게 미치는 잠재적 해악을 최소화함.
- 실천 지침 제공 : 윤리적 원칙의 우선순위는 실제 사회복지실천현장에서 발생할 수 있는 다양한 윤리적 딜레마 상황에서 행동 지침의 역할을 함.

㉡ 윤리적 의사결정 접근방법

- 생명보호의 원칙
- 평등 및 불평등의 원칙
- 자율과 자유의 원칙
- 최소 해악의 원칙
- 삶의 질의 원칙
- 사생활과 비밀보장의 원칙
- 진실과 사실을 성실히 알릴 원칙

② Mattison(1977: 204-206)의 윤리적 딜레마를 해결하기 위한 단계별 과정

㉠ 사례와 관련된 사실과 세부사항 수집 및 평가

- 가장 먼저 사례의 전반적인 상황을 파악하고 관련된 모든 정보를 수집
- 클라이언트의 상황, 욕구, 배경, 관련된 법적·제도적 정보 등을 포함
- 이 단계에서 사실과 가정을 명확하게 구분하는 것이 중요함.

---

9) 사회복지실천의 윤리강령은 전문직의 추상적인 가치를 행동강령으로 구체화한 것으로, 사회복지사가 수행하는 모든 일들을 전문가의 윤리와 책임이라는 관점에서 우선적으로 검토하도록 도움 (김혜란 외, 2006: 29).

㉡ 윤리적 요소 파악
- 사례에 내재된 윤리적 쟁점을 식별
- 어떤 윤리적 가치와 원칙이 충돌하고 있는지 구체적으로 확인

㉢ 가치 갈등 확인
- 충돌하는 가치들을 명확하게 인식
- 예) 클라이언트의 자기결정권과 사회복지사의 보호 의무가 상충하는 경우

㉣ 사례에 영향을 미치는 윤리적 원칙 검토
- 관련된 윤리적 지침, 규범, 법규 등을 검토
- 사회복지사 윤리강령 등 전문가로서 준수해야 할 기준을 확인

㉤ 가능한 대안 탐색
- 충돌하는 가치와 윤리적 원칙을 바탕으로 문제를 해결할 수 있는 다양한 대안들을 모색
- 창의적이고 다양한 해결책을 고려하는 것이 좋음.

㉥ 결과 및 영향 분석
- 각 대안이 가져올 결과를 예측하고, 각 이해관계자에게 미칠 영향을 분석
- 단기적 영향과 장기적 영향을 모두 고려

㉦ 최적의 행동 선택 및 실행
- 모든 단계를 거쳐 수집한 정보를 종합적으로 고려하여 최적의 해결책을 결정하고 실행
- 이 과정에서 동료 전문가에게 자문을 구하는 것도 좋은 방법이고, 결정을 내린 후에는 그 과정과 결과를 기록으로 남기는 것이 중요함.

③ 미국사회복지사협회(NASW, 1995: 5-6)의 윤리강령 원칙(전남련 외, 2009: 35-36)

㉠ 서비스(Service) : 사람들에게 도움을 주는 데 주력

㉡ 사회적 정의(Social Justice) : 사회적 불평등에 맞서 싸움.

㉢ 개인의 존엄성과 가치(Importance of Human Beings) : 모든 인간의 존엄성과 고유한 가치를 존중

㉣ 인간관계의 중요성(Importance of Human Relationships) : 사람 간의 관계가 중요함을 인식하고, 이를 통해 문제를 해결해 나감.

㉤ 성실성(Integrity) : 신뢰할 수 있는 행동을 통해 전문직의 신뢰를 지킴.

ⓗ 역량(Competence) : 전문적인 지식과 기술을 지속적으로 발전시키고, 전문적 지식과 기술의 한계를 명확히 함.

④ Flexner[10](1915: 578-581)의 사회사업 전문직의 분석틀 : 개인적 책임성이 보장되는 지적 활동, 과학적·학문적 기반을 둔 이론, 실제적이며 명확한 목적, 교육적 전달방식, 자발적 조직, 이타주의적 동기(김혜란 외, 2006: 31)

⑤ Greenwood(1957: 44-55)의 전문직의 속성 : 체계적 이론(체계화된 지식기반과 기술), 전문적인 권위, 사회적 승인(재가), 윤리강령, 전문직 문화(공유된 전문적 가치와 규범)

7) 사회복지사의 역할

① Federico(1973: 146-147)[11] : 중개자, 옹호자, 평가자, 교사, 동기부여자, 행동변화자, 자문상담자, 지역사회 기획가, 보호자, 자료관리자, 행정가 등

② Zastrow(1999: 14-16)[12]

㉠ 가능하게 하는 사람(enabler) : 사회복지사가 개인이나 집단, 지역사회가 그들의 욕구를 명료화하도록 돕는 것

㉡ 중개인(broker) : 개인이나 집단이 지역사회 내에 있는 서비스체계나 자원을 활용할 수 있도록 돕거나 안내해 주는 역할

㉢ 옹호자(advocator) : 이다. 이러한 개념은 법률분야에서 변호사의 역할을 빌려온 것으로서, 사회복지사는 클라이언트에 대하여 옹호인의 역할을 수행해야 할 때가 있음.

㉣ 역량강화자(empowered) : 사회복지실천의 핵심적인 목적 중의 하나가 클라이언트로 하여금 자신의 권한과 능력을 향상, 신장시키는 것에 맞추어져 있음

---

10) Flexner(1915)는 1915년 미국의 전국자선단체 및 교정대회(National Conference of Charities and Correction)에서 「사회복지는 전문직인가?(Is social work a preofession?)」 라는 논문과 연설을 통해 사회복지는 전문직으로서 5가지 특성이 결여되어 있다고 주장한 바 있는데, 그것은 ① 사회복지는 사회과학적 기초가 결여되어 있고, ② 독자적이고 명확한 지식체계 및 전수할 만한 전문기술이 결여되어 있으며, ③ 정부의 책임 아래 실시되는 교육 및 전문적 자격제도가 없고, ④ 전문적 조직체가 없으며, ⑤ 전문적 실천에 대한 강령이 없다는 것임.

11) Federico(1973: 146-147)의 견해에 대해서는 전재일·이성희(2004: 20-21), 류종훈(2006: 23) 등을 참고하기 바람.

12) Zastrow(1999: 14-16)의 견해에 대해서는 류종훈(2006: 23)을 참고하기 바람.

ⓜ 행동가(activist) : 사회정의, 불평등과 사회적 박탈에 관심을 가지고 있는 것이며 개인들의 욕구를 충족시켜 주기 위해서 사회환경의 변환에 관심을 가지는데, 그러기 위해서 사실을 탐구하고 지역사회 욕구를 분석하며, 조사연구, 정보의 보급과 해석, 사람들의 활동을 조직하는 것 등을 행함.

ⓑ 중재인(mediator) : 상이한 의견이나 가치를 가진 개인들 간 또는 집단이나 조직 간의 갈등 등을 중재하는 역할을 의미하는데, 이때 사회복지사는 중립적인 위치에 머물러 있어야 하며 논쟁에서 한편으로 치우쳐서는 안 됨.

ⓢ 협상가(negotiator) : 하나 혹은 그 이상의 갈등적 문제를 가진 사람들이 서로 화해하고 수용하며 의견의 일치를 이루어 내도록 돕는 것인데, 여기에는 협상이 유용하며 사회복지사는 중립적인 입장에 머물 수가 없고 의견을 가지고 적극적으로 개입함.

ⓞ 교육자(educator=leader) : 클라이언트에게 정보를 제공하고 적응할 수 있는 수완들을 가르치는 것

ⓙ 제안자 또는 주창자(initiator) : 하나의 문제 또는 잠재적인 문제는 주의를 기울이기 전에 그것은 문제로 간주되지 않기 때문에 사회복지사는 문제에 주의를 기울이지 않으면 안 됨.

ⓒ 조정자(coordinator) : 구성원들을 조직화된 방식으로 함께 묶는 것인데, 가령, 복합적인 문제를 가진 가족의 경우 여러 기관들이 함께 일을 하게 되는데 서비스의 중복과 상호간의 갈등을 피하기 위하여 조정을 시도하게 됨.

ⓚ 조사연구자(researcher) : 모든 사회복지사는 반드시 한 사람의 조사연구자일 수밖에 없는데, 왜냐하면 사회복지실천은 관심 있는 분야의 문헌에 대한 조사, 실천의 결과평가, 프로그램의 장·단점 사정, 지역사회 욕구의 탐구 등이 포함되기 때문임.

ⓣ 집단촉진자(group facilitator) : 사회복지사가 관여하는 집단은 치료집단, 교육집단, 자조집단, 감성집단, 가족치료집단 등으로 이러한 집단에서 사회복지사는 집단경험의 리더로서 받아들여짐.

ⓟ 강연자(public speaker) : 사회복지사는 가끔 다양한 집단들과 대화를 해야 할 경우가 있음.

③ Siporin(1975: 43-44) : 상담가, 충고자, 가능케 하는 사람, 노련한 문제해결자, 분쟁해결의 조정자, 중개인, 의뢰자, 촉진자, 중재자, 토의 리더, 안내자, 자원자, 조정자, 행정가, 사업경영자, 자문을 하는 사람 등(김기태 외, 1999: 37)

④ Sheafor et al.(1997: 50-61)

㉠ 중개인 : 클라이언트를 적절한 인간서비스와 자원에 연결

㉡ 옹호자 : 클라이언트가 자원과 서비스를 받을 권리를 유지하도록 돕거나 클라이언트나 클라이언트 집단에게 부정적 효과를 주는 프로그램과 정책을 변화시키는 운동을 적극적으로 지지

㉢ 교사 : 클라이언트가 문제를 예방하거나 사회적 기능을 향상시키는데 필요한 지식과 기술을 갖추도록 준비

㉣ 상담가(혹은 임상가) : 클라이언트가 자신의 감정을 보다 잘 이해하고, 행동을 수정하며, 문제 상황에 대처하기 위해 학습하도록 그들의 사회적 기능 수행능력을 향상시키도록 도움.

㉤ 사례관리자 : 클라이언트를 적합한 서비스에 연결하고 그런 서비스를 활용하도록 조정하는 과정에서 개인과 가족에게 서비스를 지속적으로 제공함.

㉥ 업무량 관리자 : 클라이언트에게 가장 효율적으로 서비스를 제공하고, 고용된 조직에 책임을 지기 위해 업무량을 관리함.

㉦ 직원개발자 : 훈련, 슈퍼비전, 그리고 인사관리를 통해 기관 직원의 전문적 개발을 촉진시킴.

㉧ 행정가 : 인간서비스 조직에서 정책 서비스 프로그램을 계획하고, 개발하며, 수행함.

㉨ 사회변화 대행자 : 지역사회 프로그램과 삶의 질을 향상시키는 영역을 확인하고, 변화나 새로운 자원 획득을 옹호하기 위해 이익집단을 동원하는데 참여

㉩ 전문가 : 유능하고 윤리적인 사회복지실천에 참여하고 사회복지 전문직의 발전에 기여함.

⑤ Hepworth et al.(1997: 26-34)

㉠ 직접서비스 제공 : 주로 상담 제공, 촉진자, 교육자, 정보제공자, 중재자의 역할

㉡ 클라이언트 환경의 다양한 체계와 연결 : 중개자, 조정자, 중재자, 옹호자의 역할

㉢ 체계유지 및 개발 : 클라이언트의 환경에 개입하여 간접적인 서비스를 제공하며, 조직진단자 역할을 수행함.

⑥ Miley et al.(2001: 15-19)[13]

㉠ 미시적 차원 : 클라이언트가 처한 문제를 잘 극복할 수 있도록 상담을 비롯한 문제해

13) Miley et al.(2001: 15-19)의 견해는 개입수준과 기능별로 분류한 사회복지사의 역할임. 이에 대해서는 전남련 외(2009: 44-45)를 참고하기 바람.

결과정에 참여하여 클라이언트가 문제해결능력을 기르고 서비스나 자원을 확보할 수 있도록 돕는 역할

- 조성자(enabler)
  - □ 욕구를 파악하고 문제를 명확히 규명하며 해결방안을 탐색하고 전략을 선택하여 보다 효과적인 문제해결능력을 개발하고 향상시키도록 돕는 역할
  - □ 개인이나 가족을 원조하는 과정에서 가장 빈번히 수행하는 역할
  - □ 단순히 서비스 제공자나 치료자가 아닌 동반자로서 클라이언트를 격려하고 지지하며 안내하는 역할을 담당하기 위해 전문적 관계 형성에 필요한 능력과 기술을 갖추어야 함.
- 중개자(broker)
  - □ 직접적 개입이나 의뢰를 통해 클라이언트에게 적합한 자원과 서비스를 연결하는 역할로서 사례관리의 핵심적 지능을 수행함.
  - □ 지역사회 자원에 대한 정보와 이를 연결시키는 데 필요한 지식과 기술을 갖추어야 함.
- 옹호자(advocate)
  - □ 클라이언트 개인이나 가족의 권리를 옹호, 정책적 변화를 모색하기 위한 활동
  - □ 대상자들이 적절한 서비스를 받을 수 있는 권리를 확보하거나 유지하도록 기관 내 프로그램이나 정책을 변화시키기 위한 적극적인 역할을 수행
- 교사(teacher)
  - □ 적절한 정보를 제공하며 적응기술을 익히도록 클라이언트를 가르치는 역할
  - □ 많은 전문지식과 정보, 대인적 실천기술, 의사소통기술이 필요함.

ⓛ 중범위 차원(기관이나 조직차원) : 기관 내부의 상호작용이나 기관간의 연결망을 강화하며 조직차원에서 전문성 개발을 위한 교육을 담당하는 역할

- 촉진자(facilitator) : 기관이나 조직의 차원에서 조직의 기능이나 상호작용, 직원들간의 협조나 지지, 정보교환을 촉진시키며, 조직간의 연결망을 강화시키는 역할로서 효과적인 기관업무를 기획하고 실행하는데 행정가로서의 능력이 강조됨.
- 중재자(mediator)
  - □ 기관이나 조직의 차원에서 자원 개발을 위해 관계망 내의 조직이나 집단을 모으며, 공동의 목표나 문제해결을 위해 기관 간 또는 기관 내의 의사소통의 갈등이나 의견 차이를 조정함.
  - □ 중립적인 입장에서 서로의 입장을 명확히 밝히고 의사소통 문제를 인식하게 함으로써 상대방을 이해시키는 역할을 담당

- 훈련가(trainer) : 기관이나 조직의 차원에서 전문가적 계발을 위한 직원 오리엔테이션, 세미나 워크숍, 수퍼비전 등의 활동에 참여하여 교육이나 훈련을 담당

ⓒ 거시적 차원 : 지역사회문제를 해결하고 사회적 불평등을 줄여나가기 위한 적극적인 역할로서, 정책수립과 프로그램의 개발, 사회변화를 위한 연대적 활동, 홍보, 교육활동 등이 포함됨.

- 계획가(planner) : 주민 전체의 욕구를 파악하며 지역사회 성원들이 필요로 하는 서비스를 개발하고 기존의 서비스를 개선해 나가는 데 필요한 목표나 정책을 수립하며 프로그램을 계획하는 역할
- 행동가(activist)
  - ㅁ 사회적 불평등이나 문제점을 인식하고 인간으로서 기본적 권리를 행사할 수 있는 사회로의 변화를 위한 활동에 참여함.
  - ㅁ 지역사회의 욕구조사 및 분석, 지역사회활동의 조직, 대중의 이해와 지원을 활성화하기 위한 노력
- 현장개입가(outreach)
  - ㅁ 서비스를 필요로 하는 개인들을 파악하고 서비스 대상자가 적절한 서비스를 찾을 수 있도록 원조하기 위해 지역사회에 들어가 활동함.
  - ㅁ 사회문제를 예방하거나 그 심각성을 인식시켜 주기 위해 홍보활동과 교육을 함으로써 서비스에 대한 지역사회의 전반적인 욕구와 접근성을 높이는 역할

ⓓ 전문가 집단의 차원 : 이론적, 실천적으로 전문직의 발전과 서비스의 개선을 이루기 위한 활동을 포함

- 동료(colleague) : 건전한 사회사업실무나 전문직으로 발전을 위해 전문가로서의 윤리나 기준을 지키고 전문가 조직의 참여를 통해 동료간의 지지를 제공하는 역할
- 촉매자(catalyst) : 보다 효과적인 서비스 전달체계의 발전을 위해 타 전문직에 협조를 구하며 전문가 조직을 통한 국가적 또는 국제적 활동을 하기도 함.
- 연구자/학자(researcher/scholar) : 전문직 이론을 발전시키고 사회사업실무나 프로그램을 향상시키는 역할로, 프로그램이나 서비스와 관련된 자료를 기록하고 관리하며 효과성을 평가하는 전문적 기술이 필요함.

8) 사회복지전문직의 가치

① 사회복지실천의 가치 전제(NASW, 1996: 5)[14)][15)][16)]

㉠ 개인의 존엄성과 가치 존중

- 각 사람은 존중해야 할 고유의 존엄성을 지닌 독특한 개인이며, 개인간의 차이와 다양성은 환영되고 고무되어야 함(김융일 외, 1997: 85).
- 각 개인을 독특하고 존엄성을 지닌 존재로 취급하는데 유용한 지침(김융일 외, 1997: 85)
  - □ 클라이언트와 의사소통의 내용을 민감하게 인식할 것
  - □ 클라이언트가 그의 장점을 발견하여 활용하도록 도와줄 것
  - □ 문제해결에 클라이언트의 참여를 극대화할 것
  - □ 클라이언트의 요구보다 욕구에 초점을 둘 것

㉡ 클라이언트의 자기결정권

- 인간은 천부적인 존엄성을 가지고 있으므로 가능한 한 자신의 생활유형을 결정하여 자신이 원하는 존재가 되도록 허용해야 함(김융일 외, 1997: 85).
- 클라이언트의 자기결정에서 유의해야 할 사항(김융일 외, 1997: 85~86)
  - □ 클라이언트의 자기결정이 목표달성을 위한 클라이언트의 노력을 방해하거나 다른 사람의 복지를 침해하는 것이어서는 안됨.
  - □ 클라이언트의 자기결정과 사회복지사의 자기결정은 구별되어야 함.
  - □ 클라이언트의 자기결정의 한계
    - 클라이언트의 능력에 의한 제한 : 사회복지사는 클라이언트가 스스로 행동할 수 있는 정신적, 신체적 능력을 알아야 하고, 그의 능력을 능가하는 자기결정을 강요해서는 안됨.
    - 법률에 의한 제한 : 클라이언트의 자기결정은 법률이 허용하는 범위 내에서 적용된 법률에 저촉되는 행동을 클라이언트가 결정하는 것은 제한됨.
    - 도덕률에 의한 제한 : 클라이언트가 하게 되는 선택은 도덕적인 선을 실현할 수 있는 범위 내에서 허용됨.

---

14) Gordon(1962: 7)과 신성자 외(2000: 35)는 사회복지실천의 기본가치에 대해 '인간의 잠재력을 실현하고, 자기를 실현하는 것은 바람직하며, 아울러 다른 이들의 자아실현을 돕는 것도 필요하다' 라고 하였음. 또한, Morales & Sheafor(1987: 205-207)는 Levy(1973: 34-42)의 가치조직의 틀을 사용하여 사회사업 전문직에서 필요한 가치를 정의하였는데, 이에 대해서는 김영모(2000: 35-36)에 자세히 설명되어 있음.

15) 한편, 사회복지실천에서 가장 많이 거론되는 가치로는 개인의 가치와 존엄성, 개인에 대한 존경, 개인의 변화가능성에 대한 가치, 클라이언트의 자기결정권, 비밀보장과 사생활보장, 적절한 자원과 서비스제공, 클라이언트에게 권한부여, 동등한 기회보장, 비차별성, 그리고 다양성의 존중 등임(NASW, 1995: 894).

16) 사회복지실천의 가치전제는 Friedlander(1961: 120-122), 장인협(1989: 24-26), 장인협(1991: 41), 신성자 외(2000: 34-35), 엄명용 외(2005: 63-66), 이종복 외(2006: 21) 등을 참고하여 요약·제시함.

- 기관의 기능에 의한 제한 : 기관 내에서 도움을 줄 수 있는 범위 안에서만 클라이언트의 자기결정이 허용되며, 기관이 제공할 수 없는 서비스를 클라이언트가 요구할 때는 다른 기관에 의뢰해야 함.

㉢ 기회균등 : 모든 클라이언트에게 동등한 기회를 제공, 제한된 자원을 공정하게 분배

㉣ 사회적 책임 : 사회사업 실천에서는 국가의 법, 규범 및 도덕을 준수

② 사회복지사의 가치 기준(Levy, 1973: 34-42; Morales & Sheafor, 1980: 124-127)

㉠ 사람 우선 가치

- 전문직 수행의 대상인 사람 자체에 대해 전문직이 갖추고 있어야 할 기본적 가치관
- 개인의 가치와 존엄성, 개인의 건설적인 변화에 대한 능력과 욕구, 상호책임성, 소속의 욕구, 공통적인 인간의 욕구, 그리고 개개인의 독특성에 대한 가치 등
- 클라이언트를 하나의 개별화된 인간으로 보고, 능력을 인정해 주며, 그에 따라 권한을 인정해 주는 가치관
- 사회복지실천의 기본 철학

㉡ 결과 우선 가치

- 사람에 대해 서비스를 제공했을 때 초래하는 결과에 대한 가치관
- 사회가 개인의 발전을 위해 기회를 동등하게 제공해야 한다는 사회적 책임에 대한 믿음
- 사회참여에 대한 동등한 기회를 제공해야 하는 사회적 책임에 대한 믿음
- 빈곤, 질병, 차별대우, 부적절한 주거환경 및 불공평한 교육기회 등에 대한 문제를 해결하거나 미연에 방지해야 할 사회적 책임에 대한 가치
- 이같은 욕구를 충족시킬 수 있는 자원을 제공해야 하는 사회적 책임에 대한 믿음

㉢ 수단 우선 가치

- 서비스를 수행하는 방법 및 수단과 도구에 대한 가치관
- 사람의 존경과 존엄으로 다루어져야 하며, 자기결정의 권리를 가져야 하며, 사회 변화에 참여하도록 북돋워져야 하며, 하나의 독특한 개인으로 인정되어야 한다는 믿음
- 인간의 자율성으로 요약될 수 있음. 사회복지실천과 정에서 매우 중요하게 실천되어야 할 가치체계
- 사회복지사에게 아무리 바람직해 보이는 결정도 클라이언트의 자율적 결정이 아닌 강요된 것이라면 이는 기본 가치관에 어긋나는 것

- 모든 결정과정에 있어 클라이언트의 자율성이 보장되어야 함.

③ 사회복지사들이 실무현장에서 갖추고 있어야 할 가치관(Brieland & Lemmon, 1977: 344)

㉠ 개인은 이 사회의 관심의 근원

㉡ 이 사회의 개인들은 상호의존적

㉢ 개인들은 서로간에 사회적 책임을 가짐.

㉣ 각 개인에게는 공통적인 욕구도 있으나 독특한 욕구도 있음.

㉤ 민주적인 사회의 본질적 특성은 각 개인의 완전한 잠재력을 발견하고, 그 개인이 사회에서 능동적이고 활발한 참여를 통해 사회적 책임을 갖는다는 것을 사회가 인정하는 것

㉥ 사회는 자기발견, 즉 개인과 환경간의 불균형에 대한 방해요소를 극복하거나 예방할 수 있는 방법을 제공할 의무가 있음.

④ 사회복지실천 전문직의 가치(NASW, 1995: 894; 양옥경 외, 2001: 38)[17]

- 개인의 가치와 존엄성
- 개인에 대한 존경
- 개인의 변화 가능성에 대한 가치
- 대상자의 자기결정권
- 미밀보장과 사생활 보장
- 적절한 자원과 서비스 제공
- 대상자에게 권한 부여
- 동등한 기회 보장
- 비차별성
- 다양성의 존중

⑤ 사회사업실천 관계의 가치(Biestek, 1957: 23~134)[18]

㉠ 개별화 : 클라이언트에 대한 존경을 바탕으로 한 개인적인 독특성과 개인차에 따라 개별적으로 취급하는 것

㉡ 의도적인 감정표현 : 감정을 자유롭게 표현하도록 보장하고 의도적으로 경청하는 것

㉢ 통제된 정서적 관여 : 문제에 대한 공감적인 반응, 민감성, 이해

㉣ 수용 : 클라이언트의 존엄성과 개별적인 가치에 입각하여 현실 있는 그대로 받아들이는 것

㉤ 비심판적 태도 : 클라이언트의 죄와 책임의 여부를 따지지 않고 태도, 기준에 대하여 객관적으로 평가하는 것

---

17) 미국사회복지사협회(NASW)의 윤리강령 원칙(요약)은 Johnson(1995: 53)을 참고하기 바람.

18) Biestek(1957: 12-13)의 사회사업실천 관계의 가치에 대한 구체적 내용은 전남련 외(2009: 72-80), 임안나 외(2011: 55-59), 최선화(2022: 57-62) 등을 참고하기 바람.

ⓑ 자기결정 : 클라이언트 스스로 선택과 결정을 할 자유에 대한 권리와 욕구를 인정하는 것

ⓢ 비밀보장 : 전문적인 관계에서 노출된 클라이언트에 대한 비밀정보를 지켜주는 것

제2장 사회복지실천의 기초기술

1. 관계형성기술

1) 전문적 원조관계의 형성기술

① 전문적 원조관계에 대한 이해

㉠ 전문적 원조관계의 개념(전남련 외, 2009: 55)

- 사회복지사가 클라이언트를 원조(help)하는 과정에 참여시키게 될 때 형성되는 관계
- 사회복지사와 클라이언트 사이에 목적 지향적이며 시간 제한적인 대화를 통해 형성되는 관계

㉡ 전문적 원조관계의 특성(이윤로, 2007: 28-29)

- 원조관계형성은 초점과 목적을 가짐.
- 원조관계는 문제해결을 위해 형성되는 것이지 개인적 이유로 형성되는 것이 아님
- 원조관계는 전문적 관계임.
- 원조관계는 기관의 지침과 볍률적 범위 내에서 비밀보장의 원칙을 지켜야 함.
- 원조관계는 윤리적이어야 함. 사회복지사는 자신의 지위를 이용하여 클라이언트를 이용하거나 통제하려고 해서는 안됨. 또한 클라이언트와 로맨틱한 관계로 발전해서도 안 됨.
- 관계형성은 서비스 실천을 위한 계획을 사회복지사와 클라이언트가 함께 도모하기 위한 것임.
- 사회복지사는 수용적인 의사소통을 해야 하며, 보살핌, 온정, 진실성, 감정이입을 전달해야 함.
- 관계형성은 클라이언트의 욕구에 따라서 형성되는 것이지 사회복지사의 욕구충족을 위해 형성되는 것이 아님.
- 관계형성은 상호 합의된 목표가 이루어지면 종결됨.

② 전문적 원조관계 형성기술[19]의 중요성과 역할(엄명용 외, 2021: 21-22)

19) 전문적 원조관계는 의사소통 과정에서 사회복지사가 클라이언트의 삶에 대한 진지한 관심, 클라이언트의 문제해결을 돕고자 하는 의도, 클라이언트가 처한 상황에 대한 이해 등이 클라이언트에게 정확히 전달될 때 형성되며, 이 때 사회복지사는 클라이언트의 언어와 행동을 정확히 파악

㉠ 전문적 원조관계 형성기술의 중요성

- 사회복지사와 클라이언트는 전문적 원조관계를 통해서 상호합의된 바를 성취하려고 노력하는데, 이때 이 전문적 원조관계는 두 사람 간 '의사소통의 다리'가 됨(Kadushin, 1990: 30).
- 만족스러운 협력적 관계가 형성되었을 때 클라이언트는 사회복지사에게 수용되었다는 느낌을 갖게 됨(Brill, 1997: 95-96; 엄명용 외, 2021: 21)[20].

㉡ 전문적 원조관계 형성기술의 역할(엄명용 외, 2021: 21)[21]

- 문제해결과 변화의 윤활유와 촉진제 역할
- 사회복지사와 클라이언트의 자아성장을 도모할 수 있는 계기 제공
- 클라이언트의 대인관계 폭을 확장시킬 수 있는 기회를 제공

③ 전문적인 원조관계 형성기술의 기본요소(Brill, 1997: 94-103)[22]

㉠ 공감에 바탕을 둔 의사소통[23]

- 개념 : 사회복지사가 클라이언트와 공유하는 감정과 지각을 클라이언트에게 적절히 전달하는 것을 의미함.
- 유형(Hepworth et al., 1997: 108-120)
  - ㅁ 감수성훈련 : 클라이언트의 감정・태도・생각・가치・기준・경험을 이해 위함.
  - ㅁ 의사소통 훈련 : 클라이언트의 모든 것들을 이해하고 공감하게 되었다는 것을 정확히 전달할 수 있는 능력을 갖추기 위함.
- 전문적 원조관계 형성기술의 예시(이미선 외, 2010: 45)

할 뿐 아니라 자신의 생각과 의도 또한 정확히 전달할 수 있는 언어 및 비언어적 표현능력과 기술을 갖춰야함(엄명용 외, 2021: 21). 특히, 전문적 원조관계 형성의 중요성에 대해서는 최선화(2022: 51-55)를 참고하기 바람.

20) 즉, 신뢰와 상호이해를 바탕으로 형성된 전문적인 원조관계는 클라이언트의 방어기제를 줄여주고, 문제의 진실에 직면할 수 있도록 하며, 의무심이나 불안감을 다룰 수 있도록 하여 변화를 유도해내는데 도움이 됨(엄명용 외, 2021: 21). 전문적인 원조관계가 성공적으로 형성되면 이로운 점에 대해서는 엄명용 외(2021: 21)를 참고하기 바람.

21) 전문적 원조관계 형성기술의 역할에 대해서는 Miller(1976: 42-58), 전남련 외, 2009: 55-56), 이윤로(2007: 27), 엄명용 외(2021: 21-22), 등을 참고하여 요약・제시함.

22) 전문적인 원조관계 형성기술의 기본요소에 대해서는 Compton & Galaway(1994: 272-288; 1999: 215-230), 양옥경 외, 2005: 130-133), 엄명용 외(2005: 198-205), 조휘일・이윤로(2001: 136-140), 전남련 외(2009: 61-72), 엄명용 외(2021: 22-32) 등을 참고하여 요약・제시함.

23) 공감에 바탕을 둔 의사소통, 즉 감정이입(공감)적 의사소통에 대한 더 구체적인 내용에 대해서는 Hepworth & Larsen(1990: 86), 김혜란(1998: 192-193), 최선화(2022: 55) 등을 참고하고, 그 수준(5단계)은 Hepworth & Larsen(1993: 101-102)를 참고하기 바람.

- 클라이언트 : "치매에 걸린 시어머니를 결국 요양원에 보내기로 결정한 것은 정말 저에겐 너무나 힘든 일이었요."
- 사회복지사 : "병에 걸린 시어머니를 요양원에 보낼 수 밖에 없다는 건 정말 힘든 일이었을 겁니다."

㉡ 긍정적 존중(Rogers, 1961: 61-63; 최선화, 2022: 56)
- 클라이언트가 현재 갖고 있는 모든 것을 긍정적인 시각으로 보면서 존중하는 것
- 클라이언트와 처음 만나 대화하는 순간부터 클라이언트로부터 들은 인생・생각・가치・상황 등을 배우려는 자세를 갖고 대화를 이끌어 가야 실천할 수 있음.

㉢ 온화함(Brill, 1997: 94-95; 최선화, 2022: 56)
- 클라이언트를 대할 때 정다운 웃음과 부드러운 말씨・상냥한 태도・자연스러운 몸짓 등이 조화를 이룰 수 있도록 노력함.
- 클라이언트와 첫 접촉이 전화로 이뤄질 때는 목소리의 억양・빠르기・사용하는 언어의 선택에 주의해야 함.

㉣ 진솔성(Rogers, 1961: 61-62; Hepworth et al., 1997: 118-122)
- 사회복지사 자신의 모습을 아무런 가식이나 방어 없이 그대로 클라이언트에게 내보이며, 마음속에서 우러나오는 자연스러운 모습 그대로를 클라이언트에게 보이는 등 사회복지사는 진실하고 솔직한 자기노출을 해야 함.
- 진솔성을 실천하기 위한 '자기노출'은 상대방에 대한 자신의 생각과 느낌을 가급적 중립적으로 표현하는 것과 자신의 상황에 대한 주관적 진술로서, 어느 유형이든 적절한 정도가 되어야 원만한 원조관계 형성을 촉진할 수 있음.

㉤ 강점 및 좋은 면의 발견(Saleebey, 1997: 41-52; Hepworth et al., 1997: 19-22)
- 클라이언트의 긍정적인 속성・강점・가능성의 일부분이라도 클라이언트의 문제해결의 촉진제로 작용할 수 있음.
- 장점이나 좋은 면의 발견은 사실에 근거한 구체적인 것이어야 함(꾸며낸 것은 신뢰성을 상실하게 만듦).

2) 사회복지실천의 기초적 기술[24]

① 의사소통기술(Hepworth et al., 1997: 105-160; Compton & Galaway, 1999:221-235)[25]

---

24) 사회복지실천의 기초적 기술은 Hepworth et al.(1997: 24-34), Compton & Galaway(1999: 200-230), Brill(1997: 108-125), 엄명용 외(2015: 180-220), 엄명용 외(2021: 32-53)을 참고하여 요약・제시함.

㉠ 의사소통기술의 중요성(원요한, 2009: 158-160)

- 사회복지사로 활동하기 위해서는 전문인력에 어울리는 적절한 의사소통기술이 필요
- 의사소통의 목적은 자신의 생각과 감정을 타인에게 정확히 전달하고 타인이 표현하는 생각과 감정을 정확히 받아들이는 것임.
- 사회복지사는 자신이 전달하려는 메시지가 상황과 원조과정의 단계에 부합될 수 있도록 노력해야 함.

㉡ 언어적·비언어적 의사소통(원요한, 2009: 160-161)

- 언어적 의사소통 : 클라이언트의 사고과정·생각·감정·인지능력을 나타내는 중요한 수단임.
- 비언어적 의사소통
  - □ 언어적 표현이 전체의 1/3을 차지한다고 할 때, 비언어적 표현이 3분의 2를 차지하고 있어 비언어적 의사소통의 중요성을 무시할 수 없음.
  - □ 특히, 클라이언트가 언어적 표현이 제한되어 있을 때 매우 중요한 의사소통의 수단이 되며, 인지적인 면보다는 주로 감정적인 면이 더욱 많이 표현됨.

② 언어의 재구성(=환언)(Hepworth et al., 1997: 528-532; Saleebey, 1997: 49-51; 엄명용 외(2015: 216~218)

㉠ 클라이언트가 한 말을 다른 말로 다시 표현하여 반응하는 것을 의미함(원요한, 2009: 178).

㉡ 클라이언트의 말 속에 포함되어 있는 감정을 파악한 후, 표현하는 감정에 대한 반응은 감정이입적 반응과 기본적으로 같은 개념이지만, 클라이언트의 말을 잘 듣고 잘 이해하고 있다는 것을 표현하는 목적에서 조금 다름(원요한, 2009: 178-179).

㉢ 언어의 재구성의 예시[26](이미선 외, 2010: 43)

- 클라이언트 : "우리 부장은 정말이지 잔인한 사람이에요. 과정인 나를 부하직원들 앞에서 그런 식으로 야단을 치다니... 아직까지도 얼굴이 화끈거려요."

---

25) 사회복지실천의 기초적 기술로서 의사소통기술에 대해서는 아래의 '3. 의사소통기술' 에서 자세히 다루고 있으니 그 부분을 살펴보기 바람.

26) 언어의 재구성의 예시(원요한, 2009: 179)
- 클라이언트 : "내가 어서 죽어야지. 그래야 아이들도 자유롭게 살 것이고..."
- 사회복지사
  - "할머니께서는 자식들에게 짐이 되고 있다는 말씀이군요." 혹은
  - "자식들이 어릴 때는 할머니를 필요로 했는데, 이제 자식들 다 키워놓고 보니 쓸모없는 신세가 되어 버린 것 같아 허탈한 생각이 드는 것 같군요."

- 사회복지사 : "당신이 상사로부터 부당한 취급을 받았다는 말로 들리네요(환언). 그리고 굉장히 수치심을 느꼈나 봅니다(감정의 반영)."

③ 라포 형성과 관계형성기술(Hepworth et al., 1997: 45-48; Compton & Galaway, 1999: 215-230; Brill, 1997: 94~103; 엄명용 외, 2015: 182-195; 원요한, 2009: 168-170)

㉠ 라포의 개념(전남련 외, 2009: 121; 원요한, 2009: 158)

- '조화로운 상태, 호환성 및 공감대' 를 의미하는 것으로, 클라이언트와 사회복지사의 상호 간의 이해와 전문적인 관계를 형성할 수 있도록 해줌.
- 라포는 보다 자발적인 상호작용을 의미하되, 상호 간의 이해를 근거로 하고 있으면 특정 시점에서 특정한 상호작용의 질을 설명하는 것임.

㉡ 라포 형성과 관계형성을 위한 기술(Kadushin & Kadushin, 1997: 102-108; 전남련 외, 2009: 121)

- 클라이언트의 자기결정권 문제에 대해 관심을 보임.
- 클라이언트의 문제에 관심을 보이고 따뜻함을 전하며, 신뢰 분위기를 조성함.
- 클라이언트의 개별성에 대해 존경심을 보임.
- 클라이언트 개인에 대한 수용의 태도를 보임.
- 공감적인 이해를 보임.
- 진실성과 믿음을 보임.
- 어떤 정보를 비밀 보장할 것인지 그렇지 않은지에 대한 전문적인 판단능력을 보임.

㉢ 라포 형성을 위한 유의사항(Johnson et al., 1997: 41-56; 원요한, 2009: 169)

- 사회복지사와 클라이언트가 편안한 환경을 조성
- 클라이언트의 문제를 사정하고 공감적 반응을 보임.
- 클라이언트의 통찰력 수준을 파악하고 동맹관계를 형성
- 클라이언트의 역할을 이해할 수 있도록 원조

④ 공감 및 동정(Brill, 1997: 96-98; Kadushin & Kadushin, 1997: 108-110)

㉠ 공감의 개념(원요한, 2009: 170) : 사회복지사가 클라이언트의 입장에서 클라이언트의 감정·사고·행동·동기 등과 같은 경험을 민감하고 주의 깊게 이해하는 것(Egan, 1990; 엄명용 외, 2021: 23)으로 동정과를 다름.

㉡ 동정의 개념 : 인간으로서 느끼는 감정으로, 클라이언트에게 느끼는 감정을 의미함

(원요한, 2009: 171; 엄명용 외, 2021: 22).

㉢ Shulman(1984: 20-33, 103~115)의 공감 관련 기술

- 클라이언트의 감정에 도달하기 : '클라이언트의 신발 속으로 들어가 보는 것', 즉 클라이언트의 입장에서 감정을 경험해 보는 것을 의미함.
- 클라이언트의 감정을 이해했음을 보여주기 : 클라이언트의 말이나 느낌에 대한 불신 혹은 그와 비슷한 반응을 접어 두고, '말이나 몸짓, 표현 등을 같은 방법을 통해 클라이언트가 표현한 감정을 이해하였음을 보여주는 것' 을 의미함.
- 클라이언트의 감정을 언어로 표현하기 : 클라이언트가 '자신의 감정을 충분히 이해하지 못하거나 혹은 그런 감정을 가져도 되는 것인지, 혹은 그런 감정을 사회복지사와 공유해도 되는 것인지' 불확실하기에, 클라이언트가 이런 특정 감정을 언어적으로 정교하게 표현하기 어려울 때 매우 중요한 기술임.

⑤ 질문기술(Hepworth et al., 1997: 133-145; Kadushin & Kadushin, 1997: 154-180; 엄명용 외, 2015: 211-214)[27]

㉠ 질문기술의 개념(전남련 외, 2009: 114; 임안나 외, 2011: 47)

- 클라이언트로부터 필요한 정보를 이끌어 내기 위해 가장 많이 사용하는 기술
- 질문을 하는 것은 이에 대한 답을 얻기 위한 것이고, 사회복지사가 클라이언트가 말하는 내용이나 생각, 감정에 귀를 기울이고 있고, 이들이 중요함을 질문을 통하여 표현할 수 있음(원요한, 2009: 161).

㉡ 질문의 유형(Hepworth & Larsen, 1990: 144-145)[28]

- <u>개방질문</u>
  - □ 클라이언트에게 선택의 자유를 줘서 생각이나 감정을 자유롭게 표현하도록 함.
  - □ 클라이언트는 자신이 원하는 속도나 시간에 맞춰 답할 수 있으며, 특정 문제나 염려에 대해 응답을 할 것인지, 아닌지에 대한 선택의 자유도 있음.
  - □ 일부 클라이언트는 개방질문에 답하면서 자신의 무지나 무식을 두려워할 수도 있음.
  - □ 예시 : "댁의 자녀들에 대해 말씀해주시겠습니까?", 그 사건으로 인해 남편이

27) 질문기술에 대한 세부적인 내용에 대해서는 이영호(2009: 85-93), 최선화(2022: 102-106) 등을 참고하고, 엄명용 외(2021: 35-41)에는 그 사례 등에 대해서 자세히 나와 있으니 참고하기 바람.
28) 질문의 유형에 대한 구체적인 내용은 전남련 외(2009: 114), 원요한(2009: 162-166), 임안나 외(2011: 47-49) 등을 참고하기 바람.

받는 충격 혹은 피해 같은 것은 어떤 것이 있나요?"

- 폐쇄질문
  - □ "예", "아니오"로 답할 수 있거나 혹은 이름, 주소, 연령 등과 같은 아주 간략한 답을 할 수 있는 질문
  - □ 면담을 집중해서 하거나 새로운 주제에 대해 말할 때 혹은 면담의 방향을 전환시킬 때, 민감한 주제나 감정에 다가가거나 벗어나려고 할 때, 면담의 속도를 줄이고자 할 때 그리고 빠뜨린 내용을 확인하고자 할 때 사용할 수 있음.
  - □ 단점 : 집중해서 질문하고 답해야 하기 때문에 쉽게 지치고, 문제를 다양하게 탐색해 볼 기회가 줄어든다는 점
  - □ 예시 : "실례지만 연세가 어떻게 되시죠?", "성함은 무엇입니까?", "그것 때문에 남편이 화가 나셨나요?"

ⓒ 클라이언트의 개인적 질문에 대한 사회복지사의 답변(Hepworth et al., 1997: 120-122; Kadushin & Kadushin, 1997: 240-245; 엄명용 외, 2015: 214-215)

- 자신을 앞으로 도와주게 될 사람에 대한 단순한 호기심이나 예의상 하는 질문일 수 있는데, 사회복지사는 간단하고 예의있게 대답한 후 초점을 다시 클라이언트에게 옮기는 것이 좋음(전남련 외, 2009: 115).
- 클라이언트는 자신의 문제를 끄집어내기 위해 먼저 사회복지사에게 개인적인 질문을 할 수 있는데, 예를 들어 사회복지사에게 '자녀가 있으세요?' 라고 물으면서 '자녀를 키워보지 않으셨다면 어떻게 말을 해야 할지...' 하면서 말을 흐릴 수 있음. 이때 사회복지사는 자녀를 키워보지 않으면 자신의 어려운 문제를 이해하기 어렵다는 의미가 내포되어 있다는 것을 알고 답변해야 함(양옥경 외, 2005: 161-162).

ⓓ 질문 시 주의점(Hepworth et al., 1997: 144-146; Kadushin & Kadushin, 1997: 175-180)[29]

- 폐쇄질문의 사용 : 폐쇄질문을 사용하면 집중해서 질문하고 답해야 하기 때문에, 쉽게 지치고 문제를 다양하게 탐색해 볼 기회가 줄어들 수 있음.
- 유도질문의 사용 : 일정 방향으로의 응답을 유도하기 위해 질문하는 것
- '왜' 질문의 사용 : '왜'라는 용어보다는 "어떻게 해서 그런 일이 벌어졌습니까?", "어디서 그런 생각을 얻으셨습니까?", "그렇게 행동하도록 하게 한 것은 무엇이었지요?" 등 다른 의문 부사를 사용하는 것이 클라이언트의 방어적 자세를 예방하고 심판받는 느낌을 감소시키며 보다 솔직하고 자연스러운 답변을 유도함.

29) 질문에서의 주의점은 이윤로(2007: 65-66), 엄명용 외(2005: 96-97), 전남련 외(2009: 115-116), 원요한(2009: 166-168), 엄명용 외(2015: 213~214), 엄명용 외(2021: 40-42) 등을 참고하기 바람.

- 이중 혹은 중첩질문의 사용 : 중첩질문은 한 질문 문장 속에 여러 가지 내용의 질문이 섞여 있는 것을 말하는데, 한 가지씩 분리해서 하나하나 질문하는 것이 바람직하함("말씀을 들어보니 아들이 학교에 가지 않는 것이 걱정이시군요. 아드님이 학교에 가지 않은 것이 얼마나 되었나요? 학교에 가지 않을 때 아드님이 무엇을 하죠?")
- 모호한 질문의 사용 : 대명사를 많이 사용하거나 혹은 상황에서 벗어난 질문을 할 때 많이 발생하는데, 특히 대인관계가 복잡한 상황에서 누가 누구와 어떤 관계 속에서 문제가 발생하였는지 파악할 때 많이 발생하기 때문에 이러한 문제를 피하기 위해서 질문은 구체적일수록 좋음('당신에 대해서 말씀해 주세요' 라고 하는 것보다 '당신의 장단점에 대해서 말씀해주세요' 라고 하는 표현이 보다 구체적임).

⑥ 경청기술(Brill, 1997: 112-114; Hepworth et al., 1997: 133~135)

㉠ 경청과 적극적 경청

- 경청기술[30] : 클라이언트가 하는 말을 주의깊게 듣는 것뿐만 아니라, 클라이언트의 비언어적 제스처나 자세를 관찰하고, 클라이언트가 자유로이 표현할 수 있도록 적극 격려하며, 사회복지사와 클라이언트 양자 간의 대화 내용을 기억하는 것 모두 포함
- 적극적 경청[31] : 경청기술에 더하여 사회복지사가 클라이언트의 메시지를 정확하게 받아들여 이해하고 있음을 끊임없이 클라이언트에게 전달해 줌으로써 클라이언트가 자신이 정확히 이해받고 있다는 생각을 갖도록 하는 행위까지 포함함

㉡ 적극적 경청기술의 단계(Shulman, 1984: 20-35, 103-110)[32]

- 1단계(준비) : 초대의 단계로, 신체적 자세와 얼굴표정, 목소리, 어투 등의 준비자세를 의미하며, 클라이언트가 편안한 마음으로 말할 수 있도록 분위기를 조성함.
- 2단계(관찰, 격려, 기억 : 귀와 두뇌 활용) : 경청의 단계로, 클라이언트의 말을 듣고,

---

30) 경청기술의 개념에 대해서는 엄명용 외(2005: 102), 이영호(2009: 78), 원요한(2009: 171-172), 임안나 외(2011: 49) 등을 참고하여 요약·제시함. 그리고 Trevithic(2000: 59)은 경청기술과 관련된 기본기술을 20가지를 제시하고 있는데, 이에 대해서는 양이 많은 관계로 엄명용 외(2005: 103-104), 전남련 외(2009: 109-110), 원요한(2009: 172-173) 등을 참고하기 바람.

31) 적극적 경청기술의 개념은 전남련 외(2009: 109), 이영호(2009: 78-79), 원요한(2009: 172), 이미선 외(2010: 41), 임안나 외(2011: 49) 등을 참고하여 요약·제시함. 그리고, Sheafor et al.(1997)은 적극적 경청의 요령을 5가지 제시하고 있는데, 이에 대해서는 전남련 외(2009: 109), 원요한(2009: 172), 이미선 외(2010: 42)를 참고하기 바람.

32) 적극적 경청기술의 단계에 대한 더 구체적인 내용은 엄명용 외(2005: 104), 이영호(2009: 79), 원요한(2009: 173-174) 등을 참고하기 바람.

관찰하고, 격려하며, 기억하는 등의 과정으로서 클라이언트의 메시지를 수용하고 보유하기 위해 귀와 두뇌를 활용하는 것

- 3단계(반영, 숨겨진 의미파악) : 반영[33]의 단계로, 클라이언트의 진술에 대해 주기적으로 해석하는 것을 의미하는데, 때로 이를 '제3의 귀를 사용하라' (Brill, 1997: 79)는 말로 대신 할 수 있으며, 이는 클라이언트가 하는 진실한 말 속에 숨겨져 있는 의미를 파악해 내는 것을 의미함.

ⓒ 적극적 경청의 구분(Evans et al., 1998: 60-82; 성숙진 역, 2000: 101)[34]

- 내용 반영하기[35] : 클라이언트가 말한 내용을 부연하고 다시 그에게 표현하는 것
- 감정 반영하기[36] : 클라이언트가 표현한 감정을 사회복지사가 정확하게 이해하고 이를 공감하며 이해했다는 반응을 보이는 것
- 감정과 의미 반영하기 : 그의 감정과 사실 혹은 생각을 반영하는 것

ⓓ 적극적 경청기술 활용 시 주의점(원요한, 2009: 175-176)[37]

- 흉내 내는 것처럼 보일 수 있음.
- 반복적, 일상적 겉치레라고 여겨짐[38].
- 자신의 생각과 사고에 집중하는 오류
- 생각이나 사실보다 느낌에 반응

⑦ 명료화기술(Hepworth et al., 1997: 139-140; Kadushin & Kadushin, 1997: 156-158; 엄명용 외, 2015: 210-211)

ⓐ 명료화기술의 개념(전남련 외, 2009: 122)

- 클라이언트가 표현을 분명하게 할 수 있도록 격려함과 동시에, 클라이언트가 말한 내용을 사회복지사가 잘 이해하고 있는가를 확인하기 위한 질문을 의미함(원요한,

---

33) 반영기술은 엄명용 외(2021: 201-207)의 동기면담이론에서 상세히 소개되고 있으니 참고바람.
34) 적극적 경청의 구분에 대한 구체적인 내용은 엄명용 외(2005: 104-106), 이영호(2009: 79-85), 원요한(2009: 174-175), 임안나 외(2011: 49-50) 등을 참고하기 바람.
35) 적극적 경청 중 내용 반영하기에 대한 더 구체적인 내용에 대해서는 원요한(2009: 174), 최선화(2022: 95)를 참고하기 바람.
36) 적극적 경청 중 감정 반영하기에 대한 더 구체적인 내용에 대해서는 원요한(2009: 174-175), 최선화(2022: 93-95)를 참고하기 바람.
37) 한편, 경청을 잘하기 위해 노력해야 할 사항이 있는데, 이에 대해서는 원요한(2009: 176-177)를 참고하기 바람.
38) 예를 들어, 사회복지사는 '제 생각으로는...' , '제가 알기로는...' 등을 사용할 수 있는데, 이러한 서두 문구를 클라이언트가 반복적으로 듣다 보면 클라이언트의 감정과 의미를 이해하고 반영하기 보다는 일상적인 겉치레라고 생각하기 쉬움(원요한, 2009: 176).

2009: 177; 이영호, 2009: 93).

- 주로 모호하거나 혼돈스러운 내용을 정리하면서 사회복지사가 들은 바를 정확하게 이해했는지 확인하기 위해 사용하는 것(원요한, 2009: 177-178)
- 클라이언트가 한 말을 사회복지사가 보다 이해하기 쉬운 말과 생각으로 정리를 하는 것으로, 특히 클라이언트가 겪고 있는 가장 중요한 문제나 어려움을 파악하고, 확인하며, 순위를 정할 때 사용됨(원요한, 2009: 178).

㉡ 명료화기술의 장점(원요한, 2009: 178)[39]

- 사회복지사가 클라이언트의 이야기를 주의깊게 경청하고 있으며(최선화, 2022: 90), 한편으로는 이야기에 중요성을 부여하고 있음을 보여줄 수 있음(전남련 외, 2009: 123).
- 클라이언트에게는 자신의 이야기를 누가 들어주고 확인해 주는 것을 경험하지 못하는 경우가 대부분이기 때문에, 사회복지사의 주의깊은 경청을 통해 자신의 생각이나 감정을 확인받을 수 있는 기회를 갖게 되어 자신감을 가질 수 있음(엄명용 외, 2005: 107).

㉢ 명료화기술의 예시[40](이미선 외, 2010: 42)

- 클라이언트 : "남편은 이제 더 이상 저를 사랑하지 않아요. 우린 이제 끝났어요."
- 사회복지사 : "무슨 말인지 잘 모르겠네요. 남편이 당신에게 사랑하지 않는다고 말을 한건가요? 아니면, 당신이 그렇게 생각하게 된 어떤 계기가 있었나요?"

⑧ 요약기술(Hepworth et al., 1997: 141-143; Evans et al., 1998: 80-85; 엄명용 외, 2015: 211-212)

㉠ 요약기술의 개념

- 클라이언트가 한 말의 내용과 그 속에 담겨 전해진 감정들을 전체적으로 묶어 정리하는 것을 의미함[41].

---

39) 반면, 명료화기술은 이미 이야기된 바를 확인하는 것이므로 면담의 흐름을 방해할 수 있다는 점에서, 그리고 클라이언트가 혹시 잘못 설명하고 있을 수 있다는 점을 암시할 수 있다는 점에서 주의해서 사용할 필요가 있음(원요한, 2009: 178).

40) 명료화기술의 예시(원요한, 2009: 178) : "아이를 심하게 야단쳤다고 하셨는데, 어떻게 야단치셨다는 얘기인가요?" , "모든 것이 끝났다고 하셨는데, 무슨 말인지 잘 이해가 가지 않습니다. 구체적으로 설명해 주시겠습니까?" , "죄송합니다. 말씀하신 뒷부분을 잘 이해하지 못했습니다. 다시 한번 말씀해 주시겠습니까?"

41) 요약기술의 개념은 조휘일・이윤로(2001: 147-148), 이윤로(2007: 118-119), 전남련 외(2009: 123), 이영호(2009: 94), 원요한(2009: 179) 등을 참고하여 요약・제시함.

- 사회복지사가 그동안 실천과정에서 서로 주고받았던 많은 내용들을 반영하는 것으로, 단순히 말하는 내용이나 감정을 반영하는 단순한 공감적 기술이 사용되기도 함 (Kadushin, 1995: 1527-1537).

㉡ 요약기술의 사용방법(전재일 · 이성희, 2004: 94)

- 사회복지사가 새로운 세션을 시작할 때, 이전의 세션에서 다룬 요점을 끌어내거나 요약할 때
- 지금까지 다루어온 것에 관해 정확하고 간결한 부분이나 자세한 내용을 제공하고자 할 때
- 특히, 세션이 방향을 잃게 되거나 방향없이 시작할 때

㉢ 요약기술의 장점[42]

- 사회복지사는 지난 면담시간의 내용을 간략하게 요약함으로써 새로운 면담시간을 시작할 수 있음.
- 이제까지 논의된 핵심적인 내용을 간략하고 정확하게 부분적으로 혹은 상세하게 정리해줌.
- 클라이언트와의 면담에서 방향을 잃었을 때 혹은 주제에서 벗어났을 때 한 주제를 정리하고 새로운 주제로 옮겨 갈 수 있도록 해줌.
- 면담시간을 만족스럽게 마감할 수 있도록 도움.

㉣ 요약기술의 예시[43](이미선 외, 2010: 43)

- 사회복지사 : "지금까지 당신이 한 말을 정리해 보면, 사업이 실패해서 깊은 좌절감을 느꼈고, 아버지로서 또 남편으로서 가족들에게 미안함과 죄책감 때문에 괴로운 나날을 보내고 계시군요. 게다가 그동안 믿었던 주변의 친구들이 당신의 도움을 외면한 것 때문에 배신감과 분노까지 느끼고 계시죠. 앞으로 어떻게 이 모든 상황에 대처해야 할지 매우 난감한 상태에 있는 것 같습니다. 제가 당신이 한 말을 정확하게 정리했나요?"

42) 요약기술의 장점에 대해서는 전남련 외(2009: 123-124), 이영호(2009: 94), 원요한(2009: 179) 등을 참고하여 요약 · 제시함.

43) 요약기술의 예시(원요한, 2009: 180) : "지금까지 할머니께서 말씀하신 것을 제가 서너 가지로 정리해 보겠습니다. 우선 할머니께서는 지금 누군가의 보살핌을 받아야 할 상황에서 마땅히 가 계실 곳이 없는 상황입니다. 그리고 자식 가운데 할머니를 모실 형편이 되는 자식이 없습니다. 그리고 자식들에게 짐만 되는 것 같아 자식들을 생각해서 할머니가 사라져 버리고 싶은 생각이 듭니다. 한편으로는, 그동안 자식들 키우느라 고생했는데 인생을 헛 산 것 같은 허전하고 서글픈 생각도 듭니다. 이럴 줄 알았으면 자식들 모르게 재산이라도 숨겨놓을 걸 하는 아쉬움도 들구요. 지금까지 할머니께서 하신 말씀을 정리해 보았는데 맞나요?"

⑨ 침묵의 활용(Kadushin & Kadushin, 1997: 201-205; Hepworth et al., 1997: 155-157; 엄명용 외, 2015: 212-213)

㉠ 침묵의 활용의 개념

- 클라이언트의 침묵에 대한 일반적인 생각
  - 침묵하는 동안에는 의사소통이 없다고 생각하고, 침묵을 깨뜨려야 한다고 생각[44]하게 됨(원요한, 2009: 180).
  - 클라이언트가 침묵하면 면담은 성공하지 못한 것이라 생각하며, 기술이 부족하다고 생각하게 됨(Trevithic, 2000: 77; 원요한, 2009: 180).
  - 침묵은 거부 혹은 거절의 의미로 사용되어 사회복지사의 능력에 의구심을 갖기도 함(원요한, 2009: 180).
- Kadushin(1990: 188-192)의 '클라이언트의 침묵은 기회' : 클라이언트의 침묵은 나름대로 의미를 갖고 있으므로, 이를 괜히 깨려고 화제를 바꾸어 상황을 모면하려는 것은 관계 형성을 촉진하는데 부정적인 영향을 줄 수 있음(원요한, 2009: 180).
- 면담에서 짧은 침묵은 생각과 감정을 정리할 시간을 가지고 휴식을 취하는 것(임안나 외, 2011: 52)이고, 침묵은 불안이나 위협이 아니라 오히려 기회임(Kadushin, 1990: 205-207; 엄명용 외, 2021: 48).
- 사회복지사는 침묵을 어느 정도의 시간 동안 허용할 것인지 판단하기 위해서, 침묵을 통해 전달하고자 하는 메시지가 무엇인지 그리고 메시지가 어떻게 전달되는지를 파악하는 노력이 필요함[45](원요한, 2009: 181; 최선화, 2022: 89).

㉡ 침묵을 다루기 위해 염두에 두어야 할 사항(원요한, 2009: 181-182; 최선화, 2022: 88-89)

---

44) 경험이 없는 사회복지사들이 저지르기 쉬운 실수 중의 하나가 사회복지사와 클라이언트 사이에 침묵이 흐를 경우, 이를 매우 거북하게 생각하여 가급적 빨리 침묵을 깨려고 한다는 것인데, 특히, 침묵을 깨뜨려야 한다는 생각에서 지금까지의 화제를 갑자기 다른 화제로 바꾸어 상황을 모면하려는 것은 관계형성을 촉진하는데 부정적인 영향을 줄 수 있기 때문에 유의해야 함(원요한, 2009: 181). 만일 간단한 침묵인 경우, 사회복지사는 조용히 인내를 가지고 조용히 조심스러운 침묵을 지키는 것이 좋고, 만일 침묵이 길어질 경우에는 그 원인을 파악하여 대응할 필요가 있으며, 긴 침묵의 경우, 클라이언트는 대답하기 힘든 질문에 대해 적절한 내용의 답을 발견해내지 못하고 있는 경우이거나, 답을 하기에 너무 감정이 격해 있는 경우 혹은 질문상황 또는 면담상황에 전체에 불만을 갖고 저항할 수도 있기 때문에. 클라이언트의 비언어적 의사소통 행위를 정확히 파악하여 진솔하게 대응하는 것이 필요함(원요한, 2009: 181).

45) 침묵은 어느 정도 지켜보고 기다려주는 것이 필요하고, 침묵을 성급하게 깨뜨리게 되면 피상적이거나 도움이 되지 않는 것을 말하는 결과를 가져오기도 하는 반면, 너무 길어지게 되면 점점 더 무거워지며 깰 수 있는 방법에 대해서 고민하게 되는데, 이럴 경우 사회복지사는 심호흡을 하고 편안하게 클라이언트의 내면에서 무엇이 일어나는지를 생각해 보도록 함(최선화, 2022: 89).

- 사회복지사와 클라이언트 모두가 침묵하고 있어야 함.
- 침묵을 통해 전달하는 의사소통의 내용이 무엇인지 파악함.
- 클라이언트가 침묵하고 있을 때, 사회복지사는 그동안 논의된 주제나 생각을 정리할 시간으로 활용하며, 클라이언트가 모르는 상태에서 실제로 침묵이 어느 정도 흐르고 있는지 시계를 보면서 확인해 볼 필요가 있음.

㉢ 침묵의 활용의 예시[46](이미선 외, 2010: 44)

- 클라이언트 : (아무 말 없이 무언가 골똘히 생각하는 모습으로 침묵을 하고 있음.)
- 사회복지사 : "무슨 생각에 깊이 빠져 있는 것 같은데, 무슨 생각을 하고 있는지 말씀해 주실수 있나요?"

⑩ 환언기술(=부연설명기술, 바꿔 말하기)(Evans et al., 1998: 62-70; Hepworth et al., 1997: 136-138; 엄명용 외, 2015: 210)

㉠ 환언기술의 개념 : 클라이언트가 한 말 가운데 '핵심적인 말을 반복하여 말하는 것'으로, 적은 수의 말로써 유사한 단어로 더 구체적이고 명백하게 표현하는 것임(최선화, 2022: 90). 반드시 똑같아야 하는 것은 아님(원요한, 2009: 182).

㉡ 환언기술의 목적 : 사회복지사가 클라이언트에게 들은 내용과 의미를 확인하기 위한 것으로, 사회복지사는 이를 자신의 말과 생각으로 정리하는 기회로 활용함(원요한, 2009: 182-183; 최선화, 2022: 91).

㉢ 환언기술의 효과(최선화, 2022: 91)

- 문제를 깊이 탐색하게 되고, 불명확할 때 명확하게 해주며, 애매할 때 초점을 맞추도록 도움.
- 클라이언트가 더 말할 수 있도록 지지해 줄 수 있으며, 말하게 함으로써 정화(카타르시스)를 경험하게 함.

---

46) 클라이언트의 침묵이 계속될 때, 사회복지사의 침묵의 활용 예시(원요한, 2009: 182)
- "제가 힘든 질문을 드린 것 같군요. 지금 현재 어떤 생각과 어떤 감정이 느껴지는지 말씀해 주시겠습니까?"
- "자식들 상황이 다 어려운데, 몸이 쇠할 대로 쇠해진 상황에서 혼자 사실 수 있는 방안을 생각해 내는 것은 쉽지 않은 일이지요. 제가 너무 고통스러운 부분을 이야기하도록 강요하고 있나요?"
- "감정이 북받쳐 말씀하시기 곤란한 것 같군요. 서두르지 마시고 편안해지면 말씀해 주세요. 저는 들을 준비가 되 어 있습니다."
- "혹시 대화를 이어 가기가 거북하신가요? 우리가 나누는 대화나 상황 가운데 불편한 것이 있으신지요?"

- 자신이 말한 내용을 들을 수 있게 해주며 자신의 생각을 점검할 수 있음.
- 클라이언트 자신의 문제를 명확히 파악하고 이해하도록 돕고 생각을 재평가하고 고려해 보지 못한 부분을 검토하도록 도움. 이를 통해 새로운 통찰을 갖도록 하며 잘못 된 생각이나 태도를 수정할 수 있는 기회를 가지게 됨.

㉣ 환언기술 활용시 유의사항(최선화, 2022: 91)

- 단순한 반복이 아니라, 더 짧고 간결해야 하며, 클라이언트가 계속 말할 수 있도록 격려해야 함.
- 사회복지사가 클라이언트의 말의 핵심을 파악할 수 있어야 하며, 비언어적 메시지에 주의를 기울이고 무엇이 중요한 지를 파악해 낼 수 있어야 함.
- 환언 시에 클라이언트에 대해서 안다고 가정해서는 안 되며, 클라이언트가 하는 말 중 가장 중요하다고 여겨지는 것을 되도록 짧고 간략하게 클라이언트의 표현방식에 따라서 재진술함.

㉤ 환언기술의 위험성(Evans et al., 1998: 68-70; Hepworth et al., 1997: 144-145) : 이미 이야기 된 주제에 대해 불분명하거나 혹은 부적절하게 표현될 때, 클라이언트는 자신이 혹시 잘못 말하여 사회복지사가 잘못 이해하고 있는 것은 아닌지 의심하게 되기 때문에, 사회복지사가 이 기술을 활용할 때는 정확한 의미와 내용을 확인하는 차원에서 주의를 기울여야 함(원요한, 2009: 183; 엄명용 외, 2015: 213-214).

㉥ 환언기술의 예시(원요한, 2009: 183)

- “제가 듣기로는...”
- “재기 당신을 이해한 바로는...”
- “다른 말로 하면...”
- “제가 생각하기엔...말씀을 하시는 것 같은데, 맞습니까?”

⑪ 피드백 주고받기(Hepworth et al., 1997: 558-562; Johnson, 1998: 158-160)

㉠ 피드백 주고받기의 개념

- 어떤 사람의 행위, 생각, 진술 등에 대해 의견을 제시하는 것으로, 긍정적 또는 부정적[47]으로 제시될 수 있음(원요한, 2009: 183-184).
- 피드백을 줄때는 먼저 피드백을 주는 목적이 클라이언트의 행동이나 과업수행에 어

47) 긍정적 피드백은 상대방의 행동, 생각, 진술 등에 대해 긍정적, 호의적으로 반응하는 것이고, 부정적 피드백은 상대방의 행동, 생각, 진술 등이 바뀔 필요가 있음을 밝히는 것임(엄명용 외, 2015: 214-215).

떤 판단을 하기 위함이 아니라는 점과 오로지 안내해 주고, 지지해주며, 도전하기 위한 것이라는 점을 분명하게 설명할 필요가 있음(이영호, 2009: 96; 원요한, 2009: 184)[48].

㉡ 피드백 주고받기의 장점(원요한, 2009: 183-184)

- 분명하고 솔직한 피드백은 합의된 목표를 성취하는데 있어 일련의 행동이 제대로 수행되고 있음을 확인하는 한 방법이 됨.
- 의사소통에 있어 말뿐만 아니라 감정적인 내용을 짚고 넘어갈 수 있도록 돕는데, 특히 피드백이 부정적일 때는 클라이언트와 사회복지사의 감정이 격해질 수 있으며 마음에 상처를 줄 수 있다는 것을 명심해야 함.

㉢ 피드백 주고받기의 유의사항(원요한, 2009: 184) : 피드백을 제공할 때 클라이언트의 반응이 어떨지 고려해 보는 것이 필요하며, 만약에 긴장감이 조성되면 다음 기회에 이러한 문제를 다룰 시간적 여유가 있는지를 고려해 볼 필요가 있음.

⑫ 초점유지기술(Hepworth et al., 1997: 144-146; Kadushin & Kadushin, 1997: 158-161)

㉠ 초점유지기술의 개념

- 제한된 시간에 최대의 효과를 가져와야 하는 전문적 관계에서 불필요한 방황과 시간낭비를 막아주는 효과적인 기법으로, 과묵하거나 혼돈된 클라이언트를 위해서 매우 유용하게 사용할 수 있는 기술임(엄명용 외, 2015: 212; 전남련 외, 2009: 117).
- 면담 중 클라이언트의 구술 내용이 혼란스럽거나 산만한 경우, 클라이언트의 사고과정을 명확히 드러내면서 면담의 속도와 방향에 변화를 주기 위한 질문기술임(최선화, 2022: 106).

㉡ 초점유지기술의 효과(엄명용 외, 2015: 212)

- 과묵하거나 혼돈된 혹은 불안하거나 자신이 원하는 것이 무엇인지 모르는 클라이언트를 위해서 매우 유용한 기술임(원요한, 2009: 184).
- 사회복지사로서 돕는 전 과정 동안 초점을 유지할 수 있기 때문에 클라이언트의 산만한 사고와 감정을 정리하여 중심이 되는 문제를 좀 더 깊이 탐색하고 원하는 변화를 이끌어 낼 수 있도록 도와줌(양옥경 외, 2005: 164)[49].

48) 왜냐하면, 어떤 클라이언트는 타인들이 제공하는 긍정적 피드백을 진심어린 말로 받아들이기보다는 자신이 처한 어떤 상황을 표피적으로 이해한 척하는 겉치레로 치부할 수 도 있기 때문임 (엄명용 외, 2021: 50).

49) 엄명용 외(2005: 115)와 원요한(2009: 185)은 초점유지기술을 사용하는 이유에 대해, ① 지금까지 논의가 특정 문제에 지나치게 초점을 둔 나머지 다른 문제에 대해서는 다루지 못하였을 경우,

㉢ 초점유지기술의 예시[50)]

- 아이의 학업부진문제로 면접을 하는 과정(원요한, 2009: 185)
  - 클라이언트(엄마) : "동네의 유해환경이 너무 많고, 우리 아이가 배울까봐 너무 두려워요."
  - 사회복지사 : "유해환경도 중요하지만, 먼저 아이의 학교생활에 대해 좀 더 이야기를 나눈 뒤 그 이야기를 하는 것이 좋을 것 같습니다."
- 학교공부에 흥미를 잃고 컴퓨터에만 빠져 있는 아들의 문제를 해결하기 위해 엄마와 면담하는 경우(이미선 외, 2010: 72)
  - 클라이언트(엄마) : "우리나라 교육정책과 제도는 형편없고, 사교육비가 너무 많이 들어 힘들어요."
  - 사회복지사 : "교육정책이야 어제오늘 일은 아니죠. 모두들 노력하고 있으니까 점차 나아질 것이라고 기대합니다. 그래도 다른 아이들에 비해서 아드님이 특별히 학교생활에 흥미를 못 느끼는 이유가 있을 것 같은데요. 어머니 생각은 어떠세요?"

㉣ 초점유지기술 사용 시 유의사항 : 이 기술은 유용한 기술이지만 때로는 강압적인 면을 띠고 있기 때문에, 라포 및 신뢰관계에 위협이 되지 않도록 해야 함(원요한, 2009: 185).

⑬ 탐색기술(Hepworth et al., 1997: 138-139; Kadushin & Kadushin, 1997: 153-156)

㉠ 탐색기술의 개념

- 클라이언트의 보다 자세하고 구체적인 정보 혹은 특정정보에 대해 자세하게 알고자 할 때 활용하며, 특히 의사소통 과정에서 종종 주제에서 벗어나는 말을 하는 클라이언트를 대상으로 정확한 정보를 수집할 때 활용함(원요한, 2009: 186; 최선화, 2022:

---

② 논의의 내용이 소진되어 같은 내용이 반복될 경우, ③ 논의 내용이 주변적이거나 관련성이 없이 핵심에서 벗어나 있는 경우, ④ 어려운 주제에서 벗어나 이 주제에 다시 초점을 맞출 필요가 있을 경우, ⑤ 논의 내용으로 인해 격한 정서적 감정을 불러일으켜서 진정하고 균형을 유지할 필요가 있을 경우 등을 제시하고 있음.

50) 초점유지기술의 추가 예시(원요한, 2009: 185)
- "우리가 오늘 아드님의 학교생활에 대해 얘기해 보기로 했는데, 이제까지는 학교 주변 환경에 대해 살펴보았습니다. 그렇다면, 학교생활로 들어가서 아드님이 담임 선생님과 각 과목 선생님과는 어떻게 지내는지 말씀해 주시겠습니까?"
- "아드님의 학교생활 가운데 교우관계를 얘기하다가 교회에서의 친구관계를 얘기하게 되었군요. 교회에서의 친구관계는 잠깐 접어 두고 교우관계로 되돌아가서 얘기를 계속해 보도록 하지요."

107).

- 클라이언트의 경험을 이해하거나 전체적인 윤곽을 이해하는데 도움이 되는 정보를 수집할 때 유용하며, 클라이언트가 진술한 내용 가운데 모호한 부분이 있을 때 활용함(Gambrill, 1997: 248-251; 원요한, 2009: 186; 엄명용 외, 2015: 213).

㉡ 탐색기술의 유형(Kadushin, 1990: 156-172; 엄명용 외 2005: 116; 원요한, 2009: 186)

- 명료화 탐색 : 자세한 설명을 위해 탐색이 요구됨.
- 완결을 위한 탐색 : 빠트리거나 다루지 못한 내용 혹은 지나쳐버린 내용을 탐색함.
- 반응적 탐색 : 클라이언트의 생각과 감정에 초점을 두면서 그의 정서적 깊이를 향상시키기 위한 탐색

㉢ 탐색기술 사용 시 유의사항(원요한, 2009: 186)

- 클라이언트가 자칫 방어적이거나 숨기려는 태도를 보일 수 있고 클라이언트를 심문하는 느낌을 줄 수도 있기 때문에 주의해야 함(최선화, 2022: 107).
- 이 기술이 사용될 때, 사회복지사는 적극적이지만 클라이언트는 수동적이 되는 단점을 가지고 있어 양극단으로 흐르지 않도록 주의해야 함(원요한, 2009: 186).

㉣ 탐색기술의 예시(이미선 외, 2010: 44)[51]

- 클라이언트 : (아무 말 없이 무언가 골똘히 생각하는 모습으로 침묵을 하고 있음.)
- 사회복지사 : "남편과의 관계에 대해 이야기하는 것이 당신에게 너무 힘든 일이었나 보네요. 혹시, 대답하기 곤란한 것을 제가 질문한 건가요?"

⑭ 계약기술(Hepworth et al., 1997: 329-335; Johnson, 1998: 242-245)

㉠ 계약기술의 개념 : 클라이언트와 사회복지사가 각자의 역할, 책임, 기대 및 수행할 업

---

51) 탐색기술의 추가 예시(원요한, 2009: 186-187) : Kadushin(1990: 156-172)의 탐색기술의 유형 활용

□ 사례 : 직업훈련상담을 제공하는 기관에서 44세의 저소득층 여성과 면담한 내용으로, 국민기초생활보장대상자이며, 남편은 장애를 가지고 있는 경우

- 사회복지사 : 당신이 일하는 것에 대해서 가족들은 어떻게 생각하나요?
- 클라이언트 : 아이들 모두가 찬성하지요.
- 사회복지사 : 모든 아이들이 찬성을 한다고요? (→ 명료화 탐색)
- 클라이언트 : 글쎄, 아이들은 일하는 것이 나를 위해서도 좋다고 생각하는 것 같아요. 일을 하면 집안일 이외에 다른 취미를 가질 수도 있으니까요. 그리고 아이들은 내가 일을 하게 되면 자기들이 집안일을 도와줘야 한다고 생각하고 있어요. 아이들은 그럴 준비가 되었다고 말합니다.
- 사회복지사 : 그러면, 남편께서는 어떻게 생각하시나요? (→ 완결을 위한 탐색 : 면담이 그동안은 클라이언트가 말하는 것에 대한 아이들의 반응만을 다루었으므로 살펴보지 못했던 남편의 반응에 초점을 둠.)

무의 목적을 공식화하고 구조화하는 것임(성취하고자 하는 목표에 대한 합의점을 모색함)(원요한, 2009: 187; 최선화, 2022: 109).

㉡ 계약기술의 형태 : 계약은 클라이언트의 욕구에 기반하기 때문에, 말(구두) 혹은 문서로 가능하나 합의사항은 가급적 문사로 보관하는 것이 좋음(원요한, 2009: 187; 최선화, 2022: 109).

㉢ 계약기술 사용 시 유의사항

- 계약을 하는데 있어 클라이언트와 사회복지사는 상호간의 이해를 필요로 하며, 계약 시 분명하고 명확한 언어로 표현되어야 함(계약서에 충분한 정보 담기)(원요한, 2009: 187; 최선화, 2022: 109).
- 계약서 포함 사항 : 상담시간 및 기간, 장소, 기본적인 수칙, 비밀보장 및 사례기록, 절차 등이 포함될 수 있음(원요한, 2009: 187).
- 상담시간에는 누가 참여하는지, 주요 염려나 문제의 요약, 응급 시 연락해야 할 사람, 업무의 목적과 목표 및 성취방법 그리고 계약 파기 조건 등을 명시할 필요가 있음(원요한, 2009: 187).

2. 면담 및 사정기술[52]

1) 면담[53]기술

① 면담 준비단계의 기술(Cournoyer, 2000: 159-184; Trevithick, 2000: 52-56)

㉠ 면담 준비단계의 의의와 과제[54]

- 면담 준비단계의 의의(전남련 외, 2009: 86; 엄명용 외, 2021: 58)

□ 사회복지사와 클라이언트가 만나기 전에 사회복지사 입장에서 클라이언트가 사

52) 면담 및 사정기술은 Hepworth et al.(1997: 133-160), Kadushin & Kadushin(1997: 143-208), 엄명용 외(2015: 207-218), 엄명용 외(2021: 57-91)를 주로 참고하여 요약·제시함.

53) Johnson(1989: 187)은 사회복지실천에서의 면담(면접)에 대해, '전문적 관계에 바탕을 두고 정보수집, 과업수행, 클라이언트의 문제나 욕구 해결 등과 같은 목적을 수행하는 시간제한적 대화' 라고 정의하고 있고, 전남련 외(2009: 85)은 '면접에 참여하는 사람들이 서로 수용한 의도적인 목적을 가진 대화이며, 일반적으로 그 목적은 클라이언트의 욕구를 충족시키거나 문제를 해결하기 위해 정보를 수집하는 것' 이라고 하였음. 그리고, 이러한 사회복지실천에서의 면담(면접)의 특성은 Compton & Galaway(1994: 274)와 양옥경 외(2005: 153)을 참고하기 바람. 아울러, 사회복지실천에서의 면담(면접)의 종류에는 정보수집 면접, 사정 면접, 치료 면접 등이 있음(Zastrow, 1995: 106-107; 양옥경 외, 2005: 155-156; 이미선 외, 2010: 56-59)

54) 면담 준비단계의 의의와 과제에 대해서는 주로 원요한(2009: 143-145)를 참고하여 요약·제시함.

회복지사를 만나러 오면서 갖게 되는 생각, 감정을 미리 헤아려서 가급적이면 클라이언트의 상황에 사회복지사 자신을 맞추려는 준비활동이 일어나는 단계(이영호, 2009: 62; 임안나 외, 2011: 41)

□ 그러나, 면담과정이 반드시 준비된 대로 진행되는 것은 아니므로 개방적이면서 유연하게 진행될 수 있도록 할 주의해야 함(Kadushin & Kadushin, 1997: 15-17; Hepworth et al., 1997: 134-135; 엄명용 외, 2015: 198-199).

□ 면담 준비를 통해 면담을 구조적으로 진행하며, 면담에서의 과업을 파악하고, 이를 성취하기 위한 방법을 모색, 시간활용방법의 구체적인 계획을 수립해야 함.

- 면담 준비단계의 과제(Trevithic, 2000: 52-56) : 클라이언트를 둘러싸고 있는 가족, 친구, 이웃 등의 욕구와 기대를 파악하는 일이 쉽지 않기 때문에, 초기 면담을 준비하는 과정에서 주어진 정보를 바탕으로 클라이언트를 둘러싸고 있는 중요한 타인의 욕구를 가늠해 보고 면담에 임함으로써 면담을 보다 구조적이고 목표 지향적으로 이끌어 가야함(엄명용 외, 2005: 72)[55].

㉡ 면담 준비의 방법(전남련 외, 2009: 87-90; 임안나 외, 2011: 41-42)[56]

- 반영적 접근 방법 : 정보 수집방법이 체계적이지 못하지만, 공감적이면서 직관적인 방법을 활용하는 것(공감기술, 내면적 세계를 상상)
- 면담점검표[57] 작성 : 점검표 작성, 이에 따라 준비가 되고 있는지 확인하는 것.

㉢ 면담 준비기술(Cournoyer, 2000: 159-184; 김인숙·김용석 역, 2006: 143)[58]

- 사전 검토 : 클라이언트의 이전 기록과 기관의 정보를 검토하고, 기본적 배경(교육정도 등)을 검토하는 것(클라이언트에 대한 편견이나 선입견을 갖는 것에 주의)
- 사전 탐색 : 접수나 초기 면담을 담당한 사람과 클라이언트의 의뢰자에게서 클라이언트 및 그의 상황에 대한 질문을 통해 정보를 수집하는 것

---

55) 이러한 면담 준비단계의 과제를 해결하는 방법에 대해서는 엄명용 외(2005: 74), 전남련 외, 2009: 86-87)에 자세히 나와 있으니 참고하기 바람. 이미선 외(2010: 63-65)는 면접 시작 전에, 물리적 조건(면접실의 환경)과 라포 형성이 필요하다고 함.

56) 면담 준비의 방법에 대해서는 주로 원요한(2009: 145-148)를 참고하여 요약·제시함. 본 서에서 제시하는 두 가지 방법 모두 활용 가능하지만, 사회복지사는 면담을 성공적으로 이끌기 위해서 최근에 진행된 사례일지나 최근 사건, 사건과 관여된 사람들 등에 대해 숙지하고 면담에 임해야 하고, 특히 도움을 요청하는 사람들은 전문가에 대한 막연한 두려움이나 불안감을 가질 수 있으므로 클라이언트가 요청하는 도움과 문제의 근본이 무엇인지를 정확하게 이해하는 것은 매우 중요한 실천기술임(Trevithick, 2000: 53-54; 엄명용 외, 2021: 59).

57) 면담점검표는 Gambrill(1997: 267-269)이나 엄명용 외(2021: 60-62) 등을 참고하기 바람.

58) 면담 준비기술에 대한 구체적인 내용에 대해서는 엄명용 외(2005: 78-80), 원요한(2009: 148-150), 전남련 외(2009: 90-92), 이영호(2009:62-65), 임안나 외(2011: 42-44) 등을 참고하기 바람.

- 사전 협의 : 슈퍼바이저・동료에게 조언을 구하는 것
- 사전 정리 : 첫 면담을 위해 체계적인 물리적 준비를 의미
- 사전 공감 : 초기 면담 전에 클라이언트가 겪을 수 있는 느낌이나 현재의 문제 및 상황에 민감하게 반응할 수 있도록 사전 공감을 실천해 보는 것
- 사전 자기탐색 : 자기인식 및 전문적인 자질 향상과 매우 관련이 깊은 자기분석의 한 형태로서 타인과의 상호작용에서 어떻게 영향을 주고받는지를 파악하는 것
- 집중적 자기관리 : 사회복지사의 개인 사정이 전문가로서의 의무와 서비스 전달에 방해가 되지 않도록 하기 위한 것
- 사전 계획 및 기록 : 사회복지사가 면담 전에 면담의 목적과 목표를 검토하고, 면담에서 논의할 주요 과제를 임시적으로 설정하는 것

② 면담 시작단계의 기술(Cournoyer, 2000: 188-218; Hepworth et al., 1997: 45-52)[59]

㉠ 첫 면담에 대한 불안 수용(원요한, 2009: 151; 이영호, 2009: 66-67)

- 첫 면담은 사회복지사와 클라이언트 모두에게 다양한 감정과 반응을 불러일으키는데, 특히 클라이언트는 도움 요청에 대한 양가감정을 갖게 되며, 어디서부터 문제 상황을 설명해야 할지 당황해하고 혼돈을 경험하게 됨.
- 그러므로, 첫 면담은 서로가 상대방에게 첫 인상을 심어 준다는 측면에서, 후속 면담・관계형성・문제해결 및 서비스의 효과성에 많은 영향을 줄 수 있다는 점을 주의해야 함.

㉡ 면담의 시작(원요한, 2009: 151-156)

- 면담 시작단계 : 접수→치료관계의 착수→면담시간의 처음 진입 등(이영호, 2009: 73)
- 면담 시작단계의 과업[60] : 자기소개, 클라이언트에게 자신 및 동행인에 대한 소개요청[61][62], 첫 면담의 목적 설명[63], 클라이언트의 역할 설명, 기관의 정책 및 윤리적

---

59) 면담 시작기술에 대해서는 전남련 외(2009: 94-97), 엄명용 외(2015: 201-204), 엄명용 외(2021: 64-70) 등을 참고하여 요약・제시함.

60) 면담 시작단계의 과업은 Cournoyer(2000: 164-195), 이영호(2009: 73-77), 임안나 외(2011: 44-45), 엄명용 외(2021: 65-68) 등을 참고하기 바람.

61) 클라이언트와 동행인을 부르는 방법 관련 예시 : “제가 ○○어머니라고 불러도 될까요?”, “제가 김선생이라고 불러도 될까요?”, “나이를 고려해 보니 내가 너를 ○○라고 불러도 될 것 같은데, 괜찮겠니?” (원요한, 2009: 152)

62) 연하의 아동을 접할 때에도 교육적, 발달적 측면을 고려하여 존댓말을 사용하는 경우 : “○○어린이, 이 크레용을 탁자 한 편으로 치워 줄래요?” (원요한, 2009: 153)

63) 첫 면담의 목적 설명 예시 : “오늘 저희 기관을 처음 방문하셨으므로 저희 기관에 오시게 된 이유를 알고 싶습니다. 그런 다음에 저희 기관에서 제공하는 서비스에 대해서 설명을 드리도록 하

요건 설명[64], 피드백 요청하기 등

- 면담 시작단계의 유의사항(원요한, 2009: 156-158)
  - □ 호칭에 대한 동의 얻기
  - □ 윤리적 요소 중 비밀보장이 가장 중요한 과제(예외 : 아동학대, 자살시도, 자해위험, 소송제기 등)

㉢ 면담에서의 상호작용방법[65]

- 악수하기 : 악수를 함으로써 공식적으로 면담을 시작한다는 메시지를 간접적으로 전달하며, 클라이언트를 환영하는 몇 마디의 말을 제공할 수 있는 기회도 가져야 함.
- 신체적 접촉 : 비언어적 의사소통 가운데 강력한 영향력을 보이는 것으로, 긍정적으로 활용되었을 때 사회복지사는 클라이언트에게 지지를 보여 줄 수 있지만, 그렇지 못한 경우 전문적 관계에 치명적인 손상을 가져올 수 있음(클라이언트가 아동학대 혹은 성희롱과 같은 경험이 있다면 신체적 접촉은 더욱 주의를 요함).
- 비공식적인 대화의 시작
  - □ 날씨 혹은 기관에 찾아오는 과정에서의 어려움(주차문제, 교통편의 등)과 같은 주제를 택해 비공식적인 대화로써 시작하는 것(클라이언트에게 어려운 문제나 도움 요청과 같은 주제를 말할 수 있는 기회를 제공)
  - □ 비공식적인 대화 시간은 사회복지사의 직관력에 달려 있음(지나치게 짧게 하는 것은 금방 넘어간다는 느낌을, 지나치게 길게 하는 것은 불필요한 대화에 시간에 낭비하는 것과 같은 느낌을 갖게 함).

㉣ 면담 시작단계의 기술 예시(이미선 외, 2010: 66)

- 부담없이 쉽게 나눌 수 있는 화제 : "오늘 너무 덥죠? 날씨가 어째 점점 더워지는 것 같아요. 지구온난화라 그런가봐요", "네. 맞아요. 이제 겨울도 별로 춥지 않은 것 같아요."
- 점점 이야기의 범위를 개인적인 것으로 옮겨가는 것
  - 사회복지사 : "그런데, 억양이 경상도 쪽이신 것 같아요. 경상도에서 태어나셨어

겠습니다. 저희 기관에 어떻게 오시게 되었나요?" (원요한, 2009: 153)

64) 기관의 정책 및 윤리적 요건 설명 예시 : "저희 기관은 아동 및 가족에게 상담을 제공해주는 기관입니다.", "저희 복지관에서는 ○○가 필요로 하는 서비스를 제공해 주는 기관으로, 아시다시피, ○○가 살고 계시는 이 지역에 위치하고 있습니다. 저희 복지관 및 시설은 행정기관에서 위탁을 받아 사회복지법인 ○○○에서 운영하고 있습니다." (원요한, 2009: 155)

65) 면담에서의 상호작용방법에 대해서는 전재일・이성희(2004: 78-80), 엄명용 외(2005: 85-87), 전남련 외(2009: 95-96), 이영호(2009: 66-73), 원요한(2009: 156-158), 임안나 외(2011: 45-46), 엄명용 외(2021: 68-70) 등을 참고하여 요약・제시함.

요?”

- 클라이언트 : “아니요. 태어난 건 서울이에요. 부모님도 서울 분이신데, 제가 3살 때 경상도로 이사 가서 고등학교 때까지 거기서 자랐어요. 아마 그래서 사투리 억양이 많이 남아 있을 거예요.”

③ 면담 중간단계의 기술(Cournoyer, 2000: 221-314; Hepworth et al., 1997: 401-440; 이미선 외, 2010: 66-67)

㉠ 면담 중간단계의 과업(Shulman, 1992: 91-115; Hepworth et al., 1997: 401-445; 엄명용 외, 2015: 219-224)

- 사회복지사와 클라이언트가 문제해결과정에 적극적으로 참여함.
- 면접에 비자발적이며 비협조적인 클라이언트를 적극적으로 끌어들이는 것이 중요한데, 사회복지사는 클라이언트와의 면담을 방해하는 장애물을 파악하고 장애를 처리하는 방법을 논희함.

㉡ 면담 중간단계의 기술 예시(이미선 외, 2010: 66-67)

- 매주 토요일 면접시간에 늦잠 때문에 참석하기 어려워하는 중학생 클라이언트를 위해 면접자가 아침마다 정해진 시간에 전화를 걸어주기로 함.
- 잦은 음주와 날로 난폭해지는 술버릇 때문에 고민하는 클라이언트와의 면접에서는 술자리를 한 번씩 거절하고 술을 마시지 않고 귀가할 때마다 높은 점수를 매기고, 술을 마실 경우는 두 잔 이상 마시지 않는다는 규칙을 정하고 이것을 한 번씩 지킬 때마다 또 높은 점수를 매겨서 자신의 음주 문제를 해결하는 데에 적극적인 참여자가 되도록 함.

④ 면담 종결단계의 기술(Shulman, 1992: 140-165; Hepworth et al., 1997: 590-615; Cournoyer, 2000: 419-442; 이미선 외, 2010: 67-68)

㉠ 면담 종결단계의 과업

- 면담의 목적이 성취되고 나면 그 면담은 종결되는데, 예를 들어, 실직자를 위한 취업프로그램에서의 면담에서는 직장을 구하게 되면 면담을 종결하게 됨.
- 종결단계에서는 내용 뿐만 아니라, 감정적인 면에서도 종결에 대한 준비를 이어나가야 하는데, 사회복지사는 클라이언트의 종결에 대한 감정을 존중하고 감정적인 종결을 할 수 있도록 도와주어야 함.

㉡ 면담 종결단계 기술의 예시(이미선 외, 2010: 67) : 이혼 후 정신적인 공허함 때문에 고통스러워하는 클라이언트와의 면담

- 클라이언트가 이혼을 받아들이고 자신의 감정을 조절할 수 있게 되면 클라이언트는 사회복지사에게 고마운 마음과 함께 무의식적으로 의지하는 마음이 생길 수 있기 때문에, 앞으로 혼자서 자신의 문제를 해결해야 한다는 것에 대해 두려워하지 않고 준비할 수 있게 도와주어야 함.

2) 사정기술(Cournoyer, 2000: 275-314; Hepworth et al., 1997: 191-248; 엄명용 외, 2015: 261-285)

① 사정기술의 개요

㉠ 사정의 개념 : 수집된 자료 혹은 정보를 종합하여 해석하고 의미를 부여함으로써 문제를 최종적으로 규정하여 실천의 방향을 결정하는데 목적이 있으며, 클라이언트의 상황을 정확하게 사정하면 정확한 개입계획을 수립할 수 있고, 결과적으로 사회복지실천이 효율성 및 효과성을 높일 수 있음(Hepworth et al., 1997: 192-194; Johnson, 1997: 218-220; 엄명용 외, 2015: 261-263).

㉡ 사정의 특성(Johnson et al., 1997: 220-223; 엄명용 외, 2021: 71-72)

- 사정은 계속되는 과정임.
- 사정은 이중 초점을 갖고 진행함.
- 사정은 클라이언트와 사회복지사의 상호과정임.
- 사정에는 사고의 전개과정이 있으며, 이론적 지식을 기반으로 하고 있음.
- 수평적, 수직적 탐색 모두가 중요함.
- 사정은 개별적임.

㉢ 사정단계의 주요과업[66](Hepworth et al., 1997: 191-248)

- 문제의 규정→생태체계적 분석→강점 및 자원 발굴→가설 설정 및 개입 우선순위 결정

㉣ 사정기술의 기본 : 의사소통기술

② 사정도구(엄명용 외, 2021: 72-91)

㉠ 사정에서 활용할 수 있는 정보원 : 클라이언트, 클라이언트의 가족을 포함한 주변인,

66) 엄명용 외(2021: 72)는 사정단계의 주요과업을 문제발견, 정보수집, 규정된 문제에 대한 계획 수립 등으로 구분하고 있음.

타 전문가, 클라이언트의 비언어적 행동, 초기 면접지, 서비스 신청서, 각종검사결과(심리 · 신체검사), 기록(병원의료기록, 상담일지) 등

㉡ 클라이언트에 관한 정보를 한눈에 파악할 수 있는 도구[67] : 생태도[68], 사회지지(관계)망표[69], 생활력도표[70], 생활주기표[71], 정신상태검사[72], 심리검사[73] 등

3. 의사소통기술

1) 의사소통의 개요

① 의사소통의 개념[74]

67) 사회복지실천에서 활용되는 각종 사정도구에 대해서는 엄명용 외(2021: 72-91)에 자세히 설명되어 있으니 참고하기 바람. 그리고 가족치료에 활용되는 가계도는 본 서 제00장 가족 대상 사회복지시실천에서, 집단상담에서 유용한 소시오그램, 의의차별척도, 상호작용챠트 등에 대해서는 본 서 제6장 집단 대상 사회복지시실천에서 다루고 있음.

68) 생태도는 개인 및 가족의 사회적 맥락과 개인 및 가족을 둘러싼 사회체계들 간의 상호작용 상태를 하나의 그림으로 나타낸 사정도구로서, ① 개입 초기에 가족을 사정하는 도구로, ② 변화를 확인하는 도구로 반복해서 사용할 수 있음(엄명용 외, 2021: 73-76).

69) 사회지지(관계)망표는 개인이나 가족의 사회적 관계망과 사회적 지지를 사정하는 도구로서, 이에서 알 수 있는 정보로는 ① 가족의 사회적 관계망에서 중요한 인물, ② 가족이 지지를 받는 생활영역, ③ 사회적 관계망에서 지지를 제공하는 각각의 지지의 특정 유형, ④ 제공되는 지지의 정도의 중요도, ⑤ 지지의 방향(상호적 또는 일방적), ⑥ 개인적 친밀감 정도, ⑦ 접촉 빈도, ⑧ 관계의 기간(알고 지낸 기간) 등임(엄명용 외, 2021: 76-80).

70) 생활력도표는 삶의 중요한 사건이나 문제를 시기별로 표로 정리한 사정도구로서, 클라이언트나 가족이 겪고 있는 문제의 발생시점과 촉발사건 등, 사건 간에 보이는 양상이나 관계, 클라이언트의 생애 동안 발생한 사건이나 문제의 발전과정을 파악할 수 있음(엄명용 외, 2021: 80-81).

71) 생활주기표는 클라이언트의 생활주기 및 각 발달단계의 과업과 가족 구성원의 발달단계와 주요과업을 하나의 표로 나타낸 것으로, 가족 내에서 각 성원은 각기 다른 발달단계에 있기 때문에 서로 다른 발달과업 및 위기를 경험하게 되는 데에 생활주기표를 이용하면 가족 내 개별 성원의 현재 발달단계와 과업, 위기 등을 한눈에 볼 수 있음(엄명용 외, 2021: 81-82).

72) 정신상태검사는 클라이언트의 정신기능을 평가하기 위한 것으로, 전반적 외모 태도 행동, 사고의 진행의 일관성 및 합리성, 사고의 내용, 비합리적 지각이 있는가, 감정반응, 의식상태가 혼미한가, 지적능력, 의식상태, 병식(병에 대한 통찰력) 등의 항목으로 구성되어 있음(엄명용 외, 2021: 83-89). 정신상태검사지는 엄명용 외(2021: 84)의 〈표 2-6〉을 참고하기 바람.

73) 사회복지실천에서의 심리검사는 클라이언트의 심리적 상태, 성격, 문제 등을 심층적으로 이해하기 위한 사정 도구로 활용되며, 특히 심리사회모델에서 중요하게 다루어지는데, 이는 개인의 심리적 측면과 사회적 환경의 상호작용을 종합적으로 파악하여 문제를 사정하고 개입 계획을 세우는 데 필수적이며, 정신상태검사(MSE), 자기보고식 검사 등 다양한 도구를 포함하여 클라이언트의 개인차와 내적 갈등 이해를 돕는 중요한 역할을 함(엄명용 외, 2021: 89-91).

74) 사회복지실천에서의 의사소통(전달)에 대한 구체적인 내용에 대해서는 한국전문대학사회복지교육협의회(2005: 220-221), 나동석 · 서혜석(2009: 143-148), 방미진 · 황영희(2011: 283-287), 서혜석 외(2017: 168-173) 등을 참고하기 바람.

㉠ 두 사람 이상이 서로 의미를 주고받으며 점검하는 상호작용 과정(엄명용 외, 2015: 207-209; Shulman, 1992: 82-85)

㉡ 메시지의 송신자와 수신자가 있고, 송신자가 메시지를 기호화해서 송신하면 수신자는 메시지를 수신하여 해독하고, 자기의 피드백 메시지를 기호화하여 이를 다시 최초의 송신자에게 송신하게 되는 과정이 반복되는 것임(Compton & Galaway, 1999: 226-227; 엄명용 외, 2015: 207-208).

㉢ 송·수신의 과정에는 잡음이 있을 수 있고, 송신자나 수신자 편에서 메시지를 해독하는 과정에도 잡음이 있을 수 있는데, 이 때문에 수신자는 송신자를 통해 메시지를 점검해야 하는데 이런 과정이 누락되면 의사소통에 문제가 발생할 수 있음(Compton & Galaway, 1999: 227-229; 엄명용 외, 2015: 208-209)[75].

② 의사소통의 중요성 : 사회복지실천에서의 면담(면접)이 사회복지사와 클라이언트 양자 간의 관계에서 비롯되는데, 사회복지 개입이 성공적이기 위해서는 두 사람 사이의 대인관계가 지속되어야 하고 대인관계를 유지하기 위해서는 명확하고 안정적인 의사소통의 통로가 확보되어야 함(Compton & Galaway, 1999: 223-225; 조휘일·이윤로, 2006: 224-226).

③ 의사소통의 유형 : 언어적 의사소통 + 비언어적 의사소통[76]

2) 언어적 의사소통 기술(Kirst-Ashman & Hull, 1993: 58-66)[77]

① 클라이언트에 대한 지지적 언어 반응

㉠ 클라이언트가 말을 하는 사이에 긍정적인 언어 반응

㉡ 예시 : '아, 그랬군요', '알겠어요', '음음' 등

㉢ 효과 : 예시와 같은 반응적 언어를 사용함으로써 클라이언트로 하여금 사회복지사가

75) Sheafor et al.,(1991: 82-83)은 의사소통에서의 문제점이, ① 스스로 이야기하도록 두기보다는 대신 이야기할 때, ② 편견이나 고정관념을 가지고 듣고 말하게 될 때, ③ 다른 사람이 말하려는 것을 경청하지 않고 이해할 시간을 갖지 않을 때, ④ 자신이 실제로 믿고 느끼는 것을 다른 사람이 인정하지 않을까 봐 말하지 않으려 할 때, ⑤ 자신이 생각하고 느끼는 것을 다른 사람이 이미 알고 있을 것 같아 이야기하지 않을 때 발생한다고 하였음.

76) Seafor et al.(1997: 153-168)은 의사소통기술의 유형을 언어적 및 비언어적 의사소통기술로 구분하고 있고, Shulman(1984: 20-45)은 직접적, 간접적 및 비언어적 의사소통기술로 분류하고 있음. 본 서에서는 Seafor et al.(1997)의 견해에 따라 언어적 의사소통기술과 비언어적 의사소통기술에 대해서 알아보고자 함.

77) Kirst-Ashman & Hull(1993: 52-75)의 언어적 의사소통 기술에 대한 구체적 내용에 대해서는 김융일 외(2000: 200-204), 엄명용 외(2005: 240-242), 이종복 외(2006: 184-186), 전남련 외(2009: 97-100) 등을 참고하기 바람.

자신에게 관심을 갖고 경청하고 있음을 인식하게 함.

② 클라이언트 언어의 재구성

㉠ 클라이언트의 말을 다른 언어로 재구성하는 방법

㉡ 예시 : '아버지가 미워 가출하고 싶었어요.' 라고 말하면 '아버지가 미워 가출까지 하고 싶어었군요.' 라고 응답함.

㉢ 효과 : 클라이언트의 의도를 정확히 파악하기 위해, 클라이언트에게 자기 말을 다시 한 번 생각해 볼 여유를 주기 위해, 클라이언트의 말을 제대로 이해하고 있는지를 알아보기 위해, 그리고 클라이언트의 말을 경청하고 있다는 것을 보여주기 위한 목적으로 사용함.

③ 클라이언트의 감정에 대한 (성찰적) 반영

㉠ 클라이언트의 말과 행동에서 표현된 감정과 생각 및 태도 등을 사회복지사가 참신한 언어로 부연해 주는 것으로, 클라이언트가 자신의 감정을 자제하지 못하거나 표현력 부족 등으로 자신의 감정을 표현하려다가 중단하는 경우, 사회복지사가 클라이언트의 감정을 읽어서 언어로 표현해 줌으로써 상대방과 감정이입 대화를 가능하게 할 수 있는 방법임.

㉡ 예시 : 부부싸움으로 흥분한 상태에서 말을 잊지 못하는 대화에서, '부부싸움으로 매우 상심해 있군요.' , 경제적 활동을 하지 못하는 경우의 대화에서, '실직하여 가족들을 볼 수 없다고 생각했군요.' 등

㉢ 효과 : 클라이언트의 감정을 표현해줌으로써 감정이입과 관계 형성에 도움됨.

④ 클라이언트 인식의 명료화

㉠ 클라이언트가 말하는 내용을 확실히 이해하기 위해 사용되는 기술로, 클라이언트에게 자신이 말한 내용을 좀 더 분명하게 인식시키고 사회복지사 자신의 이해를 분명하게 하기 위한 기법

㉡ 예시 : 클라이언트가 사회복지사에게 '나 이혼했어요. 모든 것이 암담해요. 어떻게 하면 좋죠?' 라고 말을 했다면, 사회복지사는 '이혼으로 인해 자녀 양육 문제나 위자료 문제 등을 어떻게 해결해야 할지 모르겠다는 말씀인가요?' 라고 반응하면서 내용을 명확히 해주는 기법임.

⑤ 클라이언트 말의 해석

㉠ 클라이언트가 대화 중 미처 생각하지 못하고 있는 내용에 사회복지사가 의미와 관련성을 부여해서 언급하는 것으로, 클라이언트가 새로운 방향에서 문제를 바라볼 수 있

도록 행동이나 생각, 감정 등에 새로운 의미와 원인을 설명하고, 말속에 숨은 메시지에 초점을 두는 것임.

㉡ 예시 : 어떤 여성이 가정과 직장생활 모두에게 실패했다고 느낄 때, 실패의 원인은 환경(부모나 형제, 남편이나 직장 상사 등) 탓으로 돌리기보다 본인 스스로가 어떤 역할을 하였는가를 깨닫도록 돕는 것임.

㉢ 효과 : 클라이언트가 말한 것을 해석함으로써 클라이언트가 자신과 자신의 문제를 심층적으로 이해할 수 있도록 돕고, 상황에 대한 인식력을 높여줌.

⑥ 클라이언트의 간접적 표현에 대한 직접적 언어화

㉠ 사회적 약자로 인식되는 사람들은 심리적으로나 정신적으로 위축되어 있으며, 변화에 대한 두려움으로 자기 자신에 대한 의사 표현을 정확히 하지 못하고 은유와 비유를 사용하여 간접적으로 표현하는 경우가 있을 수 있는데, 이럴 때 사회복지사는 자신의 판단과 추측으로 간접적으로 반응하여 클라이언트가 의미하는 것을 직접적으로 언어화하는 기술이 필요한 경우임.

㉡ 효과 : 클라이언트와 사회복지사는 원조관계를 호전시킬 수 있는 대화의 장을 열 수 있음.

⑦ 클라이언트에게 조언[78] 및 정보제공

㉠ 클라이언트가 때로는 구체적인 사항에 대해 직접적으로 물오 올 때가 있는데, 왜 사회복지사에게 자신의 이야기를 털어 놓아야 하는지, 필요한 자원을 어디서 얻을 수 있는지 등에 대해 물어보면 이에 대한 정확한 조언이나 정보를 제공해야 함.

㉡ 예시 : '제 경우에는 이렇게 했는데, 그런 방식이 어떠한지 생각해 보기 바랍니다.' 등으로 표현하면 클라이언트에게 많은 결정권을 부여하게 됨.

⑧ 클라이언트의 장점 강조 : 일반적으로 대부분의 사람은 일상생활을 하면서 많은 문제를 지니고 있기 때문에 자기 삶에 대해서 비관적이고 의기소침해 있는 경우가 많은데, 이러한 경우 클라이언트 스스로가 자기 능력과 잠재력을 믿지 않는 한 개입의 효과를 기대하기 어렵기 때문에, 클라이언트의 장점을 찾아내어 강조해 주는 것은 자신에 대한 자존감과 가치를 회복시킬 수 있고 일상생활에 긍정적으로 도움이 될 수 있음

78) 조언은 클라이언트 입장을 고려해야 하며 그 효과도 생각해 보아야 하고, 꼭 필요한 경우가 아니거나 상대방이 원하는 경우가 아니면 하지 않는 것이 좋음. 아무리 좋은 조언을 하더라도 클라이언트가 긍정적인 반응을 하지 않으면 오히려 역효과가 있을 수 있기 때문임(Hepworth et al., 1997: 160-162; Kirst-Ashman & Hull, 1993: 68-70; 엄명용 외, 2015: 221-222).

⑨ 사회복지사의 자기노출(최선화, 2022: 99)

㉠ 자기노출의 개념 : 사회복지사 자신의 신상에 관한 기술이나 감정 혹은 생각을 남에게 전달하는 언어기법인데, 사회복지사가 어느 정도의 이러한 자기노출을 통해 클라이언트와의 관계형성을 증진시키는 방법임(임안나 외, 2011: 52). 그러나, 지나친 자기노출은 사회복지사의 전문적 자질에 대한 의구심을 갖게 하며, 클라이언트가 사회복지사를 상담가가 아닌 '친구'나 '이웃'으로 오인하게 만들어 치료적 관계를 저해함(Hepworth et al., 1997: 122-123; Cournoyer, 2000: 235-237; 엄명용 외, 2015: 213).

㉡ 자기노출의 판단지침(Hepworth et al., 1997: 121-124; Kirst-Ashman & Hull, 1993: 66-67; 엄명용 외, 2015: 212-213)

- 사회복지사를 위한 것이 아니라 클라이언트에게 도움이 되어야 함.
- 클라이언트의 상황에 적합해야 함.
- 짧고 간결해야 함.

㉢ 예시(이미선 외, 2010: 446) : 갑작스런 부친의 죽음으로 슬픔에 빠져있는 클라이언트

- 사회복지사 : "아까 제가 울어서 죄송해요. 당황하셨죠? 당신이 아버지의 죽음 때문에 슬퍼하시는 걸 보고 저도 아버지가 돌아가셨을 때가 생각이 났거든요. 그때 정말 견기기 힘들어요."

⑩ 요약하기

㉠ 지금까지 클라이언트와 말한 내용과 그 속에 담겨 전해진 감정들을 전체적으로 묶어 정리하는 것(임안나 외, 2011: 53)

㉡ 예시 : '지금까지 우리가 대화한 내용을 간단히 정리해 보겠습니다.' 라고 말하면서 중요한 내용을 간단히 정리함.

㉢ 효과 : 대화하는 동안 진전된 사항을 파악할 수 있고 중요 내용이나 요점을 다시 한 번 생각할 기회를 가질 수 있음.

3) 비언어적 의사소통 기술(Kirst-Ashman & Hull, 1993: 44-48)[79][80]

---

79) Kirst-Ashman & Hull(1993: 44-48)의 비언어적 의사소통 기술에 대한 더 구체적 내용은 김융일 외(2000: 209-212), 이종복 외(2006: 190-192), 전남련 외(2009: 103-105), 이영호(2009: 43-45), 이미선 외(2010: 37-39) 등을 참고하기 바람.

80) 사람이 의사소통할 때 인지적 측면이 있는 언어적 의사소통은 1/3을 차지하고 비언어적 표현이 2/3를 차지하고 있음. 비언어적인 의사소통은 상대방과 언어적 표현이 제한되어 있을 때 매우 중요한 의사소통의 수단이 되며, 이러한 비언어적인 의사소통은 인지적인 차원보다 주로 감정적인 차원에서 더 많이 표현됨. 비언어적 의사소통에서 눈 맞춤, 목소리의 어조, 표정, 손과 팔 등의 몸동작, 그리고 신체적 자세 등이 포함되는데(Sheafor et al., 1997: 154-156; Kirst-Ashman &

① 눈 맞춤

㉠ 눈 맞춤은 의사소통에서 중요한 수단으로 의사소통에 참여 여부를 알라는 표시를 나타내고 공감을 내포하게 되는 표시이기도 함.

㉡ 눈을 맞추지 않고 대화할 경우, 진실성이나 흥미가 없는 것으로 해석될 수도 있고 상대방을 무시한다고 생각될 수 있기 때문에, 사회복지사는 클라이언트와 의사소통할 때 적절한 눈 맞춤으로 서로 공감하면서 흥미나 신뢰성 있는 대화를 할 수 있도록 노력해야 함.

② 목소리의 어조

㉠ 목소리의 어조는 감정을 나타내는데, 크고 힘이 있는 어조는 공격성, 통제력, 강한 등을 나타내고, 약하고 잘 들리지 않는 어조는 움츠림, 두려움, 위축감, 약한 등을 나타내며, 높게 들떠 있는 억양의 목소리는 감정이 고조되어 있거나 흥분된 상태를 나타내고, 낮게 가라앉아 있는 목소리는 자신감이 없거나 우울한 느낌을 나타냄.

㉡ 사람마다 타고난 목소리는 바꿀 수 없어도 속도, 간격, 크기 등을 바꿈으로써 긍정적인 효과를 얻을 수 있기 때문에. 사회복지사는 자신의 어조를 적당한 크기. 적당한 억양, 그리고 편안한 음정과 따뜻한 음색을 통해 자연스러운 목소리로 대화할 수 있도록 노력해서 클라이언트가 편안한 마음으로 들을 수 있도록 해야 함.

③ 표정 : 대화를 나누기 전이나 대화를 나누면서 나타나는 표정은 상대방의 감정을 읽을 수 있는데, 찌푸린 표정은 상대방과 대화하고 싶은 생각이 없거나 지루해하고 있는 상태일 수 있기 때문에 사회복지사는 클라이언트와 의사소통할 때 가능한 환한 미소를 짓는 표정으로 대화할 수 있도록 노력해야 함.

④ 손과 팔 등의 몸동작

㉠ 말을 통해 메시지를 전달하려는 내용에 따라 손과 팔 등의 몸동작이 달라지게 되는데, 듣기 싫을 때는 무의식적으로 손이 귀를 막는 경우가 있고 손으로 머리를 박지는 동작으로 대화의 지루함을 표현하고, 그리고 다리를 꼬거나 팔짱을 끼면서 방어적인 태도로 어떤 상황을 피하려고 함.

㉡ 따라서 사회복지사는 클라이언트와 의사소통할 때 상대방의 몸동작을 살피면서 긍정적이고 신뢰성 있는 대화가 될 수 있도록 노력해야 함.

⑤ 신체적 자세

㉠ 대화 도중 신체적 자세는 상황에 따라 여러 가지의 의도를 나타내게 됨.

Hull, 1993: 52-56; 엄명용 외, 2015: 209-212), 본 서에서는 이에 대해 제시하고자 함.

㉡ 일반적으로 사회복지사와 클라이언트가 대화할 경우, 신체적 자세는 어깨가 상대방의 마주 보고 앉는 것이 좋고 이러한 자세는 서로 간에 개방성과 안정감을 주며, 클라이언트 쪽으로 자세를 약간 기울이는 것은 그 사람의 말에 관해서 관심을 갖고 듣고 있으며 함께하고 있다는 것을 나타냄.

4) 의사소통을 방해하는 언어적 행동(Hepworth & Larsen, 1990: 179-187)[81][82]

① 도덕적 반응 : "그것은 도덕적으로 바람직하지 못한 행동이지요" 혹은 "당신은 아기를 낳기에는 너무 어리지 않습니까?" 등과 같은 도덕적이며 규범적인 반응은 클라이언트의 자기 방어를 강화시킴.

② 성급한 조언과 해결책 제시 : "지금의 남편과 헤어지고 새로운 남자를 만나 결혼 하시는 것이 좋겠어." 처럼 성급한 조언과 지시를 하면 클라이언트와 원조관계를 실패함.

③ 논리적 설득과 논쟁 및 지적 분석 : "이 문제해결에는 당신도 책임이 있다는 것을 잊지 마세요", "당신의 알콜중독에 대해 생각해 봅시다" 등과 같은 이성적 분석과 판단을 요구하는 접근은 클라이언트로부터 자기방어의 강화와 논쟁을 유발시킴.

④ 비판과 비난적 반응 : "그 점에 있어서는 당신이 틀렸군요", "음주운전을 한 것은 잘못된 행동이지요?" 와 같은 부정적 태도는 사회복지실천의 기본가치인 수용과 자기결정권에 위배되는 것이며, 원조과정에서도 매우 치명적인 것, 이러한 태도는 클라이언트의 저항과 공격을 유발시킴.

⑤ 극적인 해석과 명명 : 해석은 중요한 기술이지만 이것은 클라이언트의 인식수준을 넘거나 시점에 적절치 않으면 클라이언트의 저항을 유발시켜 실패하게 되고, 사회복지사 입장에서는 전문적 용어를 사용한 성급한 진단은 문제상황을 포괄적으로 이해하기보다는 지나치게 단순화시켜 클라이언트를 개별적이기보다 정형화하는 오류를 낳게 될 수 있음.

⑥ 겉치레적 확신, 동정, 위로 : "모든 것이 잘 될겁니다", "정말 안 됐군요" 와 같은 반

81) Hepworth & Larsen(1990: 179-187)의 의사소통을 방해하는 언어적 행동에 대한 구체적 내용은 김융일 외(2000: 205-2009), 이종복 외(2006: 187-190), 전남련 외(2009: 100-103), 나동석・서혜석(2009: 149~151), 서혜석 외(2017: 174~177) 등을 참고하기 바람.

82) 사회복지실천에서의 면접 시, 사회복지사는 클라이언트의 침묵, 저항, 사적 질문, 그리고 전이에 대해 효과적으로 대응해야 함(Hepworth et al., 1997: 550-585; Cournoyer, 2000: 205-230; 엄명용 외, 2015: 214-220). 클라이언트 침묵 다루기는 엄명용 외(2020: 329), 클라이언트 저항 다루기는 김봉순 외(2011: 134~135), 클라이언트 사적 질문에 대한 답하기는 Schubert(1971: 15)와 최해경(2019: 216~217), 그리고 클라이언트의 전이와 사회복지사의 역전이에 대해서는 전이와 역전이 다루기(김봉순 외, 2011: 135)를 참고하기 바람.

응은 시기적절하다면 원조과정에 긍정적이지만, 근거없는 허례적 확신, 동정, 위로 등은 오히려 클라이언트의 절망, 자포자기, 무기력등과 같은 감정을 외면하는 결과를 낳게 됨.

⑦ 지나친 풍자와 유머 : "우리가 같은 문제로 또 만났군요" 와 같은 다소 빈정거리는 듯한 태도는 클라이언트에게 적개심을 갖게 하고, 농담적 반응을 클라이언트의 긴장을 완화하는데 효과적이지만 지나치면 피상적으로 접근하게 만듦.

⑧ 위협 경고, 역공격적 반응 : "그렇게 하는 것이 좋을 겁니다. 그렇지 않으면…" , "그렇게 안하면 후회할 겁니다" 등의 태도는 클라이언트의 즉각적인 저항, 공격, 적개심을 유발시켜 원조관계를 위협함.

⑨ 부적절한 질문유형 : 폐쇄형 질문의 남용, 중첩형 질문, 유도형 질문 등은 효과적인 의사소통을 위해 삼가야 함.

⑩ 시기적으로 부적절하거나 과도한 끼어들기 : 명백하며 초점 있는 대화를 위해 클라이언트가 말하는 중간에 사회복지사가 적절하게 개입하는 것은 필요하나, 너무 자주, 적절치 못한 시점에서 행해지면 클라이언트가 자신의 문제를 자유스럽게 표출하는 것을 방해하게 됨.

⑪ 사교적 대화 : 날씨, 뉴스, 취미 등 주제가 가볍고 분산된 사교적 대화는 초점이 분명한 전문적 의사소통을 필요로 하는 원조 관계에는 유해하기 때문에 삼가야 함.

⑫ 소극적 반응 : 사회복지사는 제한된 시간을 최대한 활용하여 적극적인 반응을 통한 원조의 목적을 달성해야 하는 책임을 지기 때문에 소극적인 태도와 비활동성은 사회복지사와 클라이언트의 신뢰감을 떨어뜨림.

⑬ 되뇌임과 진부한 문구의 남용 : 사회복지사는 클라이언트가 말한 내용을 새로운 용어로 재구성하여 클라이언트의 이해나 상황 인식력을 높이는 기술이 있어야 하므로 반드시 필요하지 않은 문구는 되도록 사용하지 말고 정확, 간결한 문장을 사용하는 것이 바람직

⑭ 과거나 미래의 집착 : 사회복지사는 클라이언트와 의사소통에서 과거나 미래보다는 현재에 초점을 맞추어 대화를 진행하는 것이 바람직

⑮ 사회복지사의 부적절한 자기노출 : 사회복지사가 지나치게 자신에 관한 얘기를 하면 클라이언트를 위한 대화가 아닐 뿐만 아니라 클라이언트의 신뢰감을 얻지 못하므로 원조관계에 도움이 되지 못함.

제3장 사회복지실천의 개입기술

1. 일반적 개입기술(엄명용 외, 2021: 95-96)[83]

① 문제해결능력이나 적응능력을 향상시키기 위한 기술(개인/집단/가족 대상)

② 클라이언트의 성장과 발달을 위해 클라이언트의 능력을 향상시키고 회복시키는 기술(개인/집단/가족 대상)

③ 지역사회체계로의 연결기술(사례관리)

④ 사회적 정의 및 권익회복, 소외된 자들이 기회를 가질 수 있도록 돕는 기술(권익옹호 및 임파워먼트 기술)

⑤ 지역사회체계의 효과적 기능을 향상시킬 수 있는 기술(지역사회조직사업)

⑥ 새로운 서비스 개발, 기존 서비스 및 자원체계 개선, 향상할 수 있도록 개입하는 기술(사회복지 연구조사 정책 및 행정 개설 변화)

2. 개별적 개입기술[84]

1) 조언기술

① 조언기술의 개념 : 클라이언트가 해야 할 것을 추천하거나 제안하는 사회복지사의 진술을 의미함(엄명용 외, 2015: 221).

② 조언기술의 사용시기(Sheafor et al., 1997: 165~167; Trevithick, 2000: 156-158; 엄명용 외, 2021: 95-96)

㉠ 초기 단계에서 사회복지사가 클라이언트를 대상으로 클라이언트의 문제를 명확하게 파악할 수 있도록 돕거나 문제해결을 위한 해결책을 파악할 수 있도록 돕는데 활용

㉡ 문제해결과정에서 여러 대안을 모색하고 활용하도록 하였지만 효과를 거두지 못하여 더 이상 다른 선택이나 개입의 여지가 없을 때 최후의 수단으로 활용할 것(엄명용

---

83) 일반적 기술은 그 구분이 반드시 명확하게 나타날 수도 있지만, 다체계적인 개입이 강조되는 최근 동향을 볼 때 이들 기술이 다양한 체계에 동시 적용되어 활용될 수 있을 것임. 본 서에서는 이들 기술 가운데 ①~④에 대해 집중적으로 살펴본 다음, 어려운 클라이언트를 대상으로 개입할 수 있는 기술에 대해서도 살펴보고자 함.

84) 개별적 개입기술은 사회복지사가 클라이언트의 생각, 감정, 행동, 형편, 지위 등을 변화시키기 위하여 필요한 기술로서, 대상별로 개인 대상 기술, 가족 대상 기술, 집단 대상 기술 등으로 분류할 수 있는데(엄명용 외, 2021: 95), 이러한 기술들은 해당되는 장(章)에서 다루기로 하고, 여기서는 이들을 아우르는 기본적인 필요 기술들을 주로 살펴보고자 함.

외, 2015: 221)

③ 조언기술의 주의점

㉠ Gambrill(1977: 412-415)

- 조언기술은 많은 한계점을 가지고 있으면서 사회복지사가 잘못 활용하는 기술이기 때문에 매우 신중하고 제한적으로 활용할 필요가 있음.
- 사회복지사의 조언으로 인해 클라이언트의 행동에 부정적인 결과가 발생했을 때 이에 따른 책임이 사회복지사에게 있을 수 있음(엄명용 외, 2021: 96-97).

㉡ Brill(1997: 120-122) : 조언 제공이 사회복지사의 가치관에 근거하기 때문에 클라이언트의 생활습관과 일치하지 않는 경우가 있음(엄명용 외, 2021: 97).

㉢ Trevithick(2000: 157-159; 엄명용 외, 2021: 97)

- 사회복지사가 제공하는 조언이 정확하지 못하거나 잘못된 것일 가능성이 있음.
- 클라이언트의 자기결정권을 침해할 수 있음.
- 클라이언트에게 사회복지사의 가치관을 심어주게 되어 문제 해결에 있어 클라이언트와의 파트너십을 무너뜨리는 것으로 오해될 수도 있음.
- 클라이언트의 사회복지사에 대한 의존성을 높일 수 있음.
- 문제를 경험하고 있는 클라이언트가 스스로 문제를 해결하기보다는 사회복지사에게 의존하게 되므로 클라이언트 자신에 대해 비관적이게 됨.

④ 조언기술을 활용할 때 사회복지사의 자세(Trevithick, 2000: 157-159)

㉠ 사회복지사도 조언기술을 활용하는데 혹시 잘못된 조언을 하지 않을까 불안해할 수 있으며, 이러한 불안을 해소하기 위한 방법의 하나는 클라이언트에게 사회복지사가 알고 있는 것과 알지 못하는 것을 분명하고 솔직하게 말하는 것임.

㉡ 사회복지사는 사회복지 관련 법, 권리, 지역사회자원 등 특정 상황에 있어서는 매우 구체적인 조언을 해야 할 필요가 있으므로, 관련 법령과 규정, 자원을 정확하게 이해하고 활용할 수 있는 전문능력을 갖출 필요가 있음.

⑤ 조언기술의 활용 지침(Sheafor et al., 1997: 165-167; 엄명용 외, 2021: 97)

㉠ 클라이언트의 입장에서 조언 받을 때의 느낌을 먼저 생각해 봄.

㉡ 조언은 치료에서보다는 의뢰, 중개, 옹호할 때 주로 사용함.

㉢ 클라이언트가 조언을 원치 않으면 제공하지 않음.

㉣ '내가 당신이라면...이렇게도 할 수 있을 것이다.' 또는 '일반적으로 사람들은...할 것이다', '제 경우에는 이렇게 했는데, 그런 방식이 어떨지 생각해 보시기 바랍니다'

등으로 표현하여 클라이언트에게 선택의 여지와 결정권을 부여하도록 함.

㉤ 조언을 활용할 때 따르는 법적 책임에 대해서도 고려해야 함. 예를 들어, '이혼을 하라' 등의 조언은 이혼 후에 발생할 일에 대한 책임을 져야 하는 일이 발생할 수 있으며, 일이 잘못되었을 경우 사회복지사에게 책임을 전가시킬 수도 있음(최선화, 2022: 95).

㉥ 따라서, 사회복지사에게 책임을 지우는 조정적인(manipulative) 클라이언트에 대해서는 조언하는 것을 매우 주의해야 함.

⑥ 클라이언트가 조언을 성공적으로 활용하는 상황(Brill, 1997: 121-122; 엄명용 외, 2021: 97-98)

㉠ 클라이언트가 위기상황을 다룰 능력이 부적절하고, 불안이나 고통 또는 급박한 정서로 인해 고통받고 있을 때

㉡ 조언을 제공하는 사람에 대해 클라이언트가 깊은 존경심을 갖고 있을 때

㉢ 클라이언트가 자신이 결정을 직접 내리기보다는 타인의 결정에 의존하는 경향이 많을 때

㉣ 조언을 제공하여도 클라이언트가 자기결정권을 행사할 수 있으면서 동시에 클라이언트의 욕구에 부응할 때

㉤ 모든 상황을 고려해도 다른 대안이 없을 때

2) 정보제공기술

① 정보제공기술의 개념

㉠ 어떤 사건이나 경험, 문제, 사람들에 대한 자료나 사실을 제공하는 것으로, 어떤 문제에 대해 클라이언트가 가능한 대안을 찾도록 돕는 것이며, 어떤 특별한 계획에 대한 결과를 잘 모를 때 그 계획에 대한 평가를 도와주는 것이고, 잘못된 통념을 제거하고 현재 피하고 있는 문제나 이슈를 검토하도록 동기화하기 위한 것임(Sheafor et al., 1997: 163-165; 전남련 외, 2009: 120; 엄명용 외, 2015: 222-223).

㉡ 정확한 정보를 제공하기 위해서는 클라이언트에게 정보를 제공하고 이를 충분히 이해했는지 확인할 필요가 있으며, 정보를 제공하는 데 있어 조언하기와 마찬가지로 충분한 시간을 갖고 정보를 제공하며, 필요한 경우 서면으로 정리해 줄 필요도 있음(엄명용 외, 2021: 98).

㉢ 정보제공은 문제해결과 의사결정과정에 있어 매우 중요한 기술이고, 특히 타 기관으

로 의뢰할 경우 클라이언트의 동의하에 의뢰되는 기관과 사전 조율을 할 필요도 있음(Trevithick, 2000: 154-156, 160-162; 엄명용 외, 2021: 98).

㉣ 예시) 클라이언트가 국민기초생활보장의 수급자격, 임대주택의 조건, 지역사회자원 등 구체적이고 정확한 정보를 필요로 할 때 사회복지사는 이를 제공해 줄 수 있고, 사회복지사는 정보를 제공하는 기관의 위치, 연락처, 담당자에 대해 알고 있어야 하며 최신 정보를 갖고 있어야 함(엄명용 외, 2021: 98).

② 정보제공기술의 활용 지침[85)]

㉠ Sheafor et al(1997: 163-165)

- 클라이언트의 현재 심리상태를 주의 깊게 고려해야 하고, 클라이언트의 교육배경, 지적수준, 언어구사력, 두려움 등을 고려해야 함(엄명용 외, 2021: 98-99).
- 정보나 지시를 논리적, 체계적, 단계적으로 제공함.
- 복잡하고 다단계적인 지시사항은 서면으로 함.
- 대명사의 사용에 조심하고, 분명하고 명확하게 이해할 수 있도록 함.

㉡ Kadushin & Kadushin(1997: 248-252)

- 사회복지사가 말하고자 하는 정보를 분명하게 알도록 확인함.
- 제공하려는 정보가 클라이언트의 문제와 관련이 있음을 분명히 함.
- 클라이언트가 소화할 수 있는 분량의 정보를 제공하여 혼돈하지 않도록 함.
- 클라이언트의 교육수준 및 어휘능력에 맞게 정보를 제공함.
- 가능하면 제공하려는 정보를 문서화하도록 함.
- 클라이언트의 이해와 수용을 극대화하는 방법으로 정보를 제공함.
- 정보를 제공하는 데 있어 강조해야 할 부분에서는 잠깐 멈춘다든지 적절한 표현 방법을 활용하도록 함.
- 클라이언트의 문화적 배경을 고려하여 정보를 제공함.
- 클라이언트가 제공하려는 정보를 수용할 정서적인 준비와 수용할 의지가 있는지 확인하고 이에 따라 세심하게 정보를 제공함(엄명용 외, 2021: 99).

3) 설명기술

① 설명기술의 개념

㉠ Trevithick(2000: 159-160) : 사회복지실천기술의 핵심기술 가운데 하나이면서, 잘못

85) 본 서에서 제시한 학자들 이외에 정보제공기술의 활용 지침에 대한 구체적 내용은 이윤로(2007: 77)을 참고하기 바람.

활용되기 쉬운 기술로, 클라이언트에게 특정 사건이나 상황에 대해 분명하게 이해할 수 있도록 돕거나 상황을 해석해 주는 것을 포함하고 있음(엄명용 외, 2021: 99).

㉡ 엄명용 외(2021: 100)

- 클라이언트의 정서적 욕구를 설명하는 것은 매우 중요한데, 이는 클라이언트가 자신의 생각에 대해 확신이 없고, 감정과 행동, 경험의 상호연관성을 찾지 못하여 혼란을 경험하기 때문임.
- 예시) 클라이언트가 잦은 소화불량, 짜증스러움, 집중의 어려움 등을 호소할 때 이것이 우울한 감정과 관련이 있음을 설명해 줄 수 있음.

② 설명기술의 구분(Trevithick, 2000: 159-160)

㉠ 예를 들어 설명하는 방법

㉡ 실제 시범을 보이는 방법

㉢ 말로써 설명하는 방법 : 해석적인 설명, 기술적인 설명, 논리적 이치의 설명

③ 설명기술의 방법(Trevithick, 2000: 159-160; 엄명용 외, 2021: 100)

㉠ 클라이언트의 생각과 감정을 민감하게 고려할 필요가 있음.

㉡ 흥미롭고 분명하고 잘 구조화된 방식으로 설명함.

㉢ 학습과 이해를 최대한 향상할 수 있는 방법으로 설명함.

㉣ 클라이언트의 문제 상황에 대한 이해를 돕기 위해 사회복지사는 설명기술을 사용하며, 클라이언트가 이해한 바를 사회복지사에게 다시 설명할 수 있도록 함으로써 이해 여부를 확인하는 것도 좋은 방법임.

4) 지지기술

① 지지기술의 개념

㉠ Feltham & Dryden(1993: 185-187) : 종종 도움 제공하기, 뒤에서 응원해 주기, 유지토록 하기, 확인 및 재확인하기, 안내하기, 격려하기, 돌보기, 염려와 애정 표현하기 등(엄명용 외, 2021: 100)

㉡ Brill(1997: 118-119) : 사회복지사는 클라이언트의 어떤 영역을 지지할 것인지 먼저 파악하여야 하는데, 즉, 사회복지사는 클라이언트의 감정, 내적 강점, 반응방식, 의사결정 사항, 행동, 관계 등과 같은 다양한 영역에서 어떤 면을 지지할 것인지 결정해야 함(엄명용 외, 2021: 100).

② 정서적 지지기술(Trevithick, 2000: 148-150; 엄명용 외, 2021: 100-101)

㉠ 정서적 지지기술의 개념 : 일반적인 지지기술은 정서적 지지를 의미하는 것으로, 심리적 고통이나 스트레스 또는 위기를 경험할 때 누군가에게 의지하려는 욕구에 반응하는 것임.

㉡ 사회적 지지 : 클라이언트는 자신의 고통이나 어려움을 적극적으로 경청할 수 있는 사람(사회복지사, 이웃, 친구 등)에게 자신의 고통이나 어려움을 이야기하는 데 이를 사회적 지지라고 표현하기도 함.

㉢ 사회복지사의 역할 : 정서적 지지를 제공할 때 사회복지사는 클라이언트에게 어떠한 도움이 얼마 동안, 어떤 목적으로 제공될 것인지에 대해 분명하게 설명할 필요가 있고, 지지가 실제로 의도한 대로 제공받고 있는지, 도움이 되는지 확인할 필요가 있음.

③ 격려기술

㉠ Kadushin & Kadushin(1997: 108-109) : 최소한의 격려(엄명용 외, 2021: 101)

- 초기단계에서는 면담을 활성화하기 위해 사용됨.
- 최소한의 격려는 사회복지사가 클라이언트의 이야기를 경청하고 있음을 나타내기 위해 사용되고, 클라이언트가 자신의 상황을 계속해서 말하도록 격려하는 동시에 사회복지사가 클라이언트의 이야기에 관심을 갖고 있음을 나타내는 것임.
- 예시) '음...,' '그렇군요' '계속하세요' 등의 표현과 비언어적 표현으로 '머리를 끄덕이는 것' 등

㉡ Sheafor et al.(1997: 161) : 중간단계에서의 격려하기는 클라이언트가 특정한 행동이나 경험 또는 생각으로부터 벗어나도록 하거나 그런 쪽으로 행동을 취할 수 있도록 도움을 주는 것을 의미함(엄명용 외, 2021: 100).

㉢ 엄명용 외(2021: 101)

- 격려기술을 통해 클라이언트는 자신의 행동이나 사고, 감정에 대해 사회복지사로부터 인정을 받기 때문에 자신감을 가질 뿐만 아니라 일부 위험한 행동(비행, 약물중독 등)을 중단하거나 긍정적인 행동을 취하는 계기가 되기도 함.
- 반면, 격려기술은 클라이언트의 의존감을 지속시키거나 자기결정권을 침해할 것이라는 우려 때문에 사회복지사가 이 기술을 활용할 때 꺼려할 수도 있음.

④ 인정기술

㉠ 인정기술의 개념 : 클라이언트가 어떤 행동을 취하거나 벗어난 이후에 이에 대해 긍정적인 평가를 내려주는 것을 의미함(Trevithick, 2000: 150-151; 엄명용 외, 2021: 102).

ⓛ 사회복지사의 자세 : 사회복지사는 인정기술을 사용할 때 클라이언트에게 듣기 좋으라고 한다든지 과장된 표현이 아니라 진실하고 솔직한 표현이 될 수 있도록 해야함(엄명용 외, 2021: 102).

ⓒ 인정기술의 효과(Sheafor et al., 1997: 161-162; 엄명용 외, 2021: 102)

- 긍정적인 피드백을 제공해 주는 것과 같음.
- 클라이언트가 자신의 결정이나 독자적인 행동을 취하는 데 자신감이 결여되어 있을 때 도움이 됨.

⑤ 재보증기술

㉠ 재보증기술의 개념

- Hepworth et al.(1997: 125-126) : 클라이언트가 자신의 문제를 객관적으로 바라보지 못하거나 판단이 흐려질 때 매우 유용하게 활용될 수 있고, 사회복지사는 클라이언트의 판단이나 문제 상황이 제대로 진행되고 있는 것이라는 점을 확인해 줌으로써 클라이언트가 자신의 결정을 유지할 수 있도록 돕는 것임(엄명용 외, 2021: 102).
- Trevithick(2000: 151-153) : 클라이언트의 불안감이나 불확실한 감정을 줄이고 편안한 감정을 가질 수 있도록 돕기 위해 사용함(엄명용 외, 2021: 102).
- 최선화(2002: 92) : 클라이언트가 납득이 가고 믿음이 가도록 지자하는 것으로, '누구나 어려움에 처하면 그래요. 저라도 마찬가지였을 거예요' 와 같은 "보편화" 의 방법을 사용하기도 함.
- 엄명용 외(2021: 102), 최선화(2002: 92) : 자신의 능력이나 자질에 대해 회의적인 클라이언트를 대상으로 이들의 자신감을 향상시키기 위해 활용하는 기술

ⓛ 재보증기술의 사용방법(Brill, 1997: 118-120; 엄명용 외, 2021: 103)

- 현실적일 것, 현실을 무시한 채 겉치레적인 편안함을 제공하려고 하지 말 것
- 적절한 시점에서 클라이언트가 자신의 염려와 슬픔을 표현할 수 있도록 할 것
- 모든 상황에 있어 일반적 적응과 구체적 적응이 가능함을 인식하고 사용할 것

ⓒ 재보증기술의 주의할 점(Hepworth et al., 1997: 126; Brill, 1997: 120; Trevithick, 2000: 153; 엄명용 외, 2021: 103)

- 사회복지사는 클라이언트의 상황 판단에 확신이 없으면 재보증기술을 사용해서는 안 되는데, 즉 사회복지사가 클라이언트에게 위로나 편안함을 제공하기 위해 뭔가 말해야 한다는 무언의 압박감에서 재보증기술을 사용해서는 안 된다는 것임.
- 지나치게 낙관적이거나 지나치게 재보증 시켜주었을 때 원하던 결과가 나오지 않으

면 클라이언트는 실망하게 됨.

㉣ 재보증기술의 예시

- '염려하지 마세요. 상황이 좋아질 수 있습니다.' '하루 이틀 지나면 기분이 나아지실 것입니다' (엄명용 외, 2021: 103)
- '지난 번에도 새로운 일을 시작하는 것에 대해서 처음에는 망설이고 자신이 없어 했지만, 결국 잘 해냈어요. 이번에도 그렇 것으로 생각되네요. 잘할 수 있을 것 같으니 한 번만 더 용기를 내보세요' (최선화, 2022: 92)

5) 환기기술

① 환기기술의 개념

㉠ Brill(1997: 120-121) : 클라이언트의 기능에 부정적인 영향을 줄 수 있는 감정을 표현할 수 있도록 돕는 것으로, 해소되어야 할 감추어진 감정이 표면으로 표출될 수 있도록 하는 방법이며 이러한 감정을 탐색하고 고려해볼 수 있는 기회를 제공함(엄명용 외, 2021: 103).

㉡ 엄명용 외(2021: 103) : 클라이언트의 억압된 감정, 특히 부정적인 감정인 분노, 증오, 슬픔, 죄의식, 불안 등이 문제해결을 방해하거나 감정 자체가 문제가 되는 경우 이를 표출하도록 함으로써 감정의 강도를 약화시키거나 해소시키는 기술임.

② 환기기술의 목표 : 클라이언트가 억눌린 감정을 표출하여 심리적 부담을 덜고, 감정적 해소(정화)를 경험하도록 돕는 것(Brill, 1997: 120-121; Hepworth et al., 1997: 125-127; Trevithick, 2000: 148-149; 최선화, 2022: 108)

③ 환기기술의 방법 : 사회복지사는 경청, 공감, 수용적인 태도로 클라이언트가 안전하게 자신의 감정을 말할 수 있는 환경을 조성함(Brill, 1997: 120-121; Hepworth et al., 1997: 125-126).

④ 환기기술의 연관 기술 : 심리사회모델의 주요 기법인 '탐색-기술-환기' 는 하나의 과정으로 이루어짐(Woods & Hollis, 2000: 131-134; 엄명용 외, 2015: 188-189).

㉠ 탐색 : 클라이언트가 자신의 상황을 다각적으로 살펴볼 수 있도록 도움.

㉡ 기술 : 사실을 구체적으로 묘사하도록 이끌어냄.

㉢ 환기 : 묘사된 사실과 연결된 감정(슬픔, 분노, 죄책감 등)을 표출하도록 도움.

⑤ 환기기술이 사용시기 : 클라이언트가 자신의 문제와 관련된 감정을 억누르고 있을 때, 혹은 감정 표현이 필요할 때 활용함(Woods & Hollis, 2000: 131-132; 엄명용 외, 2015:

188-189).

⑥ 환기기술의 효과(Brill, 1997: 120-121; Woods & Hollis, 2000: 132-133)

㉠ 클라이언트 스스로 감정을 인정·정리하며 문제의 본질을 더 깊이 인식하게 됨.

㉡ 사회복지사와의 신뢰관계를 형성하고, 문제해결에 대한 동기를 강화할 수 있음.

6) 재명명기술(Hepworth et al., 1997: 520-521; Trevithick, 2000: 159-160; 엄명용 외, 2015: 202-203)

① 재명명기술의 개념

㉠ 클라이언트가 문제 행동이나 상황에 부여하는 부정적 의미를 긍정적이고 건설적인 의미로 바꾸어 주어, 클라이언트의 시각과 인식을 변화시키도록 돕는 개입 기술로, 재정의(재구성) 또는 재구조화라고도 불리며, 문제의 본질을 바꾸기보다 문제에 대한 해석이나 의미를 바꾸도록 유도하여 해결책을 찾도록 돕는 방법임(Hepworth et al., 1997: 520-521; 엄명용 외, 2015: 202-203).

㉡ 특정 문제에 대해 클라이언트가 부여하는 의미를 수정해 줌으로써 클라이언트의 시각을 긍정적인 방향으로 변화시키는 기술(엄명용 외, 2021: 104)

② 재명명기술의 장점 : 문제 상황이나 행동을 보다 긍정적이면서 다른 각도에서 조명해 볼 수 있는 기회를 제공하고, 특정 사건이나 행동에 붙여졌던 낙인이나 죄책감, 수치심 등을 정상화, 일반화시킴(Hepworth et al., 1997: 520-521; Trevithick, 2000: 159-161; 엄명용 외, 2015: 202-203).

③ 재명명기술의 사용시기 : 클라이언트의 자아존중감이 낮거나 자신감이 결여되어 있을 때 또는 자기비판적이면서 자책할 때 유용함(엄명용 외, 2021: 104).

④ 재명명기술의 주요 목적 및 기법

㉠ 목적 : 클라이언트가 문제를 다르게 보도록 하여 행동 변화를 유도하고, 문제 해결 능력을 향상시킴(엄명용 외, 2021: 104).

㉡ 기법(Hepworth et al.,1997: 520-521; 엄명용 외, 2015: 202-203)

- 긍정적 재명명 : 문제 행동의 숨겨진 의도나 긍정적인 측면을 찾아 새로운 의미를 부여함(예: 고집 센 아이를 '주도적이고 의지가 강한 아이' 로 재명명).
- 상황 변화 : 문제 상황을 다른 관점에서 보도록 유도함(예: '실패' 를 '성장을 위한 경험' 으로 재해석).

7) 해석기술[86]

① 해석기술의 개념

㉠ Kadushin & Kadushim(1997: 223-225) : 정신역동이론에서 널리 활용되고 있는 기술로, 클라이언트에게 새로운 준거틀을 제공해 주는 것이고, 수집된 정보를 근거로 하고 있지만 수집된 정보를 넘어서 사회복지사의 인식 및 직관력을 통해 유추하는 것도 포함함(엄명용 외, 2021: 105).

㉡ 양옥경 외(2005: 164) : 클라이언트의 표현과 행동상황 저변의 단서를 발견하고 그 결정적인 요인들을 이해하며 그것을 클라이언트가 깨닫을 수 있도록 도와주는 방법

㉢ 엄명용 외(2021: 105)

- 해석기술은 사회복지사의 이론적 지식과 직관력, 사고적 유추를 통합하여 클라이언트의 상황, 행동, 사고, 감정 등을 클라이언트에게 설명하는 것임.
- 사회복지사는 해석을 제공하기 위한 정보와 이론적 근거를 충분히 검토한 후 언제, 어떤 방법으로 해석을 제공할 것인지 결정하는 것이 중요함.

② 해석기술의 목적(이윤로, 2007: 74)

㉠ 클라이언트의 함축적인 메시지와 행동 사이의 관계를 파악

㉡ 클라이언트가 다른 의견을 가지고 자신의 행동을 검토해보도록 함.

㉢ 클라이언트가 자기패배적 또는 비효과적인 행동을 더욱 가능적 행동으로 대치하도록 동기화함.

③ 해석기술 활용을 위한 지침(Kadushin & Kadushim, 1997: 224-226; 엄명용 외, 2021: 106)

㉠ 클라이언트와 긍정적인 관계를 형성한 후에 해석을 제공할 것을 고려해봄.

㉡ 해석하려는 내용이 충분한 타당성을 갖고 있고 이를 뒷받침할 정보를 가지고 있을 때 해석을 제공함.

㉢ 임시적 가설의 형태로 해석을 제공하는데, 이는 클라이언트가 사회복지사의 진술을 반드시 수용해야 할 필요가 없음을 전제로 하고 있는 것임.

㉣ 예시 : '제 생각에는...라고 생각하는데 00님은 어떻게 생각하는지요?' '이야기를 들어보니...라는 의미로 들리는데 제 생각이 맞습니까?'

㉤ 해석을 제공하였을 때 클라이언트의 반응을 살펴 클라이언트가 해석을 수용한 정도를 관찰함.

㉥ 클라이언트가 해석에 대해 동의하지 않을 때, 사회복지사는 자신의 해석에 대해 방

86) 해석기술에 대한 더 구체적인 내용은 최선화(2022: 99-102)를 참고하기 바람.

어하거나 사과할 필요가 없으며 클라이언트의 거부감을 수용함.

④ 해석기술 사용 시 주의사항(Hepworth & Larsen, 1986: 414-416; 양옥경 외, 2005: 165)

㉠ 해석은 사회복지사와 클라이언트 간의 신뢰관계가 돈독해진 경우에 해야 함.

㉡ 클라이언트가 자기 탐색을 할 준비가 되어 있어야 하고 사회복지사도 정보를 충분히 확보한 다음에 해석기술을 사용해야 함.

㉢ 연속적 해석은 오히려 클라이언트를 혼란스럽게 할 수 있으므로 해석 후 충분히 생각할 시간을 주는 것인 필요함.

㉣ 해석은 어디까지나 사회복지사의 추론에 의한 것이므로 틀릴 수 있음을 항상 염두에 두어야 함.

㉤ 클라이언트가 해석에 부정적으로 반응하면 실수가 있을 수 있음을 인정하고 클라이언트의 반응에 공감하며 주제를 보다 상세히 탐색하고자 하는 논의를 계속해야 함.

8) 도전과 직면기술

① 개관 : 사회복지사는 클라이언트의 특정 행동에 직면해야 할 때가 있는데, 예를 들어 클라이언트와의 갈등이나 도전적인 언행에 대해 적절하게 대응하고 직면할 필요가 있거나 기관의 정책이나 실천방법에 문제가 있을 때, 이에 대해 도전하고 직면하여 클라이언트에게 보다 나은 서비스를 제공해 줄 수 있도록 노력해야 함(Hepworth et al., 1997: 523-525; Brill, 1997: 122-123, 155-157; 엄명용 외, 2021: 103-107)[87].

② 도전기술과 직면기술을 사용할 때 유의점

㉠ 클라이언트 가운데는 여러 차례에 걸쳐 반복적으로 멸시당하거나 무시당한 경험을 갖고 있을 수 있기 때문에 도전이나 직면하는 사회복지사에 대해 매우 민감하게 반응할 수 있으며, 사회복지사의 도전이나 직면을 일종의 꾸지람으로 여길 수도 있을 뿐만 아니라, 아주 단순한 질문을 하는 것 자체도 매우 민감하게 받아들이거나 비난으로 오해할 수 있음(Trevithick, 2000: 156-158; 엄명용 외, 2021: 108-109).

㉡ 클라이언트가 사회복지사를 상대로 도전하거나 직면하는 것에 대해서도 고려해보아야 하는데, 클라이언트가 사회복지사에게 학대적 언어나 행동을 보일 때 이를 그대로 수용하는 것은 잘못된 것이며, 클라이언트가 도전이나 직면을 적절한 방법으로 표현할때 사회복지사는 이를 수용하고 개선할 필요가 있음(Trevithick, 2000: 158-159;

87) 직면과 도전은 클라이언트가 자기방어로 사용하는 지각적 왜곡, 모순, 합리화, 부정 등을 폭로하고 직접 부딪힘으로써 방어적 태도에서 벗어나서 행동의 변화를 가져올 수 있도록 돕는 방법임(최선화, 2022: 97).

엄명용 외, 2021: 109).

③ 사회복지사의 자세(Trevithick, 2000: 157-159; 엄명용 외, 2021: 106-107)

㉠ 도전 및 직면 기술을 사용하는 사회복지사는 클라이언트에게 보이는 불일치나 왜곡, 문제 부인, 비합리성 등에 대해 자신의 반응을 먼저 인식하고 다룰 수 있어야 함.

㉡ 사회복지사는 도전과 직면기술을 사용함에 있어 클라이언트에게 보다 돌봄의 자세를 보이면서 민감하게 개입할 필요가 있음.

④ 도전기술

㉠ 도전기술의 개념

- Millar et al.(1992: 154-156) : 피드백의 한 형태로, 클라이언트의 이해와 자기성찰의 촉구수단
- Trevithick(2000: 154-156) : 클라이언트가 자신의 문제해결에 있어 상충되거나 왜곡된 것 또는 불일치하는 상황을 다룰 때, 클라이언트가 문제를 부정하거나 회피하고 합리화할 때 활용하는 기술
- 엄명용 외(2021: 107)
  - 클라이언트가 다루기 곤란한 상황을 재고해 보고 이를 해결할 수 있도록 돕기 위해 사용됨.
  - 사회복지사는 도전기술을 사용할 때 적절한 시기와 방법을 충분히 고려해야 함. 클라이언트가 상충되는 상황을 충분히 이해·인식하고 있지 못할 때 도전기술을 사용하면 사회복지사의 개입은 강압적이고 미숙한 개입방법이 되어 전문적 관계를 훼손할 수도 있음.

㉡ 도전기술을 필요로 하는 행동(Egan, 1990: 188-195; 엄명용 외, 2021: 107)

- 문제를 문제로 인식하지 않을 것
- 문제를 해결할 수 있는 형태로 정의하지 않을 것
- 중대한 경험이나 행동, 감정을 잘못 해석하고 있을 것
- 문제의 회피, 왜곡 혹은 장난치는 것
- 행동의 결과를 예측하거나 이해하지 못하는 것
- 새로운 관점을 실행하기 주저하거나 의지가 없는 것

⑤ 직면기술

㉠ 직면기술의 개념

- Kadushin & Kadushin(1997: 226-227) : 불일치가 일반적으로 무시될 것이라고 생각하

는 사회적 상황과는 달리, 사회복지사는 불일치를 해결할 새로운 상황을 설정하는 것이나, 직면은 일시적으로 클라이언트에게 불안정을 유발할 수 있음(엄명용 외, 2021: 107).

- Hepworth et al.(1997: 523-525) : 클라이언트의 말과 행동, 생각과 감정 사이의 불일치(Discrepancies)나 모순을 사회복지사가 지적하여 인식하게 하는 것으로, 클라이언트의 자기 파괴적 행동을 변화시키기 위한 전문적인 초대로 간주됨.
- Cournoyer(2000: 277~279) : 사회복지사는 클라이언트가 보이는 불일치한 진술이나 행동을 무시하거나 간과할 것이 아니라, 이를 해결하고 직면할 새로운 상황을 연출해야 하며, 클라이언트는 자신도 모르게 지속시켜 온 불일치한 생각과 행동의 습관을 깨트려야 하기 때문에 불균형을 경험하는 것임(엄명용 외, 2021: 107).
- Zastrow(2003: 148-149) : 클라이언트의 방어기제를 깨뜨리는 데 유용하다고 보며, 클라이언트가 자신을 정당화하기 위해 사용하는 왜곡된 논리를 전문가의 관점에서 짚어주는 과정으로 정의함.
- 전남련 외(2009: 118)
  - 문제를 지속시키는 클라이언트의 사고, 감정, 행동의 모순적인 면을 직접 지적하여 주는 기술
  - 직면을 받아들이기 어려운 클라이언트는 방어적인 반응을 일으킬 수 있기 때문에 직면에 앞서 깊은 이해를 바탕으로 하는 공감적인 대화가 전제되어야 함.

㉡ 직면기술의 방법(Hepworth & Larsen, 1986: 553; 최선화, 2022: 97-98)

- 자기직면
  - 클라이언트로 하여금 사고, 감정, 행동의 관계를 한 번 스스로 생각해보도록 질문
  - 직접 지적하는 것보다 훨씬 덜 위험하고 상대적으로 저항이 적음.
  - 예시 : 클라이언트가 아이에게 사랑한다고 말하면서, 아이의 잘못에 대해서는 심한 언어적 폭력을 거침없이 행사하는 것이 아이에게 얼마나 혼란스러울까를 생각해보게 함으로써, 자신이 하는 행동과 사고가 얼마나 모순적인지를 생각해 보도록 장려하는 방법(최선화, 2022: 98)
- 클라이언트의 사고, 감정, 행동의 모순 가능성을 직접 질문
  - 클라이언트에게 직접 질문하여 자신의 문제행동에 직접 직면하도록 함.
  - 예시(1) : '아동학대자라는 낙인을 받지는 않았지만 자녀를 학대한 적이 있습니까?', '자녀에게 손찌검을 하는 것을 통제하기 어렵다고 생각해 보셨습니까?'

- 예시(2) : 약물이 자신에게 아무런 영향도 미치지 않는다고 부정하는 클라이언트에 대한 직면 → '약물이 몸에 나쁘지 않다고 하시면서, 왜 살이 빠지고 몸무게가 줄어드는 것에 대해서 그렇게 걱정을 하시나요? 임신을 하면 기형아를 낳을 것 같은 두려움을 가지나요?' (최선화, 2022: 98)

ⓒ 직면기술의 표현요소[88)]

- 구성요소 : 관심의 표현, 클라이언트가 의도하는 목표(신념), 목표나 신념에 맞지 않는 모순된 행동, 모순된 행동으로 인한 부정적 결과(Hepworth & Larsen, 1986: 554; 최선화, 2022: 98)
- 예시 : 훌륭한 어머니가 되기 위해 노력을 하지만 이것을 알아주지 못하는 자녀에 대한 원망으로 아동학대를 하는 클라이언트의 경우(양옥경 외, 2005: 166-167)
  - 관심의 표현 : '당신이 원하는 것이 무엇인지 충분히 알 것 같습니다'
  - 클라이언트가 의도하는 목표 : '당신은 훌륭한 어머니가 되고 싶은거죠?'
  - 목표나 신념에 맞지 않는 모순된 행동 : '그러면서도 손찌검으로 인해 아이들과의 약속을 몇 번씩이나 어기셨네요'
  - 부정적 결과 : '그 때문에 자녀들이 실망하고 당신을 이해하지 못하는 것 같습니다'

ⓓ 직면기술 활용을 위한 지침(Kadushin & Kadushin, 1997: 190)[89)]

- 면담의 목적에 맞게 직면함.
- 클라이언트에게서 보이는 불일치가 해결되어야 할 필요가 있으며, 이를 직면해야 할 필요가 있음을 나타내는 충분하고 타당한 근거가 있을 때 직면함.
- 직면의 시기와 빈도 그리고 불일치점을 선택하는 것에 주의함.
- 직면해야 하는 행동을 분명하게 파악한 상황에서 직면함.

---

88) 직면기술의 표현요소에 대해 Cournoyer(2000: 278-281)는 사회복지사의 관찰("당신은 ~라고 말씀하시지만(언어적 메시지)..." , 반대되는 사실의 제시("동시에 당신은 ~하게 행동하고 계십니다(비언어적/실제 행동)..." , 사회복지사의 반응/느낌("그래서 저는 당신이 정말로 원하는 것이 무엇인지 혼란스럽습니다(또는 걱정이 됩니다)." 등을, Egan(1990: 195-197)은 공감적 요약("당신은 ~라고 느끼고 생각하는 것 같군요." (먼저 클라이언트의 입장을 이해함), 불일치의 연결("하지만 다른 한편으로는 ~라는 사실도 보입니다." , 자각의 촉구("이 두 가지 사이의 차이에 대해 어떻게 생각하시나요?" 등을 제시하고 있으니 참고바람.

89) 이윤로(2007: 59-60)는 직면 시 유의사항에 대해서 9가지를 제기하고 있는데 참고하기 바람. 최선화(2022: 97)는 직면은 아주 강력한 효과를 가지지만, 관계가 손상되거나 깨어질 수 있는 위험이 있기 때문에, 직면을 하기 전에 신뢰할 수 있는 관계를 먼저 형성하는 것이 필요하고, 직면할 경우에는 심판하지 않는 태도로 감정을 섞지 않고 객관적으로 말하며, 구체적인 예를 들어서 자세히 설명해 줄 수 있어야 한다고 하였음.

- 도움을 주기 위해 직면하는 것임을 명심함.
- '진실된 마음으로' 무례하지 않고 부드럽게 직면함.
- 직면하기 위해서는 긍정적인 관계의 형성이 필수적임을 명심함.

ⓜ 직면기술의 활용 단계(Heron, 2001: 104-112)

- 1단계(불일치 및 왜곡의 관찰) : 사회복지사는 클라이언트의 말과 행동, 과거와 현재의 진술, 또는 감정과 표정 사이의 모순이나 불일치를 예리하게 포착하고, 이때 사회복지사는 주관적 판단을 배제하고 객관적인 자료를 수집하는 데 집중함.
- 2단계(직면의 준비 및 라포 점검) : 직면을 하기 전, 현재의 신뢰 관계(Rapport)가 이 도전을 감당할 만큼 견고한지 점검하고, 클라이언트가 정서적으로 너무 취약한 상태이거나 방어가 극도로 높을 때는 직면을 유예해야함.
- 비심판적 피드백 제공 : 사회복지사가 관찰한 불일치를 클라이언트에게 정중하게 전달하고, '가설적인 어조' 를 사용하는 것이 중요함.
  - 예시 : "당신은 ~라고 말씀하시지만, 제가 보기에는 ~한 모습도 보입니다. 이 두 가지가 어떻게 연결되는지 설명해 주실 수 있나요?"
- 4단계(반응 탐색 및 통합) : 직면 후 클라이언트의 반응(부인, 분노, 수용 등)을 살피고, 이를 함께 논의하며, 클라이언트가 자신의 모순을 인정하고 이를 새로운 자기 이해로 통합할 수 있도록 지지하며 대안적인 행동이나 사고방식을 탐색함.

9) 협상기술

① 협상기술의 개념(Trevithick, 2000: 174-176; 엄명용 외, 2021: 117)

㉠ 클라이언트와 직접적인 일을 하는 데 있어 의사결정 및 협조를 공유한다는 측면에서 파트너십의 핵심 개념이라고 할 수 있음.

㉡ 합의점을 찾지 못할 때 상호 간에 유연하게 협상을 할 수 있다는 측면에서 중요한 기술이라 할 수 있음.

② 성공적인 협상을 위한 사회복지사의 자세(엄명용 외, 2021: 117)

㉠ 협상기술을 사용할 때 사회복지사는 특정 사건에 관여된 클라이언트와 관련 사람들의 다양한 관점을 살펴보고 이들이 어떻게 이러한 관점을 갖게 되었는지, 이러한 상황의 근원이 무엇인지를 이해하도록 해야 함.

㉡ 사회복지사는 협상을 잘 준비하고 사실에 입각한 정보를 잘 활용할 수 있어야 함.

㉢ 사회복지사는 협상에 참가하는 구성원들이 어떤 관점에서 나올지 파악하고 주의 깊

게 준비하는 것이 필요함.

㉣ 사회복지사에게 도움을 줄 수 있는 여러 지지체계를 파악하여 다각도로 상황에 접근할 수 있도록 함.

㉤ 협상을 통해 결정된 사안이 클라이언트에게 가져올 이점을 부각시키는 것이 필요함.

㉥ 협상과정에서는 상대편의 정서에 호소하기보다는 공정성을 강조하도록 하는데, 상대방의 입장을 충분히 공감하고 존중하면서 동시에 그들의 마음을 변화시킬 수 있다는 자세로 임하는 것이 중요함.

③ 성공적인 협상가의 중요한 특성 : 적응유연성, 협상을 성공적으로 이끌어내겠다는 강한 의지, 설득기술 등(Trevithick, 2000: 175-176; 엄명용 외, 2021: 117)

10) 중재기술

① 중재기술의 개념

㉠ 최선화(2022: 109) : 당사자 간의 분쟁에 있어 차이점을 조정하여 합의점을 모색하거나 상호 만족할 만한 합의점에 도달할 수 있도록 돕는 것

㉡ 엄명용 외(2021: 118) : 이웃 간의 다툼이나 지역이기주의에 따른 지역 간의 분쟁, 자퇴한 학생의 복교를 위해 학교, 학부모, 학생, 지역사회 등의 다양한 입장과 욕구의 수렴, 이혼법정에서 부부간의 아동 양육권 및 양육비 문제를 둘러싼 조정 과정에서 모두가 만족할 만한 결론을 이끌어내는 것

② 중재기술 활용 시 유의사항(엄명용 외, 2021: 118)

㉠ 사회복지사는 때로 중재과정에서 갈등을 경험하게 되는데, 한쪽이 다른 한쪽에 비해 자원이나 인력, 재정적인 면에서 월등할 경우 곤경을 경험할 수 있음.

㉡ 중재자의 역할을 취한다 하여도 당사자들이 사회복지사의 중립성을 인정하지 않을 경우 입장이 곤란해질 수 있음.

③ 중재자로서의 사회복지사의 자세(Trevithick, 2000: 176-178; 엄명용 외, 2021: 118)

㉠ 사회복지사는 중재자로서 적극적이어야 할 필요가 있음

㉡ 당사자 간의 의사소통을 할 때는 사회복지사를 통해서 의사소통을 하도록 함.

㉢ 어느 정도 합의점을 모색하면 사회복지사는 한쪽의 이야기를 듣고 한쪽에 전하며 다시 피드백을 받는 과정에서 당사자 간에 직접적인 대면을 통해 대화를 모색하도록 권장하는 역할을 함.

㉣ 사회복지사는 당사자들이 표현하는 내용을 새로운 시각으로 조명해 보되, 그 근본을

유지하면서 내용에서 함정이 되는 것은 제거하도록 함.

ⓜ 사회복지사의 중재역할이 실패로 돌아갈 경우 중재역할을 잠시 접어 두고 해결 가능성이 있는 대안을 모색한 후 다시 중재에 임하도록 함.

④ 중재훈련 프로그램

㉠ 개념 : 사회복지사는 갈등을 겪는 해당 클라이언트에게 중재훈련 프로그램을 제공해 줄 수 있는데, 이 훈련의 목적은 클라이언트의 갈등해결 기술을 향상시키는데 초점을 두고 있음(Gambrill, 1997: 542-547; 엄명용 외, 2021: 118-119).

㉡ 중재훈련 프로그램의 기술(엄명용 외, 2021: 119)

- 문제 파악하기 : 논의 과정에서 갈등이 되는 진술을 파악하는 것을 의미하며, 당사자 간에 반대되는 입장을 비교하고, 입장을 분명하게 파악하며 갈등에 대해 다른 사람들은 어떻게 생각하는지 파악하는 것임.
- 완전한 대화 제공하기 : 해당 문제에 대해 당사자의 입장을 표명하는 것으로, 무엇을 원하는지 혹은 어떻게 생각하는지를 분명하게 밝히는 것이며, 그런 후에 상대방에게 자신의 입장에 대해 어떻게 생각하는지 반응할 것을 요구함.
- 다양한 선택 제안하기 : 갈등을 해결하기 위한 일련의 조치를 제안하는 것으로, 이전에 자신이 밝힌 입장을 되풀이하는 것이 아니어야 함.
- 유용한 논의를 방해하는 행동을 최소화하기 : 예로 상대방에 대해 불만 터트리기, 상대방의 말을 가로채기 등을 최소화하는 것임.

11) 자기주장기술[90]

① 자기주장기술의 개념

㉠ Gambrill(1997: 328-331), Hepworth et al.(1997: 520-522) : 자신과 타인의 권리를 동등하게 존중하면서 자신의 사고, 감정, 원하는 것, 성취하고자 하는 것, 의견 등을 단호하게 요구하거나 표현하는 것을 의미함.

㉡ 엄명용 외(2021: 111)

- 클라이언트가 자신의 사고나 감정을 미성숙하게 표현하거나 공격적인 방법으로 표현하기 때문에 대인관계에서 갈등이 발생할 수 있는데, 자기주장훈련을 통해 이를 개선할 수 있음.
- 자기주장기술, 특히 자기주장훈련은 사회복지실천에서 많이 활용되는 중요한 기술이

90) 자기주장기술(자기주장훈련)의 절차에 대해서는 본 서에서 직접 다루지 않았는데, 이를 살펴보려면 Hepworth et al.(2002: 418-420)을 참고하기 바람.

자 훈련 프로그램으로 인정받고 있음.

② 자기주장의 행동유형(엄명용 외, 2021: 112)

㉠ 요청 거부하기

㉡ 분위기와 어울리지 않는 의견을 표현하기

㉢ 자신의 약점을 인정하기

㉣ 칭찬을 수용하기

㉤ 긍정적인 감정을 표현하기

㉥ 행동의 변화를 요구하기

㉦ 대화를 주도하고 유지하기

③ 자기주장기술 활용 시 사회복지사의 자세(엄명용 외, 2021: 113)

㉠ 클라이언트가 자신감이 결여되어 있고 변화할 수 있다는 신념이 부족할 때, 사회복지사는 자기주장을 통해 변화를 유도할 수 있고 이러한 기술을 클라이언트에게 가르칠 필요가 있음.

㉡ 사회복지사는 클라이언트가 자기비하적인 발언에 대해 스스로 도전해 보도록 하고 이를 보다 긍정적이고 희망적인 것으로 바꿀 수 있도록 원조함.

④ 자기주장훈련의 인지적 장애물(Hepworth et al., 2002: 451~453; 엄명용 외, 2021: 113)

㉠ 자신의 욕구나 권리보다 타인의 욕구와 권리가 더욱 비중 있다고 생각하는 신념

㉡ 타인을 즐겁게 하거나 타인에게 감동을 주려는 강한 욕구

㉢ 자기주장을 함으로써 발생할 수 있는 결과에 대해 지나치게 공포감을 갖는 경우

12) 모델링

① 모델링의 개념

㉠ Bandura(1977b: 22-29), Hepworth et al.(2002: 435-437), Gambrill(1997: 314-317) : 관찰학습과정을 통해 클라이언트가 시행착오를 거치지 않고 원하는 행동을 학습할 수 있도록 하는 기법

㉡ Trevithick(2000: 164-165) : 클라이언트가 학습하는 행동은 관찰학습, 대리경험, 모델링, 흉내내기 등과 같은 다양한 기법을 통해 이루어짐.

㉢ 엄명용 외(2021: 114) : 행동 및 사회학습방법의 하나로, 클라이언트가 활용하기를 바라거나 필요로 하는 절차에 대해 시범을 보이는 것

② 모델링의 유형(Trevithick, 2000: 164-165; 엄명용 외, 2021: 114)

㉠ 우연적인 모델링 : 클라이언트가 다른 사람을 관찰함으로써 얻어지는 모델링으로, 주로 부모나 타인을 관찰하면서 얻어지며 사람들은 대부분 이 방법을 통해서 사회학습을 하게 됨.

㉡ 의도적인 모델링 : 특정 문제행동이나 불안감 등을 교정하거나 줄이기 위한 것으로, 주로 사회복지사가 절차에 따라 제시함.

㉢ 상징적 모델링 : 영화나 영상매체 등 다른 미디어 기술을 활용함.

㉣ 복합=다중 모델링 : 집단상담과 같이 여러 사람을 한꺼번에 모델링하는 것

③ 모델링의 절차(Gambrill, 1997: 535)

㉠ 변화와 시범을 보이고자 하는 행동을 구체화하고 클라이언트가 이를 주의 깊게 관찰하도록 함.

㉡ 시범을 보임(=모델을 제시).

㉢ 시범이 끝나자마자 클라이언트에게 즉각적으로 따라 해 보도록 함.

㉣ 클라이언트의 시범이 끝나면 즉각적으로 교정적인 피드백을 제공해 줌.

㉤ 계속해서 연습해 보도록 함.

13) 사회성기술훈련

① 사회성기술훈련의 개념

㉠ Gambrill(1997: 310-314) : 사회학습의 원칙에 기반하고 있으며, 클라이언트가 취약하거나 사회적으로 소외되거나 혹은 특정 기술을 익혀야 할 때 제공됨(엄명용 외, 2021: 115).

㉡ Trevithick(2000: 160-163) : 모델링이나 직접적인 지시를 통해 이루어지고, 비디오와 행동시연이나 역할극, 숙제, 코칭, 촉구, 프로그램 변화 등 방법으로 제공됨(엄명용 외, 2021: 115).

㉢ Hepworth et al.(1997: 518~522)와 LeCroy(1994: 3-5)

- 기본적으로 개인이 겪는 문제나 어려움이 특정 기술이 결핍되어 있기 때문이라고 여기고, 이에 대한 적절한 기술을 습득할 수 있도록 훈련시키는 것
- 클라이언트의 긍정적인 사회적 행동을 향상시킴으로써 클라이언트가 주변 환경에 대한 영향력을 향상시킬 수 있도록 돕는 '권한부여' 의 특징을 갖고 있음.
- 많은 연구를 통해 그 효과성이 입증되었으며, 아동·청소년, 정신지체장애인, 정신질환자, 약물남용자 등을 대상으로 널리 활용되고 있음

㉣ 엄명용 외(2021: 116) : 집단프로그램으로 널리 활용되며 매우 구조화되어 있기 때문에 활용도가 높음.

② 사회기술훈련 프로그램의 8가지 기본적 기술(LeCroy, 1994: 129)

㉠ 긍정적인 피드백 제공하기
㉡ 부정적인 피드백 제공하기
㉢ 부정적인 피드백 수용하기
㉣ 또래집단의 압력을 거부하기
㉤ 문제해결기술
㉥ 협상기술
㉦ 지시사항 따르기
㉧ 대화시작하기

③ 사회기술훈련의 구성(엄명용 외, 2021: 116)

㉠ 요청하기 : 자신이 원하는 것보다 더 많은 것을 얻기
㉡ 감정을 직접적으로 표현하기
㉢ '싫어' 또는 '안 돼' 를 표현하기
㉣ 권리 주장하기
㉤ 타인의 감정파악 및 공감하기
㉥ 권위를 가진 사람(교사, 경찰, 상사 등)을 상대하기
㉦ 도움 요청하기

④ 사회기술훈련의 목적과 적용(Hepworth et al., 2002: 448; Gambrill, 1997: 312)[91]

㉠ 예방과 교정을 위한 폭넓고 다양한 기술을 가르치는 것으로서, 클라이언트에게 현재 환경과 삶의 주기, 또는 역할관계에서 효과적으로 기능하는데 필요한 기술을 습득할 기회를 제공함.

㉡ 예방프로그램은 미래의 부적응, 불행, 잠재능력 개발 실패, 생산성 상실 등에 관한 가능성을 줄이는 대처기술을 배워 사회적 역기능을 예방하려는 노력임.

㉢ 정신건강치료, 위탁보호, 약물남용치료 프로그램, 공공지원, 교정시설 등의 치료 프로그램보다 비용이 적게 듦.

⑤ 사회기술훈련의 절차(Hepworth et al., 2002: 418-420)

㉠ 학습 목적의 논의 및 기술 설명

- 참여를 높이기 위해 적용 가능한 상황을 언급하고 그 기술을 간략하게 소개한 다음, 클라이언트를 어려움에 처하게 하거나 비효과적인 대처 때문에 불리한 결과를 초래한 사회 상황들을 이야기하도록 권함.

91) 사회기술훈련의 주요 목적에 대해서 주요 학자들(Gambrill, 1997: 310-312; Hepworth et al., 2002: 448-450; LeCroy, 1994: 4-6)은 공통적으로 사회적 유능감 증진, 대인관계의 질 향상, 자아존중감 및 자기효능감 고양, 문제 해결 및 스트레스 대처 등을 제시하고 있음.

- 자신의 경험을 나눈 후, 기술을 배워서 얻을 수 있는 이득에 대해 생각할 기회를 줌으로써 동기를 강화할 수 있음.

㉡ 사회기술을 구성하는 요소 확인

- 사회기술은 많은 요소로 구성된다는 것과 그 중요성을 설명함.
- 구성요소로 인한 어려움이 어떤 것이었는지 질문하면서 참여자들을 논의에 포함

㉢ 시범

- 대리 경험을 배우는 것으로서 자신의 효능감을 높이는 자원임.
- 관찰한 참여자들이 모델을 비판하고 토론함으로써 평가의 효과를 얻음.

㉣ 각 요소를 이용한 역할극

- 참여자들이 돌아가면서 각 요소들을 연습하고 서로 피드백을 주고받음.
- 처음에는 쉬운 상황에서 시작하고 그 기술에 익숙해지면 좀 더 힘든 역할극을 진행

㉤ 역할극 평가

- 역할극을 마친 후 마음을 열 수 있는 분위기를 조성하기 위해 처음에는 긍정적인 피드백을 하도록 격려함.
- 피드백은 언어와 비언어적 행동 모두를 포함함.
- 아주 사소한 발전에도 긍정적인 피드백을 해주며, 긍정과 부정적 측면 모두에 초점을 맞추면서 참여자들 스스로 역할극 수행을 평가하도록 하고, 경험했던 감정을 나누도록 요청함.

㉥ 실제 삶의 상황에 사회기술 적용 : 이번 주 동안 실제 일어날 것 같은 상황을 유도하고 새롭게 습득한 기술을 이 실제 상황에 적용하는 데 열심히 하도록 참여자들을 준비시킴.

14) 권한부여기술

① 권한부여기술의 개념

㉠ Trevithick(2000: 211~214) : 클라이언트가 자신의 삶과 상황에 대해 좀 더 많은 통제력을 가질 수 있도록 하기 위해 의미 있는 선택과 가치 있는 선택을 할 수 있도록 돕는 것.

㉡ 엄명용 외(2021: 120) : 권한부여에는 불평등과 억압, 차별을 없애는 노력이 포함되며 클라이언트가 자신의 삶에 대해 더 많은 통제력을 갖고 삶의 질을 향상시키는 것

② 권한부여의 과정(Gutierrez, 1990: 149-153; 엄명용 외, 2021: 120)

㉠ 권한부여는 개인적, 대인관계적, 제도적 차원에서 일어남.

㉡ 클라이언트가 자신의 권한을 개발함.

㉢ 타인에게 영향력을 미칠 수 있는 능력을 개발함.

㉣ 타인과의 공조로 사회적 제도에 변화를 일으킬 수 있는 능력을 개발함.

③ 권한부여에 필요한 심리적 변화(Gutierrez, 1990: 149-153 ; 엄명용 외, 2021: 120)

㉠ 자기효능감을 향상 : 어떤 사건에 의해 영향을 받기보다는 영향을 주도록 함.

㉡ 집단의식을 개발하는 것

㉢ 자기비난을 경감하는 것

㉣ 변화를 도모하는 데 있어 개인적 책임을 인식하는 것

④ 권한부여기술의 내용(엄명용 외, 2021: 120)

㉠ 클라이언트의 문제 정의를 수용함.

㉡ 현존하는 클라이언트의 강점을 발견하고 강화시킴.

㉢ 클라이언트의 상황에 대한 권력구조를 분석함.

㉣ 구체적인 기술을 가르침.

㉤ 자원을 동원하고 클라이언트의 권익을 옹호함.

15) 권익옹호기술[92)]

① 권익옹호기술의 개념

㉠ Trevithick(2000: 214-217) : 클라이언트 자신이 할 수 없는 일에 대해 이들을 대표하여 이들의 관심사를 성취할 수 있도록 돕는 것(엄명용 외, 2021: 121)

㉡ 김성이 외(2004: 297-299) : 권한부여기술, 협상 및 시민참여와 같은 인권과 밀접한 관계를 맺고 있으며, 사회행동, 시민권, 의뢰와 중재 등의 개념과 혼용되기도 함.

② 권익옹호기술의 목적 : 클라이언트의 목소리와 관심사를 전달하여 정책 및 서비스 전달에 있어 변화를 초래하는 것임(엄명용 외, 2021: 121).

③ 권익옹호활동의 내용 : 정책 입안자나 행정가를 대상으로 편지쓰기, 전화하기, 시위하기, 면담 요청 및 건의사항을 체계적・조직적으로 전달하기 등(엄명용 외, 2021: 121)

④ 권익옹호기술의 핵심 내용(Trevithick, 2000: 214-217)

---

92) 국내의 사회복지실천에 있어 권익옹호기술은 많이 논의되지 못하였지만, 권익옹호는 '사회복지사 윤리강령' 전문과 제4조 사회복지사의 사회에 대한 윤리기준에 명시되어 있는데, 윤리강령에 따른 권익옹호 활동은 인권 침해, 평등을 저해하는 행위, 사회정의를 해치는 일 등에 대해 맞서 클라이언트의 입장에 서서 이들의 권익을 대변하고 향상시킬 수 있는 정책과정이나 입법활동 참여를 포함하고 있음(김성이 외, 2004: 297-298)

㉠ 클라이언트 스스로 자신들을 대표할 수 있도록 지지하는 것
㉡ 클라이언트의 관점과 욕구를 입증하는 것
㉢ 클라이언트의 관점과 욕구, 관심사를 타인에게 해석하고 전하는 것
㉣ 상이한 과제를 수행하기 위해 적절한 기술을 개발하는 것(경청기술, 협상기술, 공감, 주장기술 등)

⑤ 권익옹호의 형태(Payne, 1997: 269)
㉠ 사례권익옹호 : 자원이나 서비스 또는 기회를 얻고자 다른 사람을 대표하는 것을 의미하며, 전문가, 자원봉사자, 동료가 수행할 수 있음.
㉡ 원인권익옹호 : 정책이나 절차 또는 변화의 필요성을 입증하는 것
㉢ 자기권익옹호 : 자신의 권리와 관심사를 획득하기 위해 클라이언트가 자신들을 대표할 수 있는 방안을 모색하는 것을 의미하는데, 이는 자조집단이나 동료권익옹호를 통해 가능함.
㉣ 동료권익옹호
- 여러 사람들의 서로 간의 욕구를 논의하기 위해 공조하는 것을 의미하는데, 자조집단에서 많이 볼 수 있음.
- 캠페인과 같은 적극적인 행동을 통해 여론을 조성하고 정부의 정책에 영향을 주는 것을 목적으로 함.

㉤ 시민권익옹호 : 자원봉사자들이 소외된 클라이언트와 관계를 형성하고 이들의 욕구를 이해하고 대표하는 것을 의미함.

⑥ 사회복지사의 자세(엄명용 외, 2021: 123)
㉠ 권익옹호기술을 활용하기 위해 사회복지사는 적절한 훈련과 슈퍼비전 그리고 지원을 받아야 함.
㉡ 클라이언트를 대신하여 그 사람의 권익을 위해 싸운다는 것은 전문가로서의 자신감과 전문지식을 필요로 함.
㉢ 관련 법령, 정부 지침과 안내서, 기관 정책과 실천방법 등을 이해하여 클라이언트의 욕구와 권리를 대변할 수 있어야 함.

제4장 개인 대상 사회복지실천기술

1. 개인 대상 사회복지실천의 이론적 이해

1) 개인 대상 사회복지실천의 이해

① 개인 대상 사회복지실천의 개념

㉠ 일반적 정의 : 개인의 인격존중을 전제로 한 전문적인 대인관계의 기반 위에서, 클라이언트가 직면하고 있는 문제 상황을 분석・검토하여, 클라이언트의 생활상의 욕구를 충족시켜 나가는 전문적인 방법임(김성이 외, 2004: 24-25; 전남련 외, 2009: 300)[93].

㉡ 개념적 요소(전재일・이성희, 2004: 232)

- 대상은 문제를 가진 사람임.
- 주체는 문제에 대한 과학적 지식과 전문적 기술을 가진 전문가임.
- 방법은 대상에 따라 달라지는 개별적인 것(case by case)임.
- 성격(personality)의 성장, 발달과 환경에의 적응을 다루는 의식적인 노력임.
- 사회복지사와 클라이언트 사이의 인간관계를 중요시하는 협동적인 활동임.
- 예방보다는 치료적인 입장에서 문제해결 및 재조정을 중요시함.
- 클라이언트의 주체성을 인정한 측면적 도움임.

② 개인 대상 사회복지실천의 목적(Zastrow, 1989: 399-410)

㉠ 일대일 관계를 기반으로 개인적・사회적 문제들을 해결할 수 있도록 원조

㉡ 개인이 사회에 적응할 수 있도록 돕는 것과, 개인의 특수한 욕구에 따라 필요한 서비스를 받을 수 있도록 원조하는 것이 포함됨.

③ 개인 대상 사회복지실천의 조건(김혜란 외, 2006: 130)

㉠ 연령이나 발달적 단계에 따른 변화
㉡ 영양/건강/정신건강
㉢ 발달장애/장애상태
㉣ 적응능력
㉤ 성격/자아개념
㉥ 생활경험/생활양식
㉦ 경제적 조건

93) 개인 대상 사회복지실천을 개별지도 또는 개별사회사이라고 하는데, 개별사회사업의 정의에 대해서는 Richmond(1922: 98), Bowers(1949: 417), Perlman(1957: 4), 전재일・이성희(2004: 230), 전남련 외(2009: 300) 등을 참고하기 바람.

④ 개인 대상 사회복지실천의 특징(김혜란 외, 2006: 132)

㉠ 한 클라이언트가 갖는 문제에 초점을 두고 클라이언트와의 개별화된 원조과정을 진행하는 것임.

- 개인의 존엄성과 자기결정권을 강조하는 사회복지실천의 기본적 가치가 개별 클라이언트와의 협력적인 문제해결과정 속에 반영되어 클라이언트의 선택권을 중요시하며, 개인의 개별적인 욕구와 특성, 상황에 알맞은 방법과 전략을 활용하도록 함.

㉡ 클라이언트와 사회복지사와의 전문적인 관계를 강조함.

- 사회복지사가 클라이언트와의 일대일 관계 속에서 관계형성과 의사소통의 기술을 도구로 활용하여 클라이언트의 문제해결과정에 개입하는 특징을 가지는 전문적인 관계를 강조함.

㉢ 개인의 문제해결을 위해 다양한 개입모델(정신분석모델, 행동주의 모델, 인지행동모델, 위기개입모델, 과제중심모델 등)을 활용함.

⑤ 개인 대상 사회복지실천의 구성요소(Perlman, 1957: 4-6)94)

㉠ 사람(**P**erson)

- 일상생활의 사회적 측면이나 정서적 측면에 있어서 도움을 필요로 하는 개인을 가리킴.
- 클라이언트는 어떤 도움을 필요로 하는 사람으로서, 전문적 관계가 형성되어 어떤 도움의 단계에 들어간 대상자, 즉 도움을 신청한 신청자(applicant)임.
- 실제적 클라이언트와 잠재적 클라이언트
  - 실제적 클라이언트 : 현재 도움을 필요로 하고 있거나 도움을 받고 있는 사람
  - 잠재적 클라이언트 : 현재는 별 문제가 없어 도움이 필요 없거나 문제가 있어도 여러 가지 이유에서 도움을 요청하지 않는 사람을 말함(Pincus & Minahan, 1973: 57).

㉡ 문제(**P**roblem)

- 개인의 바람직한 생활에 지장을 주거나 방해가 되는 충족되지 못한 욕구 불만(경제적, 의료적, 오락적인 것 등)이나 또는 그 개인이 사회적 역할을 수행함에 있어서 비효율적이거나 방해가 되는 긴장(심리적, 사회적, 신체적인) 같은 것들임.

㉢ 장소(**P**lace)

94) 개인 대상 사회복지실천의 구성요소는 전재일・이성희(2004: 237-239), 윤현숙 외(2001: 61), 전남련 외(2009: 215-216, 304-305) 등을 참고하여 요약・제시함.

- 문제를 가진 개인이 도움을 받기 위해 찾아오는 사회시설 또는 여러 종류의 사회복지기관을 말함.
- 이 기관의 기본적인 성격은 물질적 원조, 환경의 조성이나 조정, 상담이나 심리적 도움을 주는 사회복지의 기능을 수행하는 장소임.

㉣ 과정(Process)

- 사회복지사와 클라이언트 사이의 전문직업적 대인관계를 매개로 하여 도와주는 문제 해결의 과정을 말함.
- 이 과정에서의 대인관계는 문제 해결에 유익하도록 전문적으로 확립된 관계이며, 사회복지사의 지식과 기술에 의해 의식적으로 조작되어지는 대인관계임.

2) 개인 대상 사회복지실천의 기본적인 실천기술[95]

① 개인의 변화를 돕는 기술(김성이 외, 2004: 263-265)

㉠ 개관

- 사회복지실천에서 상담을 통해 추구하는 것은 개인의 변화이며, 이 개인의 변화는 인지영역, 행동적 영역, 정서적 영역으로 나눌 수 있음.
- 여기서는 감정의 표현을 촉진하는 것과 자기 인식의 확장을 통한 개인의 변화, 인지수정을 통한 개인의 변화, 행동 체험을 통한 개인의 변화에 대해 살펴봄

㉡ 감정의 표현 촉진과 자기 인식의 확장을 통한 개인의 변화(김성이 외, 2004: 264-265)

- 개요
  - 우울과 불안, 분노와 적개심, 열등감 및 수치감 등으로 인해 대인관계나 사회적인 역할 수행에 어려움을 느끼는 클라이언트의 경우 정서가 주된 문제가 됨.
  - 이러한 정서문제에 개입하려면 감정을 촉진하여 감정의 정화와 함께 자신에 대한 이해를 확장하도록 도움으로써 변화를 가져올 수 있도록 하는 것임.
- 방법
  - 클라이언트에게 숨겨진 감정을 표현하도록 독려하는데, 이때 사회복지사는 공감적 경청과 반응, 의도적인 감정표현 등을 통해 클라이언트가 감정을 표현하도록 함(Rogers는 의사소통에 있어서 감정을 표현하도록 도와주는 것이 전문가의 중요한 역할이라고 함).

95) 본 서의 개인 대상 사회복지실천의 기본적인 실천기술에 대해서는 양옥경 외(2005: 208-216), 전남련 외(2009: 306-313) 등을 참고하여 요약・제시함.

• 사회복지사의 진실한 의사소통은 클라이언트를 평가하지 않고, 이해하며, 경청하려고 할 때 형성되므로, 상대방의 입장에서 상대방이 표현한 사고나 태도를 통해 느낌을 반영해 나가는 것이 중요함.

ⓒ 인지적 수정을 통한 개인의 변화(김성이 외, 2004: 265-266)

- 개요
  • 인지상담이론에 의하면, 인간의 심리적 문제나 대인관계의 문제는 인간이 자신이나 세상에 대해 갖고 있는 잘못된 전제나 신념 때문 이라고 보기 때문에, 인지이론에 의한 상담의 목표는 '클라이언트에게 문제를 일으키는 잘못된 전제나 신념을 인식하도록 함으로써 개인의 변화를 모색하는 방법' 임.
  • 사회복지사가 클라이언트에게 인지수정을 하도록 하기 위해 사용하는 방법은, 잘못된 믿음에 의한 왜곡된 사고(잘못된 사고)를 사회복지사가 논박하거나 교육하는 인지적 기법과, 인지적 과제를 부여하는 지시적인 방법 등이 있음
- 논박(dispute)
  • 논리성에 기반을 둔 논박은 클라이언트가 가지고 있는 생각의 비논리적인 면을 지적하는 경우임.
    ▸ 예) 클라이언트가 '나는 반드시 ...해야 한다', '절대적으로', '완전히', '해야만 한다' 등이 대화의 저변에 깔려 있을 때 비논리적임을 논박함(김혜란 외, 2002: 194-195).
  • 현실성에 기반을 둔 논박은 클라이언트가 가진 생각이 현실적으로 일어날 수 없음을 지적하는 것임.
    ▸ 예) "만약 이 일이 이루어지지 않으면 하늘이 무너지고 말 것입니다" 라고 할 경우, "만약에 우리 뜻대로 되지 않는다고 하늘이 무너진다면 도대체 이 세상은 어떻게 되지요" 라고 논박하는 경우(김혜란 외, 2002: 195)
  • 실용성에 기반을 둔 논박은 클라이언트가 염려하는 비합리적인 신념들이 실제로 자신에게 어떤 도움이 되는지를 지적하고자 하는 것
    ▸ 예) "당신이 절대적으로 남에게 사랑을 받아야 한다" 고 하는 절대적인 바람이 실제적으로는 클라이언트에게 도움이 되지 않고 부담이 되고 있음을 느끼도록 해 주는 것임(김혜란 외, 2002: 195-196).
- 인지적 과제(김성이 외, 2004: 266-267)
  • 클라이언트로 하여금 일상생활에서 자신의 비합리적인 신념을 찾아 목록을 만들

어 오도록 하고, 그 목록에 있는 내용을 스스로 논박해 보고 합리적인 생각으로 바꾸도록 하는 방법임.

- 예) 일반적인 잘못된 신념과 바람직한 신념의 예시

〈표 4-1〉 일반적인 잘못된 신념과 바람직한 신념의 예시

잘못된 신념	바람직한 신념
세상은 인정사정없는 곳이다. 사람들은 자기 자신 외에는 누구에게도 신경 쓰지 않는다.	세상에는 다양한 종류의 사람들이 있다. 무자비한 사람도 있고, 이타적인 사람도 꽤 많다. 만약 나를 포함하여 사람들이 이타적이고자 노력한다면 세상은 보다 좋은 곳이 될 것이다.
훌륭해지기 위해 사람은 완벽하게 유능해야 하며 하는 일마다 성공해야 한다.	모든 사람은 고유의 재능영역이 있어서 어떤 부분에서는 남들보다 잘 할 수 있다. 누구도 완벽하지 않으므로 때때로 좌절하기 마련이다.
경쟁에서 지는 것은 끔찍한 충격이다.	이기면 기분이 좋지만 승자가 있으면 항상 패자도 있기 마련이다. 승리할 때뿐 아니라 패배할 때도 얻는 것이 있다.

※ 출처 : 허남순 외(2004: 169)

- 행동체험을 통한 개인의 변화(김성이 외, 2004: 266-268)
  - 인간의 행동들 중에서 반복적으로 나타나면서 문제를 일으키는 것을 행동 체험을 통해 변화를 모색해 보는 방법임.
  - 예) 사람들 앞에 나서서 발표를 하거나 의견을 제시할 때 자신감이 없어 얼굴을 자주 붉히는 클라이언트가 있다면, 사회복지사는 클라이언트와 함께 발표할 자료를 미리 요약해 보고 실제 발표하는 것처럼 연습을 여러 차례 거치면서 '잘하고 있다' 거나 '잘 할 수 있다' 라고 하면서 자신감을 불어 넣어 줌. 실제로 사람들 앞에서 얼굴을 붉히지 않고 연습 때 했던 것처럼 발표를 잘 할 수 있을 것임.

② 관계의 변화를 돕는 기술(김성이 외, 2004: 263-264; 이미선 외, 2010: 39-41)

㉠ 개요

- 사회복지실천에서 만나게 되는 많은 클라이언트는 관계의 문제 때문에 사회적 욕구가 충족되지 않아 고통을 느끼는 경우가 많으며, 이러한 관계문제는 주로 가족, 동료, 친구, 직장 등 클라이언트가 속한 체계에서 다른 사람들과의 상호작용에서의 문제이며, 이러한 문제를 해결하는 방법 가운데 하나는 의사소통을 효과적으로 하도록 돕는 것임.

㉡ '나 전달법' 의 사용

- 의사소통의 효과적인 기술 가운데 하나로 '나 전달법 (I-Message)'이 있음.
- '나 전달법' 은 상대방의 행동으로 인해 나 자신이 어떻게 느끼고 있는지를 객관적으로 전달하는 것임.
- '나 전달법' 은 단순히 상대방의 행동에 대한 나의 느낌을 설명하는 것이므로 내가 중심이 되어 나의 느낌을 말하는 것이며 상대방을 탓하지 않음.
- (참고) '너 전달법(You-Message)' 은 상대방을 탓하고 비난하면서 상대방이 잘못하고 있다고 말하는 것으로 상대방을 말로 공격하게 되는 것임.
- '나 전달법' 의 예시
  - 부모의 일을 방해하고 있는 자녀가 있다고 가정할 때, 부모를 방해하는 아이의 행동 그 자체보다는 행동의 결과에 대해 중점을 두는 것임.
  - 예시) "진수가 새 옷을 입고 나가서 모래놀이를 하면 옷에 흙이 묻거든. 그러면 엄마는 속이 상해. 왜냐하면 엄마가 또 빨래를 해야 하기 때문이야" 같은 방법

㉢ '나 전달법' 의 구성요소(전남련 · 김혜금, 2006: 257)

- 나에게 문제를 소유하도록 하는, 즉 나를 괴롭히는 상대방의 행동은 무엇인가? 수용할 수 없는 상대방의 행동에 대해 비난하거나 비평하지 않으면서, 또 화도 내지 않고 단순히 행동상황을 서술함.
- 상대방의 그 행동이 나에게 어떤 영향을 끼치고 있는가? 즉, 상대방의 행동이 나에게 미치는 구체적인 영향이 무엇인지 간결하게 서술함.
- 내가 그 행동의 결과에 대해 어떻게 느끼고(감정) 있는가? 상대방의 행동이나 그 행동이 미칠 구체적인 영향에 대해 나의 감정 또는 느낌이 어떤지를 서술함.
- 예시) "엄마가 지금 전화를 받고 있는데, 진수가 큰소리로 떠들면(행동), 엄마는 짜증이 난단다(감정). 왜냐하면, 저쪽 편에서 무슨 말을 하는지 알아들을 수가 없기 때문이야(구체적인 영향).

㉣ '나 전달법' 의 공식(전남련 외, 2009: 312)

- ⓐ 내가 ...하면(행동서술)
- ⓑ 나는 ...라고 느낀다(느낌 서술)
- ⓒ 왜냐하면...(결과 서술)

㉤ '나 전달법' 의 장점(전남련 외, 2009: 313)

- 자아개념을 상실하지 않도록 하고, 상대방이 스스로 문제해결의 책임을 지도록 유도

- 상대방에게 개방적인 의사소통기법을 터득하게 하고, 상대방에게 적극적인 경청을 하도록 하며 서로 솔직한 감정이입이 가능 하도록 함.

3) 개인 대상 사회복지실천의 주요 모델

① 정신역동모델[96)][97)]

㉠ 정신역동모델의 개념 : 문제해결과 사회적 기능의 향상을 목적으로 하는 사회복지실천에 유용한 이론으로 받아들여지면서, 진단주의 학파를 형성한 모델이며 문제행동이나 증상의 원인을 파악하고 이를 제거하는 치료적 절차임.

㉡ 정신역동모델의 특징(엄명용 외, 2005: 177; 전남련 외, 2009: 134)[98)]

- 정신적(심리적) 결정론에 근거함.
- 자기분석이 가능하고 성정의지가 높은 클라이언트일수록 효과적임.
- 자유연상, 전이의 분석, 훈습, 직면 등의 기술을 통해 클라이언트의 통찰력을 증진시킴.
- 현재의 문제를 과거와 경험과 연관지음.
- 클라이언트의 무의식적 충동과 과거의 정신적 외상경험을 강조함.
- 클라이언트는 원초아(id)와 초자아(superego) 사이에 발생하는 불안과 긴장의 해소를

96) 본 서의 정신역동모델에 대한 내용에 대해서는 전남련 외(2009: 133-159), 원요한(2009: 239-249), 임안나 외(2011: 65-76), 최선화(2022: 145-148) 등을 참고하여 요약・제시함.

97) 정신역동모델은 Freud의 정신분석이론과 그의 정신분석학을 바탕으로 생각하고 실행하는 Freud 학파의 이론들을 망라하여 적용한 사회복지실천기술이론으로, 1896년에 정신분석(psychoanalysis) 이란 용어가 처음 쓰였고, 1909년에는 정신치료를 위한 이론으로 미국에 소개되기 시작하면서 사회복지실천에 많은 영향을 주기 시작하였으며, 1920년대에는 의료적 모델에 기초한 진단주의 학파를 태통시켰고, 1930년대에는 심리사회이론의 개별사회사업모델로 확산되었음(임안나 외, 2011: 65). 한편, 현대 정신분석이론은 행동에 대한 기본적 영향력을 본능적 충동의 개념으로 보는 관점에서 벗어나 어떻게 개인들이 사회화와 상호작용하는지에 더욱 관심을 가지고 있는데, 이는 자아심리학의 영향에서 비롯되었음(Goldstein, 1984: 5-8; 조휘일・이윤로, 2001: 102).

98) Freud의 정신분석이론의 주요 개념인 구조적 관점(원초아(id), 자아(ego), 초자아(superego)), 지형학적 관점(의식, 전의식, 무의식), 심리성적 발달관점(구강기 항문기, 남근기, 잠복기, 생식기) 등에 대해서는 전남련 외(2009: 134-142), 임안나 외(2011: 65-69), 최선화(2022: 145-146) 등을 참고하기 바람. 그리고, Freud는 '인간은 원초아의 성적 충동과 공격적 충동이 분출되어 처벌될 것에 대한 신경증적인 불안, 현실세계의 위협적 상황에 대한 현실적 불안, 도덕・양심에 위배되는 생각이나 행동을 할 경우, 초자아에 의해 나타나는 죄의식에 대한 도덕적 불안을 가진다' 고 보고, '인간은 이러한 불안을 야기하는 상황에 직접 대처할 수 없을 때 자신의 자아를 그 불안으로부터 지키기 위하여 무의식적이고 비합리적인 방법인 방어기제를 사용한다' 고 하면서, 방어기제의 중요성을 주장함(임안나 외, 2011: 70). 방어기제에 대한 내용은 전남련 외(2009: 144-148), 임안나 외(2011: 70-71), 최선화(2022: 146-147) 등을 참고하기 바람.

위해 방어기제를 사용한다고 봄(임안나 외, 2011: 70).

㉢ 정신역동모델의 개입목표(Mertens, 1990: 162-166; 김성이 외, 2004: 258; 임안나 외, 2011: 71-72)[99]

- 부정적 행동의 변화
- 증상의 제거
- 심리장애로 중단되었던 발달과정을 정상적으로 발달하도록 함.
- 자기분석능력을 기름.
- 전이신경증을 유발시켜 훈습하고 극복함.

㉣ 정신역동모델의 개입과정[100]

- 관계형성단계
  - 본격적인 원조과정으로, 사회복지사와 클라이언트가 신뢰관계를 형성하는 단계
  - 클라이언트는 불안감을 갖는데, 사회복지사는 편안함을 갖게 하여 저항과 방어를 줄여야 함.
- 동일시를 통한 자아구축 단계
  - 사회복지사와 클라이언트간의 신뢰관계가 형성되는 단계
  - 클라이언트는 사회복지사를 동일시하기 시작하여 사회복지사의 생각과 태도를 받아들이며 자아를 구축하게 됨.
  - 자신의 과거에 갈등과 관련 있는 중요한 인물에 대한 감정을 사회복지사에게 옮기는 전이현상을 보이기 때문에, 사회복지사는 동일시와 전이현상 등을 잘 분석하여 클라이언트가 겪고 있는 갈등을 이해하고 클라이언트가 세상을 현실적으로 볼 수 있도록 함.
- 클라이언트가 독립된 정체성을 형성하도록 원조하는 단계
  - 클라이언트가 자신의 문제에 대해 통찰이 깊어지는 단계로, 독립된 자아정체감을 확립하는 것이 필요함.
  - 성장을 위한 내적인 심리 과정에서 퇴행을 보이기도 하는데, 이때 사회복지사는 강하고 공정하며 일관성 있는 부모의 모습으로 클라이언트가 독립된 인격체로 성

---

99) 정신역동모델에서 개인은 정신내부의 역동적인 상호작용과정에서 쾌락원리에 따라 에너지를 방출하고 긴장을 줄임으로써 만족을 얻고자 하는데, 사회가 개인이 방출하는 에너지의 일부에 대해 통제와 제약을 가하기 때문에 개인은 사회와 갈등을 필연적으로 나타냄. 이러한 갈등에 대하여 치료자는 클라이언트에게 현재의 문제에 대한 해결책을 제시하기보다 클라이언트 스스로가 과거의 경험과 충동에 대하여 통찰력을 갖고 이해하여 현재 문제에 대한 인식능력과 이해력을 향상시키도록 하는 것에 개입의 목적을 둠(김성이 외, 2004: 258-259).

100) 정신역동모델의 개입과정은 장인협(1989: 180-238)을 요약·제시함. 임안나 외(2011: 72-74)는 정신역동모델의 실천과정을 ① 초기, ② 전이의 발달, ③ 훈습, ④ 전이의 해결 등으로 분류함.

장하는 도전을 이해하고 도와주어야 함.

- 클라이언트의 자기이해를 원조하는 단계
  - 클라이언트가 자신의 행동과 그 행동의 원인을 이해할 수 있도록 원조하는 단계
  - 클라이언트의 무의식적 갈등과 미해결된 문제가 해결되며, 사회복지사는 클라이언트가 자신의 방어기제에 대해 의식하며 부적합한 정서적 행동에 빠지지 않으면서 좌절과 실패에 대응하는 방법을 찾을 수 있게 원조해야 함.

ⓜ 정신역동모델의 개입기법[101]

- 자유연상 : 클라이언트의 마음 속에 떠오르는 감정, 생각, 기억, 환상, 꿈 등을 자유롭게 말하게 하는 개입기술로, 이 기법을 통하여 클라이언트는 억압된 충동을 발견하고 무의식을 의식수준으로 전환할 수 있음.
- 해석 : 클라이언트 자신도 잘 모르는 내면의 부분들을 통찰할 수 있도록 사회복지사가 자세하게 설명해 주는 기술
- 꿈의 분석 : 꿈을 통해 나타나는 무의식적인 소망과 욕구, 두려움을 해석함으로써 무의식적으로 억압했던 자료들을 풀어내고 새로운 통찰력을 갖게 함.
- 저항의 분석과 해석 : 저항은 클라이언트가 자신의 무의식이 의식화되는 것을 두려워하여 불안을 느낄 때 사용하는 것이므로 사회복지사가 클라이언트의 저항의 원인을 찾아 해석해줌으로써 클라이언트가 통찰할 수 있도록 함.
- 전이의 분석과 해석 : 전이는 클라이언트가 부모나 다른 사람들에 대하여 지녔던 부정적이고 적대적인 감정과 사고를 치료자에게 투사하는 것인데, 전이는 클라이언트가 치료상황 밖의 세상에서 인간관계를 어떻게 수립하며 어떻게 해석하고 있는가에 관해 매우 중요한 실마리를 제공해주므로 사회복지사는 중립적인 태도와 반영적 태도로 클라이언트의 전이를 유발시키고 전이를 다루어 주어야 함.

[전이와 역전이와 사회복지사의 대처 예시[102]]

1. 전이
- 강압적인 엄마와의 갈등으로 고민하고 있는 청소년과의 면담에서, 클라이언트가 사회복지사를 엄마로 인식하여 반항적, 부정적으로 반응하는 경우

→ 사회복지사는 이것이 '전이현상'임을 인식하고 면담을 진행해야 함.

101) 정신역동모델의 개입기법에 대해서는 Hjelle & Ziegler(1981: 63-67), 엄명용 외(2005: 183-187), 전남련 외(2009: 149-151), 임안나 외(2011: 74-76), 최선화(2022: 147-148) 등을 참고하여 요약・제시함.
102) 출처 : 이미선 외(2010: 70)

[전이와 역전이와 사회복지사의 대처 예시[103]]

2. 역전이

- 자녀가 반항적이고 무시하는 행동을 하여 고민에 빠진 한 여성과의 면담에서, 사회복지사가 웬일인지 그 여성에 대해 불편하고 기분 나쁜 감정이 생기는 경우

→ 사회복지사는 과거에 자신의 엄마와 갈등문제를 해결하지 못했던 비슷한 문제를 가진 여성에 대해 이러한 감정이 생겼기 때문에, 자신의 이러한 역전이 현상을 인식하고 조절할 수 있어야 함.

- 훈습 : 클라이언트가 자신의 내면적 문제 또는 갈등의 원인과 그 역동성을 통찰하도록 함으로써 현실상황에서 그와 유사한 문제를 맞게 될 때 이를 스스로 해결해 갈 수 있도록 하기 위해서 사회복지사가 클라이언트와 함께 치료장면에서 이 문제를 반복적으로 경험하도록 하는 과정으로, 그 목표는 전이 현상이나 생활문제의 갈등, 과거 문제의 갈등에 대한 클라이언트의 이해 및 관점의 수준을 확장시켜 자신의 문제나 상황을 좀 더 통합적인 관점으로 이해하게 하는 것임.
- 경청 : 경청은 사회복지사가 클라이언트가 자유연상을 할 때 말하는 내용을 중립적이고 공감하는 태도록 주의 깊게 듣는 것인데, 경청하면서 사회복지사는 질문을 통해 주제가 보다 상세하게 표현될 수 있도록 함.
- 직면
  - 클라이언트에게 나타나는 저항이나 부적응적 행동, 특정 현상에 주의를 기울이도록 유도하고 이제까지 회피해왔던 문제를 인지하도록 하는 것
  - 클라이언트가 건설적인 행동변화와 자기이해로부터 도피하는 데 사용하는 모순, 왜곡, 게임, 가름막 등에 대한 책임성 있는 폭로라고 설명함.
- 명료화 : 클라이언트가 직면한 심리적 현상에 대해 예리하게 초점을 맞추거나 혹은 현상의 원인이 되는 중요한 과거력을 파헤쳐 나가는 것으로, 클라이언트의 생각, 감정, 환상의 심리 역동적 의미를 해석함으로써 클라이언트의 자기이해를 향상시킴.
- 버텨주기와 간직하기(김성이 외, 2004: 260-261)
  - 버텨주기 : 클라이언트의 경험 혹은 막연한 불안과 두려움을 견딜 수 있는 힘을 제공하는 것으로, 어머니가 아이의 불안을 물리적, 심리적으로 안아주듯이...
  - 간직하기 : 클라이언트가 두려워하는 충동과 경험을 사회복지사가 자신의 내면에 담아두고(간직하고), 이를 정화하여 클라이언트가 소화할 수 있는 형태로 환원

103) 출처 : 이미선 외(2010: 70)

〈표 4-2〉 정신분석모델의 주요 치료기술

치료기술	설 명
자유연상	클라이언트의 마음에 떠오르는 감정, 생각, 기억, 환상, 꿈 등을 자유롭게 말하도록 함.
경청	자유연상을 통해 클라이언트가 자유롭게 말하는 내용을 중립적이고 공감하는 태도로 주의깊게 듣는 것
직면	클라이언트에게 나타나는 저항이나 부적응적인 행동, 특정 현상에 주의를 기울이도록 유도하고, 이제까지 회피해 왔지만 앞으로는 이해해야 할 문제로 인지하도록 도움.
명료화	클라이언트가 직면한 심리적 현상에 대해 예리하게 초점을 맞추거나 혹은 현상의 원인이 되는 중요한 과거력을 파헤쳐 나감.
해석[1)]	클라이언트가 자신에 대한 통찰을 갖도록 클라이언트의 사고, 감정, 환상의 정신역동적 의미에 대해 해석을 함. 클라이언트의 꿈, 자유연상, 저항, 치료관계 자체에서 나타나는 행동의 의미를 클라이언트에게 지적하고, 설명하고 가르치는 것
꿈의 분석	꿈을 통해 나타나는 무의식적인 소망과 욕구, 두려움을 해석함으로써 무의식적으로 억압했던 자료들을 풀어내고 새로운 통찰력을 갖게 함.
훈습	클라이언트가 저항이나 전이에 대해 이해한 것을 반복, 심화, 확장함으로써 통합적으로 이해하도록 함.

※ 주 : ① 행동에 대한 무의식적 의미와 클라이언트의 의사소통 및 행동의 중요성에 대해 사회복지사가 갖고 있는 추론과 결론
② 사회복지사가 결론과 추론에 대해 클라이언트에게 제공하는 의사소통
③ 사회복지사에 의해 행해지는 모든 해설-직면, 명료화, 질문 등
④ 통찰의 수단을 통해 역동적 변화를 노린 언어적 개입 등
클라이언트의 꿈, 자유연상, 저항, 치료관계 자체에서 나타나는 행동의 의미를 클라이언트에게 지적하고, 설명하고 가르칠 목적으로 활용
⑤ 유형(Strean, 1996: 523-554)
a. 발견적 해석 - 감추어진 소망들이 의식으로 드러나는 것
b. 연결적 해석 - 클라이언트의 현재 상황이 과거와 어떻게 연결되어 왜곡되어 있는지를 파악하는 것
c. 통합적 해석 - 다양한 자원들로부터 협력하는 것
※ 출처 : Corey(1991: 38-44), 엄명용 외(2005: 184), 전남련 외(2009: 151), 원요한(2009: 245)

② 심리사회모델[104)][105)]

104) 본 서의 심리사회모델에 대한 내용은 전남련 외(2009: 161-173), 원요한(2009: 276-281), 임안나 외(2011: 77-85), 이영호(2015: 139-151), 최선화(2022: 148-153), 김혜영 외(2023: 37-48) 등을 참고하여 요약・제시함.

105) 심리사회모델은 1920년대 후반 미국 자선조직협회의 경리담당 우애방문단으로서 개별사회사업을 최초로 체계화한 Richmond에 기원을 두고 있으며, 1930년대 Hankins에 의해 '심리사회' 라는 용어가 처음으로 언급되어졌고, Hamilton이 상황 속의 인간이라는 관점으로 심리사회이론이라 부르게 되었으며, 1960년대 Hollis의 저서 「케이스워크: 심리사회치료」를 통해 '심리사회' 라는 개념이 사회복지실천을 위한 하나의 접근방법으로 발전・집대성되고 체계화되었음(전남련

㉠ 심리사회모델의 개념 : 인간을 생리적, 심리적, 사회적 존재로서 인식하기 때문에, 인간의 문제도 심리·정서적[부적응]·사회적[환경결함] 측면에서 기인한다고 보며, '환경 속의 인간(PIE)' 과 '지금-여기(here and now)' 관점에서 개입하고자 함(전남련 외, 2009: 162-163; 김혜영 외, 2023: 38).

㉡ 심리사회모델의 특징[106]

- 심리적 및 사회적 측면, 그리고 이 양자의 상호작용에 의한 결과도 동시에 고려하면서 이해하므로, '상황속의 인간[107]' 개념을 중요시함.
- 인간을 둘러싼 사회·경제적인 상황을 포함한 포괄적·전제적 시각으로 인간 또는 인간의 문제에 대해 이해하고 접근함.
- 사회복지사와 클라이언트의 관계를 수용하고, 클라이언트의 자기결정권을 존중함.

㉢ 심리사회모델의 개입목표(임안나 외, 2011: 79)

- 개별성과 다원성 : 인간의 성격이나 문제가 생활상의 다양한 요인에 의해 형성된다고 생각하는 다원성과 공통적인 상황에서도 개개인은 서로 다르게 반응한다고 하는 인간의 개별성을 중시함.
- 이중적인 개입기법 : 개인의 심리변화와 사회환경적 변화를 모두 추구하는 이중적인 개입기법은 사회복지실천을 타 전문직과 차별화시키는 근거가 되고, 오늘날의 직접개입과 간접개입을 구분할 수 있도록 하는 효시가 되었음.

㉣ 심리사회모델의 실천원칙(원요한, 2009: 277-279)

- 수용 : 클라이언트의 내적 감정이나 주관적 상태를 받아들이는 능력인 공감 또는 감정이입을 갖추어야 하며, 이는 수용의 주요한 구성요소임.
- 자기결정(자기지시) : 클라이언트 스스로 자신의 행동을 결정하고, 사회복지사는 클라이언트의 자기결정을 최대한 존중해 주어야 함.
- 개별화 : 각각의 클라이언트는 개별적인 독특한 특성을 가지고 있다는 것을 인정하고,

외, 161; 임안나 외, 2011: 77; 최선화, 2022: 148). 이 심리사회모델은 초창기에는 정신역동모델에 이론적 배경을 두었으나 점차로 자아를 중시하는 '자아심리학' 의 출현과 문화인류학, 가족단위의 실천개입이론, 체계이론 등을 수용하면서 '상황속의 인간' 을 지향하게 됨(윤현숙 외, 2001: 54; 전남련 외, 161-162; 임안나 외, 2011: 77). 이 심리사회모델에 영향을 미친 대상관계이론에 대해서는 김혜란 외(2006: 63-64)를 참고하기 바람.

106) 심리사회모델의 특징에 대해서는 엄명용 외(2005: 411-412), 전남련 외(2009: 162-165), 임안나 외(2011: 78-79), 이영호(2015: 139), 김혜영 외(2023: 38) 등을 참고하여 요약·제시함.

107) 상황 속의 인간은 클라이언트의 현재 상황들과 다른 사람들과의 상호작용에 관련되는 인식, 사고와 감정들을 이해하는 것으로, 한 인간을 이해하려고 할 때, 당시 보여지는 모습과 행동 뿐 아니라 주변 상황과 체계 등을 함께 이해할 수 있어야 하고, 그 복잡성을 규명, 변화를 위한 개인, 가족, 사회연계망들과 지역사회의 능력, 동기와 기회를 평가함(김성이 외, 2004: 261-262).

이해하여 클라이언트를 원조하는 내용과 방법, 그 과정을 개별적으로 다루어야 함.

㉤ 심리사회모델의 개입과정[108)]

- 초기면접 및 심리사회조사
  - 초기면접(인테이크) : 클라이언트의 문제상황, 그 문제에 기여하는 요소 및 관련 사실을 수집하는 과정
  - 심리사회조사[109)] : 클라이언트와 클라이언트의 상황에 대한 사실을 관찰・조사하여 논리적으로 정리하는 과정으로, 상황과 상호작용하는 개인이 관심의 최소단위
- 사정(진단적 이해)
  - 진단적 이해 : 심리사회조사를 통해 관찰, 수집된 사실에 대해 사회복지사가 분석적으로 사고하거나 추론을 전개하는 과정으로, 개인체계와 환경체계가 어떻게 상호작용하여 문제가 발생했는지 전체 틀 속에서 파악하고자 함.
  - 강점과 약점 사정, 가계도 및 생태도 활용
- 개입목표의 설정 개입
  - 개입형태 : 개인, 부부, 가족 혹은 환경체계들과의 활동 등
  - 클라이언트의 복잡한 문제 해결을 위해 여러 서비스와 자원이 동시에 동원될 필요가 있기 때문에, 이 때 사회복지사는 중개자의 역할을 수행해야 함.

㉥ 심리사회모델의 개입기법[110)]

- 직접적 개입[111)]
  - 지지하기[112)]

---

108) 심리사회모델의 개입과정에 대해서는 임안나 외(2011: 80-81), 김혜영 외(2023: 39-41) 등을 참고하여 요약・제시함.

109) 심리사회적조사는 의식 및 전의식 수준에서 초점을 두어 대상자를 사정하는 것임. 현재 표출된 문제와 직접적인 연관성이 있을 때, 과거력을 조사하는 부분이 해당되고, 개인의 인생발달단계 및 가족생활주기에 있어 전환기에 주목하며 그 과정에서 발생된 문제는 발달과정상의 정상적 위기라고 간주함(김성이 외, 2004: 262).

110) 심리사회모델의 개입기법은 Woods & Robinson(1996: 555-580), Turner(1996: 575-576), 윤현숙 외(2001: 56), 엄명용 외(2005: 193-196), 김혜란 외(2006: 65-68), 이윤로(2007: 242-243), 신성자 외(2007: 156), 전남련 외(2009: 166-167), 임안나 외(2011: 82-85), 최선화(2022: 150-153) 등을 참고하여 요약・제시함. 특히, Woods & Robinson(1996: 555-580)의 견해를 인용한 전남련 외(2009: 168 <표 5-1>)에 제시된 표를 참고하기 바람.

111) 심리사회모델의 개입기법 중 직접적 개입은 이영호(2015: 144-146), 김혜영 외(2023: 41-45) 등을 참고하여 요약・제시함.

112) 사회복지사의 지지는 클라이언트가 자신의 억압된 생각과 감정을 적절히 표출할 수 있도록 도우며, 클라이언트의 자신감과 자존감을 향상시킴으로써 자신이 원하는 삶을 선택할 수 있도록 이끌 수 있음. 지지는 관심, 수용, 감정이입적 이해, 재확인, 그리고 격려를 보여주는 언어적, 비언어적 의사소통으로, 그 중에서도 수용은 클라이언트의 태도와 행동이 사회복지사의 개인적

▸ 개념 : 사회복지사가 클라이언트를 수용하고 클라이언트를 원조하려는 의사를 갖고 있음을 전달하고 클라이언트가 문제해결능력을 갖고 있음을 확신한다는 것을 표현함으로써 클라이언트의 불안을 줄이고 자기존중감을 증진하기 위한 과정

▸ 방법 : 언어적 의사소통 + 비언어적 방법(따뜻한 표정, 어깨를 두드리는 등)

▸ 기법 : 재보증(안심), 격려(긍정적 칭찬)

▸ 예시

∘ 언어적 방법 : "그런 느낌들은 자연스러운 거예요.", "계속 이야기 해보세요."

∘ 비언어적 방법 : 미소, 고개 끄덕임

• 직접 영향주기(지시하기)

▸ 개념 : 사회복지사가 클라이언트의 행동을 향상하기 위해 조언이나 제안을 하는 과정으로, 사회복지사 자신이 조언하고 싶은 욕구에 의해 조언하는 것이 아니라, 클라이언트의 욕구에 따라 조언해야 하며 충분히 경청하고 '클라이언트가 서 있는 곳'에서 출발해야 함.

▸ 기법 : 제안, 지시, 조언, 대변

▸ 예시

∘ "~하는 게 도움이 될까요?"

∘ "~하는 게 더 나을 것 같은데, 어떻게 생각하세요?"

∘ "~한 상황을 봤을 때, ○○님에게 가장 시급하게 필요한 것은 ~라고 생각되는데 ○○님은 어떻게 생각하세요?"

• 탐색-기술-환기(Woods & Hollis, 1990: 97-101)

▸ 개념

∘ 클라이언트의 문제와 관련하여 개인, 환경, 개인과 환경 간 상호작용에 관한 사실을 진술하고 설명하도록 원조하는 것을 말함.

∘ 어떤 문제가 있는지 (탐색)하고, 그 사실에 대해 기술(설명)하도록 하며, (환기)를 통해 사실과 관련된 감정을 끄집어내며 카타르시스를 경험하도록 원조하는 것으로, 때로는 환기를 경험하는 것 자체로 문제가 해결되는 경우가 종종 있음.

판단과 상관없이 온화함과 선한 의지를 보여주는 태도를 유지하는 것을 의미하며, 사회복지사는 클라이언트가 기회를 최대한 이용할 수 있도록 스스로 자기결정을 내려 행동에 옮길 수 있도록 도와주어야 함(김성이 외, 2004: 262).

▸ 기법 : 초점 잡아주기, 부분화하기, 화제 전화하기, 환기(감정의 정화)

▸ 예시

◦ "혹시 방금 말씀하신 ~사건에 대해 좀 더 자세히 말씀해주실 수 있나요?"

◦ "○○님이 아버지와 다툼이 생길 때 가족들은 어떻게 반응하나요?"

◦ "○○님이 학교에서 ○○친구와 문제가 생겼을 때 다른 친구들은 어떻게 반응했나요?" , "그리고 그때 ○○님의 마음은 어땠나요?"

- 개인-환경에 대한 반성적 고찰

▸ 개념 : 클라이언트의 외부환경과 주관적인 내부 상황, 원조 상황을 고찰하는 것

◦ 외부 환경 : 다른 사람들, 건강, 상황 / 클라이언트의 행동이 자신과 다른 사람들에게 미치는 영향

◦ 내부 상황 : 클라이언트 행동, 성격 / 행동의 원인 / 자기 평가

◦ 원조 상황 : 사회복지사와 치료 과정

▸ 기법 : 논리적 토의 및 추론, 설명, 일반화, 변화, 역할극, 강화, 명확화, 교육

▸ 예시: 자녀(ct)가 아버지의 권위적인 태도로 인해 화가 나고 혼란스러울 때,

◦ "아버지가 ○○님에게 잔소리를 하는 것이 ○○님을 위축시키고 동시에 당황하게 만드나요?"

◦ "아버지의 어떤 행동이 ○○님을 힘들게 하나요?"

◦ "혹시 제가(사회복지사가) ○○님에게 잔소리나 조언을 하게 된다면 ○○님은 어떤 기분이 들까요?"

- 유형-역동성 고찰

▸ 개념

◦ 클라이언트의 성격과 행동 유형 등에 대해 고찰하는 것으로, 클라이언트가 사용하는 방어기제를 분석하고, 클라이언트가 가지고 있는 내부사상과 분리, 개별화 정도에 대해 고찰함.

◦ 이는 클라이언트가 자신의 성격 유형, 특징, 행동경향, 방어기제, 자아기능 수행 등 심리 내적 역동에 대해 이해하도록 원조함.

▸ 기법 : 명확화, 해석, 통찰

▸ 예시

◦ "다른 사람들과 비교했을 때, 자신의 생각과 다르게 이야기하면 화를 참을 수 없는 경향이 있나요?"

∘ "해결되지 않는 감정에 대해 반복적으로 생각하게 되지 않나요?"

∘ "○○님의 생각을 평가절하하거나 비판하는 것을 어떻게 알게 되나요?"

∘ "○○님이 자신을 희생해서 다른 사람을 돌보는 방식으로 다른 사람도 자신을 돌보아 주었으면 좋겠다고 바라나요?"

• 발달적 고칠

▸ 개념

∘ 성인기 이전의 생애경험과 이런 경험이 미치는 영향에 대해 고찰하는 것

∘ 현재의 인격과 기능에 영향을 주는 원가족이나 초기 생활의 경험을 클라이언트가 고려할 수 있도록, 과거의 상황과 개인의 감정이 연결되도록 함.

∘ 해석보다는 질문이 더 바람직함.

▸ 기법 : 명확화, 해석, 통찰, 논리적 토의 및 추론, 설명, 일반화, 변호, 역할극, 강화, 교육

▸ 예시 : 10대의 자식을 가진 부모에게 자신의 어린 시절을 성찰하도록 돕는 질문

∘ "당신의 청소년기와 비슷한 점은 무엇입니까?"

∘ "당신의 아버지에게 느꼈던 대로 상사 앞에서 위축되나요?"

- 간접적 개입(이영호, 2015: 147; 최선화, 2022: 150)

• 개념 : 클라이언트의 문제에 영향을 미치는 외적·환경적·인간관계적 억압이나 장애를 완화시켜 클라이언트의 적응과정에 간접적으로 도움을 줌으로써 문제를 해결해 나가도록 원조함.

• 기법 : 환경 조성(조정), 의뢰

③ 인지행동모델[113][114]

㉠ 인지행동모델의 개념

113) 인지행동모델은 기본적으로 행동주의모델과 Piaget의 인지이론이 통합되어 파생되었는데, 많은 교과서에서 제시되고 있는 행동주의(수정)모델에 대해서는 전남련 외(2009: 175-194), 임안나 외(2011: 87-99), 최선화(2022: 153-155)를 참고하기 바람. 본 서의 인지행동모델에 대한 내용은 전남련 외(2009: 195-211), 원요한(2009: 281-288), 임안나 외(2011: 99-109), 이영호(2015: 153-168), 엄명용 외(2021: 175-190), 최선화(2022: 156-161), 김혜영 외(2023: 49-74) 등을 참고하여 요약·제시함.

114) 인지행동모델은 하나의 실천모델이 아닌 여러 모델을 총칭하는 용어로서, Adler의 인지이론, Ellis의 이성 및 감성 정신치료, Werner의 이성적 개별사회사업, Glasser의 현실치료 등의 사고체계를 포괄하는 통합적 범주이며, 이에 행동주의적 요소가 결합된 '인지·행동주의적 접근'이고, 주요 학자로는 본 서에서도 제시한 Ellis, Beck 등이 있음(엄명용 외, 2005: 390; 임안나 외, 2011: 99).

- 「사건 → 생각(인지) → 감정 → 행동」이 연쇄적으로 서로 밀접하게 연결되어 있으며, 역기능적인 행동이나 감정은 왜곡되거나 비합리적인 사고에서 비롯되고, 이러한 인지적 오류를 수정하고 합리적인 사고를 함으로써 문제 행동을 변화시키는 것을 목표로 하는 접근법(전남련 외, 2009: 195-196)
- 인지이론[115]과 행동주의 이론[116]을 통합한 모델로, 특정 사건에 대한 즉각적인 반응이 아니라 내적 사고(인지) 과정이 행동과 감정을 결정한다고 보며, 현실 속 다양한 문제 해결에 유용함(김혜영 외, 2023: 49).

㉡ 인지행동모델의 특징[117]

- 클라이언트의 주관적 경험의 독특성 중시 : 클라이언트의 주관적 경험, 문제 및 관련 상황에 대해 느끼고 생각하는 주간적 의미를 중요시함.
- 초기의 현재시점을 강조 : 과거의 경험을 다룰 때도 그 경험이 현재시점의 신념, 사고와 어떤 관계가 있는지 확인하기 위한 용도일 뿐임.
- 클라이언트와 사회복지사의 상호 협조하는 노력(치료적 동맹)
  - 클라이언트는 본인, 타인, 세계를 보는 시각 등을 사회복지사에게 제공하고, 사회복지사는 문제와 치료, 개입, 사정, 전력, 도구 등에 대한 정보를 클라이언트에게 제공
  - 치료에 중요한 요소인 신뢰는 상호협조하는 노력 및 관계를 통해서 성립될 수 있음.
- 구조화되고 방향적(직접적)인 접근 : 개입은 구조화된 절차를 걸치면서 진행함.
- 클라이언트의 능동적 참여 : 클라이언트는 사회복지사에 의해서 치료되는 수동적인 존재가 아니라, 능동적으로 문제 해결에 참여하는 존재임.
- 교육적 접근(교육모델) : 클라이언트로 하여금 스스로 치료자가 되도록 가르치는 것으로, 개입 초기에 클라이언트가 갖고 있는 문제 특성, 인지치료 과정을 설명하고 자신의 신념과 사고, 행동변화를 계획토록 교육함.
- 소크라테스 문답법(산파술)
  - 사회복지사가 클라이언트의 관점을 이해하고 클라이언트가 논리적인 결론과 진리에

---

115) 인지이론은 인간의 경험과 사회적 상호작용의 결과로 인간의 인지능력이 발달하며 환경에 대한 인간의 사고, 인식, 해석이 정서와 행동의 결정요인이라고 보는 이론임. 인지이론은 인간의 행동을 사회적 관찰 학습으로 보는 반두라의 이론을 시작으로, Ellis의 합리적 정서행동치료(RET), Beck의 인지치료(CT), Meichenbaum의 인지행동수정(CBM) 등으로 이어지고 있음.

116) 행동주의 이론은 정신분석 이론에 반대하여 제창된 이론으로, 인간은 외부 환경의 학습에 의해 영향 받는다고 가정하고, 인간의 행동은 관찰하고 측정가능하며, 이러한 객관적 평가로 인해 과학적 이론으로 받아들여졌음(김성이 외, 2004: 265-266).

117) 인지행동모델의 특징은 Turner(1996: 102), 전남련 외(2009: 196), 이영호(2015: 156-157), 김혜영 외(2023: 64-65) 등을 참고하여 요약・제시함.

도달하도록 질문을 거듭함.

- 질문은 환자를 함정에 빠뜨리거나 공격하지 않으며, 클라이언트가 객관적이고도 방어적이지 않는 태도로 자신을 볼 수 있도록 하는 것임.

- 경험적 학습(Experiential learning)
  - 인지적 오류에 부합하지 않는 특정한 행동을 하도록 함으로써 클라이언트가 자신의 인지적 오류를 발견하고 수정하도록 함
  - 자기주장훈련, 모델링, 역할극, 사회기술훈련, 심리극(Psychodrama) 등을 활용
- 시간제한적 개입
  - 설명과 논의 등을 통해 클라이언트가 내용을 이해하게 되면 개입기간은 단축되고 효과성이 커질 수 있음.
  - 4~14세션 정도 진행하고, 필요에 따라 늘려갈 수는 있으나 시간제한이 분명함.
  - 구조화된 세션 : 세션마다 지난주 과정을 물어보고 피드백을 하는 등의 구조화된 진행이 이루어짐.
- 문제의 재발 방지 : 종결 이후에 클라이언트 자신이 치료자가 되어 재발을 방지하고 문제를 해결할 수 있는 능력을 형성하며, 그러한 능력을 배양하기 위하여 다양한 방법을 시도함.
- 문제중심, 목표중심, 현실중심 : 원인 탐색 및 문제 해결 과정에서 과거의 경험이나 무의식을 강조하지 않으며, 현재가 중심이 됨.
- 다양한 개입방법 사용 : 사고, 기분, 행동을 변화시킬 수 있도록 인지적·정서적·행동적 기법 등 다양한 기법을 활용함.

㉢ 인지행동모델의 개입목표(임안나 외, 2011: 102-103; 김혜영 외, 2023: 53, 65)

- 클라이언트가 당면한 문제를 해결하고, 역기능적 사고와 행동을 수정하는 것(전남련 외, 2009: 202)
- 인지치료적 방법으로 교육을 통해 상황을 왜곡하여 해석하는 방식을 변화시키거나, 기능적인 차원에서 해석하는 방식을 배움으로써 정서의 변화를 강조
- 관찰학습을 통해 새로운 기능적 행동을 학습하고 실제 상황에 적용하도록 격려하면서 행동주의적 강화를 통해 행동의 변화를 유지시킴.
- 클라이언트가 문제에 대한 대처방법이나 자기통제를 할 수 있는 방법의 습득을 인지행동치료의 개입과정에서 학습하도록 함.

㉣ 인지행동모델의 개입과정(김혜영 외, 2023: 65-68)

- 초기단계
  - 접수 : 클라이언트가 호소하는 문제 확인과 오리엔테이션 및 개입의 구조화
  - 문제청취 : 클라이언트의 사고와 논리체계에 문제가 있더라도 일단 받아들이면서 이해하도록 노력
  - 문제 우선순위의 설정 : 문체의 우선순의를 정할 때에는 클라이언트의 입장에서 쉽게 성취가능한 작은 변화를 목표로 하는 문제를 선정하는 것이 좋음.
  - 부정적 인지사고체계 탐색 : 문제 속에 내재하는 역기능적 믿음, 사고체계, 인식체계 등을 찾아내도록 돕는 단계
  - 자료수집 : 사회복지사의 개입 후, 클라이언트의 문제상황이 해결되었는 지를 사후에 평가하기 위해서는 개입 전의 문제상황에 대한 자료수집이 필요함.
- 개입단계
  - 개입은 개인의 대처능력을 증진시키고 긴장을 감소하는 방향으로 이루어짐.
  - 문제상황에 대한 클라이언트의 인식과 평가, 클라이언트 개인의 속성과 기대, 문제해결기술, 사회적 자원과 대인적 지지의 접근성 등에 개입의 초점 맞춤.
  - 개입기법118)

    ▸ 인지적 기법

    ◦ 부정적인 인지 체계의 분석 및 순기능적 인지체계로의 전환 : 비합리적 신념 논박, 인지적 과제 부여, 소크라테스식 대화, 합리적 자기진술연습, 독서 및 시청각 치료를 통한 교육

    ◦ 인지적 기법의 예시 : 발표 불안이 있는 클라이언트가 “내가 발표할 때 사람들이 나만 쳐다보는 것은 내가 발표하는 모습이 우습기 때문이야" 라는 부정적 인식을 다음과 같이 합리적 진술로 바꾸어 표현해 보도록 함.

    → “내가 발표할 때 사람들이 나를 쳐다보는 것은 나의 발표 내용에 관심이 있기 때문이다. 나도 누군가가 발표할 때 발표자의 얼굴을 쳐다보는데, 그 사람 자체에 대한 관심이 아니라 발표 내용을 잘 듣기 위한 것이야”

    ▸ 행동적 기법

    ◦ 클라이언트가 새롭게 습득해야 할 행동을 목표로 설정하여 행동을 연습하도록 가르치고 격려함.

    ◦ 모델링, 역할 연기, 역할 바꾸기, 과제 부여, 처벌과 강화 사용, 기술훈련 등

118) 인지행동모델의 개입단계에서의 개입기법에 대해서는 임안나 외(2011: 106-108), 이영호(2015: 166 <표 6-2>), 김혜영 외(2023: 56-59, 68-71) 등을 참고하여 요약·제시함.

▸정서적 기법

∘클라이언트에게 자신의 감정을 객관적으로 인식하게 함.

∘호흡법, 심상법, 클라이언트의 무조건적 수용, 상담자의 자기개발, 유머스러운 기법의 활용 등

- 종결(평가)단계
  - 개입을 종결하면서, 개입의 효과성 및 목표달성의 정도를 평가하는 단계
  - 평소에 갖고 있던 역기능적 인식체계나 사고체계가 어느 정도 합리적 대안체계로 변화되었는가를 확인하는 단계
  - 역기능적 문제를 유발했던 상황 또는 그와 비슷한 상황 속에서 역기능적 사고의 빈도, 강도, 지속시기 등이 어느 정도 변화되었는가를 확인하고 평가

㉤ 인지행동모델의 개입기법[119]

- 인지 재구조화 : 클라이언트의 역기능적 사고와 관념을 인식해서 이를 현실적인 사고와 관념으로 대치하고 순기능적일 수 있도록 원조하는 기법(전남련 외, 2009: 204; 최선화, 2022: 159)
- 체계적 둔감법 : 클라이언트에게 가장 덜 위협적인 상황에서 가장 위협적인 상황까지 상황을 순서대로 제시하면서 불안자극과 불안반응 간의 연결이 없어질 때까지 불안을 일으키는 자극들을 반복적으로 이완상태와 짝짓는 기법(전남련 외, 2009: 187; 임안나 외, 2011: 96; 최선화, 2022: 155)
- 모델링 : 클라이언트가 다른 사람이 행동하는 것을 관찰하여 새로운 행동을 학습할 수 있게 하는 기법(Granvold, 1994: 51; 임안나 외, 2011: 98; 최선화, 2022: 155)
- 이완훈련 : 근육의 수축과 이완, 깊고 규칙적인 호흡, 즐거운 사고나 심상 등을 훈련함으로써 일상생활에서 유발되는 스트레스에 대처하도록 함(최선화, 2022: 160-161).
- 사회기술훈련 : 대인관계 및 사회적 관계 맺음에 있어 어려움을 겪는 사람들의 사회기술을 향상시키기 위해 실시하는 훈련
- 시연(행동시연) : 클라이언트가 습득한 행동기술을 현실세계에서 직접 실행하기 전에 사회복지사 앞에서 기술을 반복적으로 연습하는 것
- 자기지시기술(자기지시훈련)(Granvold, 1994: 25; 최선화, 2022: 160)

---

119) 인지행동모델의 개입기법에 대해서는 엄명용 외(2005: 204-212), 전남련 외(2009: 202-207), 임안나 외(2011: 108-109), 이영호(2015: 161-164), 최선화(2022: 158-161) 등을 참고하여 요약·제시함. 특히, 엄명용 외(2005: 204-205)에서 인지행동모델의 주요기술에 대해 표로 제시하고 있으니 참고하기 바람.

• 클라이언트가 자신의 목표나 변화시키기를 원하는 구체적인 행동에 대한 지침과 계획을 세우는 것으로 자기 언어화를 활용함.
• 클라이언트는 사회복지사로부터 모델링이나 언어적 도움(Verbal guidance)을 받을 수도 있고, 자기 자신에게 말하면서 수행할 수도 있음.

- 내적 의사소통의 명료화(최선화, 2022: 158-159)
  • 클라이언트가 자신에 대해 독백하고 사고하는 것에 대해 사회복지사가 피드백을 제공함.
  • 자기 자신 및 타인들에게 한 말들 속에 감춰져 있는 인지적 오류와 비합리적 신념에 대한 통찰과 인지적 검토를 통하여 인지적 변화를 도움.
- 역설적 의도
  • 특정 행동이 발생할 것에 대하여 클라이언트가 불안해하는 나머지 오히려 더 그 행동을 유발될 때, 클라이언트가 두려워하는 행동을 하도록 지시(이중구속적인 메시지 전달)함으로써 클라이언트의 인지적 오류에 도전하고 불안을 감소시킴.
  • 예시) 심하지 않지만 직장에서 회의 중에 혹시 여러 사람들 앞에서 말더듬과 떨림을 일으키지나 않을까 하는 불안이 실제 말더듬과 떨림을 야기하는 요인이 됨.
    ▸ 이 경우 사회복지사는 클라이언트에게 매 회의가 시작될 때마다 말더듬과 떨림을 의도적으로 시도해 볼 것을 지시함.
    ▸ 클라이언트가 시도하더라도 그렇게 되지 않았다는 사실은 클라이언트로 하여금 과거의 끔찍한 불안감을 중단시키는 데 도움을 줌.
- 경험적 학습[120] : 클라이언트에게 자기 자신의 인지적 오류에 부합하지 않는 특정한 행동을 하도록 함으로써 클라이언트가 자신의 인지적 오류를 발견하고 수정하도록 함(최선화, 2022: 159).
- 긍정적 배려
  • 인지이론치료에서 낮은 자긍심은 부정적 생각으로부터 나오는 자신에 대한 잘못된 정서적 반응으로 봄.
  • 사회복지사가 치료과정 동안 클라이언트에게 존중과 지지, 그리고 격려를 제공함으로써 클라이언트가 가치 있는 중요한 존재임을 나타낼 수 있는 기회가 제공됨.
- 설명 : 클라이언트가 잘못된 생각들을 변화시키도록 돕는 기법으로, Ellis가 제시한 ABC모델(촉발사건(Activating), 신념(Belief), 정서적 결과(Consequences))에서 클라이언

120) 경험적 학습에 대한 구체적인 내용은 Lantz(1996: 94-115)를 참고하기 바람.

트 자신의 정서가 어떻게 작용하는가를 인식하도록 하는 기법(최선화, 2022: 159)

ⓗ 인지행동모델의 학자별 견해

- Ellis(1962)의 합리적 정서행동치료(최선화, 2022: 156-158; 김혜영 외, 2023: 50-59)
  - 개념 : 클라이언트의 비합리적 신념과 부적절한 정서적 결과 및 역기능적 감정과 행동을 자기대화(self-talk) 등을 스스로 자각하고, 이에 도전하여 삶의 문제들에 효과적으로 대처하는 전략을 개발하도록 변화시키는 치료기법
  - 특징
    - ▸클라이언트의 주관적인 의미를 중요시함.
    - ▸인지적 접근(클라이언트의 역기능적 정서 및 행동을 초래하는 사고 패턴을 변화시켜 적응적·순기능적 기법들을 확립시키는 데 초점) + 행동주의(학습원칙들의 체계적 이용을 통해 행동을 변화시킬 수 있다는 명제)
    - ▸적극적이고 지시적인 특징을 지닌 시간제한적인 단기적 심리치료
    - ▸사회복지사와 클라이언트의 협력적 노력(특히, 클라이언트가 능동적으로 문제해결에 참여)
    - ▸교육적 접근 : 자신의 사고와 행동을 통제하기 위한 대처기제의 학습을 강조(구조화된 절차)
    - ▸인지변화를 행동변화로 이끌기 위해서는 다양한 행동주의 기술과 기법들을 적극 활용함.
  - 기법
    - ▸소크라테스식 질문이나 논박 : 인지과정의 발견
    - ▸설명, 과제, 역설적 의도, 인지재구조화, 체계적 둔감화, 이완훈련 등 : 왜곡된 해석방식 변화 + 새로운 해석방식 습득 → 정서변화 + 관찰학습 ➜ 행동기술학습 + 강화 ⇒ 행동 변화

〈표 4-3〉 Ellis가 제시한 비합리적 신념과 내용

비합리적 신념	내용
인정의 욕구	모든 사람으로부터 사랑과 인정을 받아야만 한다는 믿음
과도한 자기 기대감	자신이 가치 있다고 생각하기 위해서는 모든 영역에서 완벽하게 유능하여 반드시 성공을 거두어야 한다는 믿음

비합리적 신념	내용
비난 성향	자신에게 해를 끼치거나 악행을 저지르는 사람은 나쁘고 야비하기 때문에 이들은 반드시 비난과 처벌을 받아야 한다는 믿음
좌절적인 반응	일이 뜻대로 되지 않을 때 인생이 아무런 가치가 없으며 끔직하다는 믿음
정서적 무책임	인간의 불행은 외부환경에서 비롯되므로 그것을 통제할 수 없다는 믿음
과도한 불안	위험하고 두려운 일에 대해서 항상 신경을 써야 하고, 발생 가능성을 염두에 두어야 한다는 믿음
문제 회피	어려움이나 책임은 직면하는 것보다 회피하는 것이 더 쉽다는 믿음
의존성	사람은 타인에게 의존(의지)해야 하며, 자신이 의존할 수 있는 강한 누군가가 필요하다는 믿음
무력감	사람의 현재 행동은 과거에 의해서 결정되며 과거의 영향에서 벗어날 수 없다는 믿음
지나치게 다른사람 염려하기	다른 사람의 문제나 어려움에 대해서도 매우 신경을 써야 한다는 믿음
완전무결주의 (완벽주의)	모든 문제에는 완전한 해결책이 있으며, 그 해결책을 찾지 못하면 파멸이라는 믿음

※ 출처 : 김성이 외(2004: 265-266), 김혜란 외(2006: 94-97)와 김혜영 외(2023: 51-52)를 재구성

- ABCDE모델(김성이 외, 2004: 265-266; 김혜영 외, 2023: 54-56)
  - ▸문제는 어떤 사실 자체가 아니라, 그것을 바라보는 시각(인지의 왜곡, 인지적 오류) 때문에 혼란을 경험하고 장애가 유발될 수 있다고 함.
  - ▸인간의 정서적·행동적 결과에 영향을 미치는 원인으로 사건보다는 '신념체계'의 중요성을 강조함.
  - ▸개입과정 : 사건(Accident)에 대한 개인의 신념체계(Belief)가 결과(Consequence)로서 정서를 유발하고, 만일 여기에서 비합리적 신념체계를 발견하면 이를 논박(Debate)함으로써 비합리적·역기능적 행동을 감소시키는 효과(Effect)를 가짐.

〈표 4-4〉 Ellis의 ABCDE 모델

개입과정	내용
A (Accident, 실재하는 사건)	인간의 정서를 유발하는 어떤 사건이나 현상 또는 행위

개입과정	내용
B (Belief, 신념체계)	사건(A)에 대하여 가지고 있는 신념, 생각
C (Consequence, 정서적 · 행동적 결과)	개인의 믿음, 인식 등으로 인해 초래된 감정이나 행동
D (Dispute, 논의 · 논박)	비합리적 신념체계에 대한 논박, 치료의 논박 과정
E (Effect, 효과)	논박(D)을 통하여 비합리적 신념으로 재구조화된 이후에 갖게 되는 태도와 감정의 결과 또는 효과

※ 출처 : 임안나 외(2011: 103)

- Beck(1963)의 인지치료
  - 개념
    - ▸ 사고(인지), 감정, 행동이 상호 연결되어 있으며, 왜곡된 부정적 사고 패턴이 정신적 문제(특히 우울증)의 핵심 원인이라고 보며, 이러한 인지적 오류를 자각하고 수정하여 건강한 사고로 바꾸는 것을 목표로 하는 인지행동치료(CBT)의 한 형태임.
    - ▸ 신념과 규칙 → 도식(스키마) → 자동적 사고 유발 → 사건 반응에 있어 정서와 행위 결정 → 도식을 침해하는 자극은 왜곡을 발생
  - 특징
    - ▸ 전체론적 접근 : 사고, 감정, 행동이 서로 영향을 미핌.
    - ▸ 현재 중심적 • 목표 지향적 : '지금-여기'의 문제 해결에 집중하며 단기적임.
    - ▸ 협력적 • 교육적 : 사회복지사와 클라이언트가 함께 문제 해결 방법을 배우고 연습하는 과정
  - 주요 용어(원요한, 2009: 284; 김혜영 외, 2023: 60-63)
    - ▸ 도식(스키마)[121] : 세상을 바라보는 개인의 근본적인 틀로, 경험을 통해 형성되며 핵심 믿음을 이룸.
    - ▸ 자동적 사고[122] : 특정 상황에서 즉각적으로 떠오르는 생각, 도식의 영향을 받음.
    - ▸ 인지 왜곡(인지 오류)[123] : 정보 처리 과정의 오류로, 우울증 등에서 나타나는 비합리적 사고 패턴(예: 흑백논리, 과잉일반화, 개인화, 파국화 등).

121) 도식(스키마)에 대한 더 구체적 내용은 전남련 외(2009: 200)을 참고하기 바람.
122) 자동적 사고에 대한 더 구체적 내용은 전남련 외(2009: 200)을 참고하기 바람.
123) 인지 왜곡(인지 오류)에 대한 더 구체적 내용은 전남련 외(2009: 200-202)을 참고하기 바람.

〈표 4-5〉 Beck의 인지치료의 주요 개념과 내용

주요 개념	내용
자동적 사고	- 당사자에게는 타당하며 현실적인 것처럼 생각되기도 함. - 스스로 의식하기는 힘들지만, 주의를 기울이면 쉽게 발견할 수 있으므로 치료 과정에서 사회복지사의 도움이 필요함.
핵심 믿음체계	- 클라이언트의 경험을 조직하는 인지구조의 기초로서, 개인의 왜곡이나 편견을 형성하는 근간을 이룸. - 아주 근원적이고 깊은 수준의 믿음이어서 자기 자신도 인식하지 못하는 경우가 많음.
중간 믿음체계	- 태도나 규칙, 가정들로 구성되며, 핵심 믿음체계가 영향을 미침. - 자신의 중간 믿음체계를 잘 인식하지 못하는 경우가 많음.
스키마	- 정보를 받아들이고 조직화하는 인지구조로, 개인의 발달 초기 단계에 사고 패턴 제시 - 핵심 신념을 수반하는 정신 내의 인지구조로, 기본적인 신념과 가정을 포함해서 사건에 대한 한 개인의 지각과 반응을 형성
인지적 오류, 왜곡	- 임의적 추론, 자의적 유추, 과잉(과도한) 일반화 - 개인화, 선택적 요약, 선택적 축약 - 극대화와 극소화, 과장과 축소 - 이분법적 사고(흑백논리)

※ 출처 : 전재일・이성희(2004: 370-371), 양옥경 외(2005: 405-409), 전남련 외(2009: 200-202), 원요한(2009: 284), 김혜영 외(2023: 60-63) 등을 참고하여 재구성

- 인지적 오류의 유형(Beck, 1963: 326-331)[124]
  - ▸정서적 추론 : 자신의 경험을 근거로 하여 자신, 세상, 미래에 대해 자의적으로 판단하는 것. 예) 나는 쓸모없는 사람이라서 아무런 희망도 없고, 사태는 나빠질 것
  - ▸과잉일반화 : 한 두 가지 사건을 확대 해석해 무리한 결론을 내리는 것. 예) 처음 본 맞선 상대에게 좋은 감정을 느끼면서 상대가 무조건 선한 사람이라 믿는 것
  - ▸임의적 추론 : 비논리적이고 독단적 추론으로 아무런 관련도 없는 문제들 사이에 부당한 관련을 짓는 것. 예) 문자에 답변이 없으면 의도적으로 회피한다고 생각함.
  - ▸이분법 사고 : 모든 일을 '흑' 아니면 '백'으로 보며, 회색지대는 인정하지 않

124) Beck(1963)의 인지치료에 제시되는 인지적 오류의 유형에 대해서는 Burns(1980: 28-49), 이영호(2015: 158-160), 최선화(2022: 161), 김혜영 외(2023: 62-63) 등을 참고하여 요약・제시함.

는 것. 예) 완벽하지 않으면 가치가 없다.

▸극대화/극소화 : 어떤 일에 대해 너무 큰 의미를 부여하거나 과소평가하는 것

▸파국화 : 재앙화라고도 하며 미래에 대해 현실적인 어떤 다른 고려도 없이 최악의 경우를 예상하는 것

▸개인화 : 자신과 무관한 특정한 사건이나 상황을 자기와 결부시켜 해석함. 예) 시험에 떨어져서 여자 친구와 헤어졌다.

▸선택적 추출(추상화) : 중요한 것은 무시하고 부분적인 것으로 전체를 확대해석함.

▸잘못된 명명 : 낙인찍기로, 어떤 사람의 한 가지 행동이나 부분적 특징으로 상황 전체를 단정하는 것. 예) 술 한 번 먹었다고 술고래라고 칭함.

▸긍정 격하 : 자신의 긍정적인 경험이나 능력을 객관적으로 보지 않고 낮추어 평가하는 것. 예) 시험을 잘 본 것은 운이 좋았을 뿐이다.

- 개입과정(Beck et al., 1979: 145-154, 255-261)

▸자동적 사고 파악 : 문제 상황에서 떠오르는 자동적 사고를 기록하고 인지함.

▸인지 왜곡 식별 : 자동적 사고가 현실과 다른 왜곡된 패턴(예: 나는 항상 실패한다) 인지 확인함.

▸인지 재구성 : 왜곡된 사고의 증거와 반증을 찾고, 더 현실적이고 균형잡힌 생각으로 수정하도록 원조함(예: 이번엔 실패했지만, 이전엔 성공한 경험도 있어).

▸핵심 믿음 수정 : 근본적인 부정적 핵심 믿음(예: 나는 무능하다)을 긍정적이고 현실적인 믿음으로 변화시키는 장기적 노력

- 기법(Beck et al., 1979: 117-141)

▸Beck의 인지치료는 왜곡된 사고(자동적 사고)를 재평가하고 수정하는 데 초점

▸인지적 재구조화, 인지적 기법(자신의 인지체계가 부적절할 수 있음을 인식케 함).

④ 해결중심모델[125)]

㉠ 해결중심모델의 개념(김혜영 외, 2023: 139)

- 전통적인 치료모델

  - 유일한 해결책이 존재하고, 문제의 진단과 평가의 틀을 중시하며, 문제에 대한 정보가 많을수록 유익기 때문에 개인적 · 사회적 조사에 많은 시간을 할애함.
  - 사회복지사 = 전문가

125) 본 서의 해결중심모델에 대한 내용은 원요한(2009: 249-259), 엄명용 외(2021: 129-140), 김혜영 외(2023: 137-168) 등을 참고하여 요약 · 제시함.

- 해결중심모델
  - 하나 이상의 해결책이 존재하고, 클라이언트의 강점이나 예외상황에 대한 탐색이 문제해결능력을 향상시키며, 문제에 대한 조사는 최소화함으로써 문제 내용 자체보다는 문제해결 방안과 새로운 행동유형을 시작하는데 초점을 둠.
  - 사회복지사 = 자문가 / 클라이언트 = 전문가

㉡ 해결중심모델의 기본원리(De Shazer, 1985: 7-15; Berg, 1994: 11-15)[126]

- 병리적인 것 대신 건강한 것에 초점 : 문제보단 성공하였던 경험에 초점
- 클라이언트가 지니고 있는 장점, 강점, 건강한 특성들을 최대한 찾아내어 실천에 활용 : 클라이언트를 수용하고, 클라이언트가 지닌 긍정적인 자원을 활용
- 변화의 불가피성 : 자연스럽게 일어나는 변화는 단지 확인하고, 그 변화를 해결책으로 활용
- 작은 변화가 큰 변화를 이끎 : 클라이언트 자신이 할 수 있는 한도 내에서 작은 문제를 해결한 성공경험을 기억한다면 다른 문제의 해결을 시도할 수 있음.
- 클라이언트의 자율적인 협력 중요시 : 사회복지사와 클라이언트가 함께 해결방안을 발견하고 구축함
- 현재와 미래 지향 : 과거에 대한 정보는 클라이언트가 현재 살아가는 방법을 반영하여 주는 것에 불과함
- 탈이론적, 비규범적인 입장 : 클라이언트가 결정한 관점을 존중하고, 클라이언트가 표현하는 모든 것을 수용, 클라이언트의 관점 그대로 수용, 개별성을 최대한 존중
- 다음의 철학을 중요시함.
  - 클라이언트가 문제삼지 않거나, 기능을 하고 있으면 고치지 말 것
  - 일단 무엇이 효과가 있는지를 알게 되면 그것을 더 많이 실천하게 할 것
  - 하고 있는 그 어느 것도 효과가 없으면 다른 방법을 시도할 것

㉢ 해결중심모델의 실천목표(De Shazer, 1985: 77-80, 81-92; Berg, 1994: 95-101)

- **클라이언트에게 중요한 것을 목표로 함**. 즉 목표는 클라이언트에게 중요한 것이어야 하며, 직접 관찰가능한 것이어야 함.
- **목표는 작은 것이어야 함**.
  - 성취가능한 작은 목표로 성공할 수 있는 가능성을 높일 때 클라이언트는 성공과 희망을 느낌.

---

126) 본 서의 해결중심모델의 기본원리에 대해서는 원요한(2009: 251-252), 김혜영 외(2023: 140-141), 최선화(2022: 226-227) 등을 참고하여 요약・제시함.

- 예시) "전보다 '무엇이 조금 달라졌구나' 라고 생각한다면 그것이 무엇인가요?"

- **목표는 구체적이고 명확하며 행동적인 것으로 설정함.**
  - 목표의 진행상태와 다음의 목표의 변화과정을 쉽게 예측할 수 있음.
  - 예시) "행복하게 되고 싶다고 하셨는데, 다른 사람들은 당신의 어떤 모습을 보면 행복해졌다고 말할 것 같나요?"
- **문제를 없애는 것보다는 더 나은 것에 관심을 둠.**
  - 예시) "술을 마시지 않기 위해 산책을 시도하는 것을 목표로 정해볼까요?"
- **클라이언트에게 없는 것보다는 있는 것에 관심을 둠.**
  - 할 수 있는 것에 관심을 두고 실생활 속에서 그러한 행동들을 찾아내어 목표를 설정함.
- **지금 여기에서의 목표로 시작함.**
  - 목표달성을 종결이 아닌 시작으로 간주하고, 결과보다는 변화를 위한 행동으로 시작하는 것 그 자체에 많은 의미를 부여하면 성취할 가능성이 높음.
  - 예시) "지금 단계에서 성취할 수 있는 목표를 정해볼까요?"
- **클라이언트의 생활에서 실현 가능하고 성취 가능한 것을 목표로 함.**
  - 클라이언트는 자신의 목표를 이루기 위한 가장 중요한 자원으로서, 사회복지사는 달성가능한 목표를 설정하도록 조정하여야 함.
  - 예시) "일주일에 몸무게를 50kg 빼고 싶다고 하셨는데, 건강을 해치지 않으면서 몸무게를 줄이기 위해서는 일주일에 몇 Kg을 빼는 것이 좋을까요?"
- **클라이언트는 목표를 수행하는 것은 힘든 일이라고 인식함.**
  - 달성가능한 작은 목표를 설정하고 달성했을 때, 클라이언트는 자신에 대한 가치와 존엄성의 감정을 높게 느낄 수 있음.
  - 예시) "쉽지 않은 일인데 어떻게 그렇게 잘하실 수 있으셨어요. 참 대단하군요."

㉣ 해결중심모델의 실천과정127)

- 해결방안 모색의 시작단계
  - 클라이언트와 Rapport 형성
  - 클라이언트와 긍정적인 관계 유형으로 발전
  - 문제 분석 보다는 더 나은 상태 모색
- 해결중심적인 목표를 설정하는 단계 : 클라이언트가 분명한 목표를 갖도록 도움.

---

127) 해결중심모델의 실천과정에 대해서는 김혜영 외(2023: 142-149)를 참고하여 중요한 항목만 추출하여 제시함.

- 해결방안을 찾는 실천단계
  - 명확하고 간결한 질문기법을 통해 해결방안 찾기
  - 질문기법은 클라이언트가 문제를 보는 관점에 영향을 주고, 자신의 잠재능력과 자원을 활용할 수 있게 함.
- 변화의 평가단계 : 실천효과의 평가, 확인, 유지, 강화 및 실천효과의 감소와 약화 등을 지속적으로 다룸.

ⓑ 해결중심모델의 실천기술: 질문기술[128)]

- 첫 면담 이전의 변화에 대한 질문
  - 개념 : 면담 약속 이후에 달라진 부분이 있을 수 있기 때문에 이에 대해 클라이언트가 말할 수 있도록 질문하고, 만일 긍정적인 변화를 발견했다면 클라이언트가 보여준 해결능력이 무엇인지 파악하고 인정하며 지지함으로써 강화함.
  - 예시
    - ▸ "전화로 약속하고 오늘 여기 오기까지 어떤 변화가 조금이라도 있었나요?"
    - ▸ "말씀을 들어보니 좋은 변화가 있으신 것 같은데, 그러기 위해서 어떻게 하셨나요?"
    - ▸ "정말 좋은 방법이네요!. 그렇다면, 그 방법을 계속 사용하게 되면 무엇이 더 달라질까요?"
- 예외질문
  - 개념 : 한 두번의 중요한 예외를 발견하여 그것을 계속 강조하면서 내담자의 성공 경험을 확대하고 강화시켜 주고, 따라서, 예외질문을 통해 문제에 대한 예외를 찾아내서 무엇이 다른가를 발견하고 그 예외를 치료목표와 연관시켜 예외를 구성할 수 있음.
  - 예시
    - ▸ "문제가 발생하지 않은 것은 언제였나요?"
    - ▸ "선생님의 강점과 자원은 무엇인가요?"
    - ▸ "문제 발생 상황과 그렇지 않은 상황 간에는 차이점이 있나요?"
    - ▸ "최근에 보람되었던 일이 있다면 무엇이죠?"
    - ▸ "현 문제를 떠나서 문제를 성공적으로 극복한 경험이 있다면 말씀해주세요?"
    - ▸ "말씀을 들어보니 따님에게도 좋은 점이 있을 것 같은데, 따님의 강점은 무엇

128) 해결중심모델의 실천기술로서 질문기술은 원요한(2009: 254-256), 김혜영 외(2023: 152-158) 등을 참고하여 요약・제시함.

이라 보시나요?"

- 기적질문
  - 개념 : 기적적으로 문제가 해결된 상태를 상상해봄으로써 클라이언트가 바꾸고 싶어하는 상황을 스스로 표현하게 하고, 이를 통해 현실의 문제에만 몰두하는 것에서 벗어나도록 하며, 문제중심 영역에서 해결중심 영역으로 들어가게 됨에 따라 바뀐 현실을 상상하며 희망을 가지게 함.
  - 예시
    - ▸ "선생님께서 잠자는 동안에 기적이 일어나 현재 문제가 해결되었다고 상상해 봅시다. 선생님이 잠자는 동안에 어떤 변화가 일어났는지 아무도 모릅니다. 그리고 아침에 눈을 떴을 때 선생님의 가족이 선생님의 어떤 행동을 보면 지난 밤에 기적이 일어나 문제가 해결된 것을 알 수 있을까요?"
- 척도질문
  - 개념 : 클라이언트에게 자아존중감, 치료에 대한 확신 등을 수치로서 표현할 수 있도록 하고(초점 → 현재 or 미래에 두는 것이 좋다(과거×)), 이 질문을 통해서 클라이언트가 느끼는 정도를 파악하고 구체적인 정보를 얻을 수 있음.
  - 예시1) 문제해결 전망에 대해 : "1점 부터 10점 까지 있는 척도에서 10점은 문제가 해결되었다고 확신하는 것을 말하고 1점은 문제가 가장 심각할 때를 말합니다. 오늘은 몇 점에 해당합니까?"
  - 예시2) 동기에 대해 : "최선을 다해 노력한 것을 10점, 가장 노력하지 않은 것을 1점으로 둘 때 문제해결을 위해 몇 점쯤 노력할 수 있겠습니까?"
  - 예시3) 자기존중에 대해 : "10점을 척도로 했을 때, 10점을 당신이 이상적으로 생각하는 점수이고, 1점은 최악의 상태라고 한다면 지금 당신의 상태는 어느 정도인가요?"
- 대처질문
  - 개념 : 미래에 대한 희망이 없는 부정적 상황으로 인식하는 클라이언트에게 주로 사용하고, 위기 상황에 대해 '스스로의 대처방법' 을 알게 하고, '스스로 능력이 있음' 을 느끼도록 함. 즉, 클라이언트가 위기상황에서 대처해온 방법을 알게 하고 그것을 강화 및 확대하여 문제상황에 대처할 수 있는 능력이 자기에게도 있음을 알게 함으로써 힘과 용기를 부여함.
  - 예시

▸ "어떻게 모든 것을 포기하지 않고 지금까지 버텨오셨나요?"
▸ "어머님이 말씀하신 것을 들으면, 어머니에게는 대단한 의지력과 강한 책임감을 가지고 극한 상황에서 대처해 오신 지혜가 많음을 알 수 있었습니다. 이러한 것들을 누구에게서 배우셨나요?"
▸ "그렇다면, 지금까지 해온 것을 유지하기 위해 무엇을 해야 할까요?"

- 관계성 질문
  - 개념 : 클라이언트가 관계를 맺고 있는 사람들에 관한 질문을 통해 타인이 자신을 어떻게 보고 있는지 생각하게 함으로써 타인의 관점으로 자신을 볼 수 있게 함으로써, 클라이언트는 자신의 희망, 힘, 한계, 가능성 등을 지각하여 이전에는 없던 가능성을 만들어 낼 수 있음.
  - 예시
    ▸ "친구분은 철수 씨가 차분하게 이야기하는 걸 보면 다른 사람과 이야기 할 때 무엇이 달라졌다고 할까요?"
    ▸ "딸이 전화했을 때 화를 내지 않고 이야기하면 두 분 사이는 지금과 어떻게 달라질까요? 딸에게 '어머니가 어떻게 그렇게 하셨나요?' 라고 물어보면 딸은 뭐라고 이야기할까요?"
    ▸ "돌아가신 할머니가 여기 계셔서 제가 할머니께 '손주가 지내는 게 지금 이야기한 것보다 1만큼 더 나아지면 어떻게 다르게 지낼까요?' 라고 묻는다면 할머니는 뭐라고 말씀하실까요?"
    ▸ "여기 담임선생님이 계신다고 상상해 보죠. 제가 선생님께 '민수가 학교에서 어떻게 하는 걸 보면 이제 여기 오지 않아도 된다고 하시겠어요?' 라고 물어보면 선생님은 뭐라고 이야기하실까요?"
    ▸ "순희 씨가 키우는 강아지가 이야기를 할 수 있게 되었어요. 그래서 강아지한테 순희 씨가 뭐가 좀 다르냐고 물어보면 뭐라고 이야기할까요?"

- 악몽 질문
  - 개념 : 유일하게 부정적이고 문제중심적 질문으로, 앞선 질문들이 아무런 효과가 없어서 클라이언트에게 더 나쁜 일이 일어나야만 스스로 문제해결을 위해 노력할 것이라는 확신이 들 때 사용해야 함.
  - 예시
    ▸ "오늘밤 잠자리에 들었습니다. 한밤 중에 악몽을 꾸게 되었습니다. 그 꿈속에

서는 원래 가지고 계셨던 문제들이 더 심각해지게 되었습니다. 그런데 자고 일어나니 그것이 현실이 된겁니다. 여기서, 선생님께서는 내일 아침이 되어, 무엇을 보게 되었을 때 그 악몽 같은 인생을 살고 있다는 것을 알 수 있을까요?"

▸ "꿈 속에서 더 나빠지지 않도록 노력한 것이 있나요?"

▸ "그 노력이 도움이 될 것임을 어떻게 아셨습니까?"

▸ "그 상황이 어떻게 바뀌길 원하십니까?"

- 간접적 칭찬
  - 개념 : 질문의 형식을 취하지만, 사실은 간접적인 칭찬을 전달하는 것이며, 클라이언트의 긍정적 측면이나 강점, 자원을 스스로 발견하도록 하기 때문에 직접적 칭찬보다 더 효과적임.
  - 예시

▸ "어떻게 그 상황에서 용감하게 나설 수 있었어요?"

▸ "남편이 충동적으로 나올 때 흥분을 가라앉히고 이후 조용히 이야기하는 것이 서로에게 도움이 된다는 것을 어떻게 알 수 있으셨나요?"

▸ "그런 경우에 도움을 청하는 것이 더 효과적이라는 것을 어떻게 아셨나요?"

⑤ 과제중심모델[129][130]

㉠ 과제중심모델의 개념

- 등장배경(전남련 외, 2009: 231; 임안나 외, 2011: 119)[131]
  - 예산 부족으로 인해 시간제한적인 단기치료에 대한 관심의 고조
  - 집중적이고 구조화된 개입 형태 선호 경향
  - 전통적 개별사회사업의 장기적 유형이 효과성을 입증하지 못했다는 비판
  - 이론보다는 경험적 자료를 통해 개입의 기초를 마련하려는 움직임

---

129) 본 서의 과제중심모델에 대한 내용은 전남련 외(2009: 231-256), 임안나 외(2011: 119-126), 엄명용 외(2021: 140-157), 최선화(2022: 167), 김혜영 외(2023: 75-98) 등을 참고하여 요약·제시함.

130) 과제중심모델은 단기치료의 한 형태로서, 장기간 필요한 정신분석이나 정신역동적인 치료방법과 달리, 현재의 갈등에 초점을 두고 고안된 실천모델임. 1970년대 시카고 대학교의 Reid & Epstein은 정신분석모델에 의존하는 장기치료는 시간과 비용이 많이 들고 현대사회의 복잡한 문제를 융통성 있게 적용하지 못한다는 한계를 지적하면서, 다양한 이론과 모델을 절충적으로 활용하였는데, 특히 Perlman의 문제해결이론과 학습이론 관련 행동기법, 인지행동적 이론과 방법, 구조적 접근을 통합하여 특정 이론이나 접근방법을 고집하지 않고 경험에 기초한 지식을 중시하게 됨(임안나 외, 2011: 119).

131) 과제중심모델의 등장배경 및 이론적 배경에 대해서는 임안나 외(2011: 119)을 참고하기 바람.

- 사회복지실천에서 클라이언트가 특정 문제 해결을 위해 단기간(보통 2~4개월) 내에 구체적인 과제(Task)를 설정하고 수행하며 목표를 달성하도록 돕는 단기개입 모델(전남련 외, 2009: 231)
- 사회복지사와 클라이언트가 협력하여 표적 문제를 규명하고, 이를 해결하기 위한 명확한 과제를 정하며, 실행・검토・종결 과정을 거치는데, 클라이언트의 동기와 자기결정권을 강조하고 개입의 책임성을 높이는 것이 초점(Reid & Epstein, 1972: 20-21)

㉡ 과제중심모델의 특징(Reid & Epstein, 1972: 20-35)132)

- 시간제한적인 단기치료 : 주 1~2회 면접을 6~12회 정도로 구성하여 4개월 이내
- 클라이언트가 인식하고 호소하는 문제 중심(구체화될 수 있고 노력해서 해결 가능한 것으로, 사회복지사에 의해 구체화되고 클라이언트와의 협의 및 동의로 규정)
- 과제중심: 클라이언트 주도
  - 직접적 개입보다는 클라이언트 스스로 실행 가능한 과제로 대치하고 과제를 수행할 수 있도록, 단계별로 사회복지사와 클라이언트 각자의 과업을 구체화・구조화함.
  - 사회복지사의 경우, 클라이언트의 가족이나 친구, 이웃 등 주변사람들이나 다른 기관과 협상하고 의견을 나누는 것이 주요 과제가 됨.
  - 과제(임안나 외, 2011: 120-121)
    - ▸개념 : 문제를 해결하기 위해 클라이언트와 사회복지사가 수행해야 하는 활동으로, 과제의 내용이나 형식, 수행 등에 관해서는 클라이언트와 사회복지사가 함께 계획하고 동의해야 함(김혜영 외, 2023: 79).
    - ▸유형(양옥경 외, 2005: 443-445; 전남련 외, 2009: 234-235)
      - ◦일반적 과제(상위과제) : 목표 연관, 무엇이 이루어져야 하는가?
      - ◦조작적 과제(하위과제) : 클라이언트가 수행해야 하는 구체적인 활동으로, 일반적 과제로부터 나오며 계약이 이루어진 후에 시작되는데 자주 바뀔 수 있음.
- 경험적 기초 : 문제 해결, 인지적・행동적・구조적 접근방법 등에서 경험을 바탕으로 발생한 이론과 방법을 선택적으로 사용함.
- 협조적 관계 : 클라이언트와의 관계는 보호가 아닌 협조적인 노력을 강조한다. 계약이 중요
- 자기결정의 원리 : 클라이언트의 자기결정을 기본전제로 함.

---

132) 과제중심모델의 특징에 대해서는 엄명용 외(2005: 435-436, 437-438), 김혜란 외(2006: 107-109), 전남련 외(2009: 232), 임안나 외(2011: 125-126), 김혜영 외(2023: 76-78) 등을 참고하여 요약・제시함.

- 개입의 책무성을 강조
- 환경에 대한 개입을 강조
- 통합적 접근(절충적) : 다양한 이론과 모델을 절충적으로 활용함.
- 구조화되고 체계적인 접근

㉢ 과제중심모델의 개입목표(Reid & Epstein, 1972: 41-45; 임안나 외, 2011: 122)

- 클라이언트의 자기결정의 원리를 바탕으로, 클라이언트 스스로 실행가능한 과제로 대체하도록 하고 그 과제를 수행할 수 있도록 인도함.
- 클라이언트가 자신의 문제를 성공적으로 해결한 경험을 통하여 미래의 어려움을 해결할 수 있는 능력을 향상시킴.

㉣ 과제중심모델의 개입과정(Reid & Epstein, 1972: 139-200)[133]

- 시작단계(면접)
  - 자발적 클라이언트 : 서비스 제공이 적합하다 판단되면 바로 문제 규명 단계로 진행
  - 의뢰된 클라이언트 : 의뢰이유 및 목표확인, 목표 달성을 위한 의뢰기관의 자원 확인
- 초기단계
  - 문제 규명
    - ▸클라이언트가 제시 · 호소하는 문제 탐색
    - ▸클라이언트와 사회복지사가 표적 문제 및 그 우선순위를 결정하여 이에 합의하고 구체화함.
    - ▸신속한 초기 사정
  - 계약 : 문제 해결의 목표, 주요 표적문제(최대 3개), 일반적 과제, 기간, 일정, 참가자 등에 대해 합의함.
- 중기단계(실행)
  - 설정된 과제를 클라이언트가 수행하고, 사회복지사는 이를 원조함.
  - 후속 사정 수행(재사정, 표적문제 사정)
  - 대안 마련(모색), 과제 개발 및 수행, 진행 시 어려움 조사(점검)
- 종결단계
  - 개입과정을 통해 성취된 것 점검
  - 목표 달성 여부를 평가하고 개입을 마무리함.

---

133) 과제중심모델의 개입과정 관련 내용은 김혜란 외(2002: 109-117), 전남련 외(2009: 235-242), 임안나 외(2011: 122-123), 김혜영 외(2023: 80-91) 등을 참고하여 요약 · 제시함. 특히, Reid & Epstein(1972, 1977)의 개입과정에 대해서는 임안나 외(2011: 124-125)를 참고바람.

• 필요 시, 개입을 연장하거나 사후 지도를 실시함.

〈표 4-6〉 과제중심모델에서의 개입 과정

시작 단계	면접	- 자발적 클라이언트 : 서비스 제공의 적합이 판단되면 문제규명 단계로 바로 진행 - 의뢰된 클라이언트 : 외부기관 의뢰 이유, 목표 확인, 의뢰 기관의 지원 확인
초기 단계	제1단계 문제규명 단계	- 클라이언트가 제시하는 문제 탐색, 신속한 초기사정 - 표적 문제가 무엇인지 구체적으로 표적 문제의 우선순위 결정
	제2단계 계약단계	- 계약 내용 : 목표, 주요 표적 문제(최대 3개), 일반적 과제, 기간, 일정 참가자 등
중기 단계	제3단계 실행단계	- 후속 사정 수행(재사정, 표적 문제 사정) - 대안 마련(모색), 과제개발 및 수행, 진행 시 어려움 조사(점검)
종결 단계	제4단계 종결단계	- 개입과정을 통해 성취한 것 점검 - 필요한 경우 개입을 연장하거나 사후 지도

※ 출처 : Reid(1978: 15-25), Reid & Epstein(1972: 139-200), Epstein(1992: 95-140) 등을 재구성

ⓜ 과제중심모델의 개입기법(Reid & Epstein, 1972, 147-152)[134]

- 간접적 행동변화 기법(사회복지사의 과제)
  - 의사소통기술 : 클라이언트가 무엇을 원하고 바라는가를 클라이언트와 함께 언어화하고 클라이언트가 선택한 명확한 목표를 달성하도록 원조하는 기술
  - 탐색 : 클라이언트로부터 자료 및 정보를 이끌어내기 위한 실천가들의 노력으로, 이를 통해 클라이언트의 문제를 명료화하고 과제의 방향과 가능성을 검토함.
  - 구조화 : 상담 과정을 구체화하는 능력
  - 상황 분석 : 문제를 유지하는 원인이나 문제를 다룰 때 동원할 수 있는 자원을 분석
- 직접적 행동변화 기법
  - 인식 증진 : 인지적 왜곡이 과제 성취의 장애가 되고 있는 상황에서 특히 유용
  - 격려 : 클라이언트가 세운 계획이나, 실행계획, 수행 행동에 대한 찬성이나 긍정적

134) 과제중심모델의 개입기법에 대해서는 임안나 외(2011: 125-126), 김혜영 외(2023: 91-95) 등을 참고하여 요약・제시함.

반응을 표현하여 클라이언트의 긍정적 행동을 강화하고 자극

• 지시(조언・충고) : 과제와 관련한 가능한 행동에 대한 조언과 충고

⑥ 문제해결모델[135)][136)]

㉠ 문제해결모델의 개념(Perlman, 1957: 4, 53, 113-138)

- 문제 정의 → 원인 분석 → 해결책 모색 → 최적의 해결책 선택 → 실행 및 평가의 단계로 이루어지며, 인간의 삶을 문제해결과정의 연속으로 보고 클라이언트의 문제 해결 능력 향상을 목표로 하는 사회복지 실천 방법론(전남련 외, 2009: 213)
- Perlman(1957)[137)]이 1950년대에 개발하여 진단주의와 기능주의를 통합한 모델로서(전남련 외, 2009: 213, 214), 클라이언트의 강점과 대처 능력에 초점을 맞추고, 문제를 구체화하여 관리 가능한 과업으로 나누는 것이 핵심임(전남련 외, 2009: 214).

㉡ 문제해결모델의 특징(Perlman, 1957: 13-15, 53-55, 113-115)

- 해결 중심 & 현재/미래 지향 : 문제의 원인 분석보다는 '현재' 의 문제 해결과 '미래' 의 적응에 집중하며, 클라이언트가 원하는 해결책에 초점을 둠.
- 클라이언트 강점 활용 : 클라이언트가 가진 능력, 자원, 성공 경험 등을 중요시하고 이를 문제 해결의 도구로 활용하여 자신감을 향상시킴.
- 단기 개입 : 장기적인 분석보다 단기간에 효율적으로 문제를 해결하는 것을 목표로 하며, '과제중심모델' 과도 유사한 특징을 보임.
- 사회복지사의 역할 변화 : 문제의 전문가가 아닌, 클라이언트가 스스로 답을 찾도록 돕는 '자문가' 또는 '조력자' 역할을 수행함(해결중심모델과 유사함.).
- 단계적 접근(구조화된 절차) : 문제를 정의하고, 해결책을 파악하며, 실행 계획을 세우고, 실행 및 평가하는 명확한 단계(예: 6단계)를 거침
- '예외' 와 '기적질문' 활용 : 문제가 발생하지 않았던 '예외적인 상황' 을 찾아냄과

135) 본 서의 문제해결모델에 대한 내용은 전남련 외(2009: 213-230), 임안나 외(2011: 111-119) 등을 참고하여 요약・제시함.

136) 문제해결모델은 개별사회사업의 목적은 '치료' 가 아니라 현재의 '문제' 에 대처하는 개인의 문제해결능력과 대처능력을 향상시키는 것이라고 보고(전남련 외, 2009: 213), 진단주의학파와 기능주의학파를 절충시켜 1957년 미국 시카고대학 교수 Perlman이 창안한 방법으로서, 교육학자인 Dewey의 영향을 많이 받았고, 이후 Compton & Galaway에 의해 1970년대부터 생태체계적 관점이 문제해결모델에 통합되기에 이름(윤현숙 외, 2001: 59; 임안나 외, 2011: 111-112).

137) Perlman(1957: 164-165)은 사회복지실천을 클라이언트가 자신의 문제를 올바르게 평가하고 판단할 수 있도록 문제를 인식하게 하고 주어진 문제를 해결할 수 있는 능력을 향상시켜주는 교육과 치료의 중간과정이라고 하였음.

동시에, '기적 질문' 등을 통해 클라이언트의 해결 능력을 이끌어냄.

㉢ 문제해결모델의 개입목표(전남련 외, 2009: 214-215; 임안나 외, 2011: 114)

- 클라이언트가 직면한 특정 문제를 단계적이고 체계적인 과정을 통해 해결하도록 돕는 것이며, 이를 통해 클라이언트의 문제 해결 능력 향상, 삶의 질 개선, 그리고 궁극적으로는 클라이언트 스스로 문제에 대처하고 적응할 수 있는 역량 강화를 목표로 함.
- 단순히 문제를 제거하는 것을 넘어, 문제해결과정을 클라이언트의 성장 기회로 삼는 데 중점을 둠.

㉣ 문제해결모델의 개입과정[138]

〈표 4-7〉 문제해결모델의 개입과정 및 수행 내용

개입과정 및 단계별 과제		수행 내용
접촉단계	문제 확인	-클라이언트, 타인들, 사회복지사가 보는 문제의 관점들이 확인되면서 함께 일해 나감.
	목표 확인	-단기 및 장기 목표가 진술됨. -클라이언트가 원하거나 필요한 것은 무엇인가? 어떤 자원들이 활용가능한가?
	계약	-기관의 자원에 대한 명시와 문제에 대한 탐색이 확정되기 전의 임시적 성격을 지님.
	탐색	-클라이언트의 동기, 기회, 자질 등에 관한 것을 알아봄.
계약단계	사정과 평가	-문제들은 클라이언트체계의 욕구와 어떠한 관련성을 갖는가? -어떠한 요소들이 문제를 만들고 유지하는 데 일조를 하는가? -클라이언트는 어떤 자원과 강점들을 지니고 있는가?

138) Perlman(1972: 113-138)은 개입과정을 '문제해결을 위해 클라이언트의 참여와 협조를 강조하며, 상황에 따라 문제를 재사정하고 수정하는 지속적인 원조과정'이라고 하면서, 그 과정을 ① 완화하고 에너지를 동원하며, 클라이언트의 변화를 위한 동기의 방향을 제시해 주는 과정으로, 클라이언트를 무능력하게 하는 불안과 두려움을 줄이고, 당면한 문제해결에 투입할 에너지를 방출, ② 문제해결을 위한 클라이언트의 정신적·정서적 능력 및 활용능력을 발휘하도록 하는 과정, ③ 문제를 해결하거나 감소시키는 데 필요한 도움 및 자원과 접근하도록 하는 과정 등으로 제시하고 있으며, Morales & Sheafor(2001: 166-174)는 문제해결모델의 과정을 ① 문제 확인, ② 문제 분석, ③ 해결대안들, ④ 해결대안의 우선순위 결정, ⑤ 해결의 시행, ⑥ 문제해결 평가 등으로 제시함. Compton & Galaway(1994: 45-58)는 개입과정들이 실천에 적용될 때, 순환적 성격을 지닌다는 점을 지적하면서, 문제해결모델에서는 클라이언트와 사회복지사는 필요하다면 어떠한 단계에서라도 언제든지 이전의 단계로 돌아가거나 혹은 앞의 단계로 더 나아가는 유연한 과정의 전개가 중요하다고 하였으며, 그 문제해결과정을 접촉단계, 계약단계, 행동단계의 세 단계로 구성하고 있음. 본 서에서는 Compton & Galaway(1994)의 견해를 바탕으로 제시함.

<table>
<tr><th colspan="2">개입과정 및 단계별 과제</th><th>수행 내용</th></tr>
<tr><td rowspan="3">계약 단계</td><td>사정과 평가</td><td>-사회복지실천으로부터 어떠한 지식과 원칙들이 적용되는가?
-문제해결을 위해 이론적으로 어떻게 최대한 체계화시킬 것인가?</td></tr>
<tr><td>행동 계획의 형성</td><td>-달성 가능한 목적들의 설정
-대안들 및 그것들의 결과들을 검토
-적절한 서비스 방법의 결정
-변화를 위한 초점의 확인
-사회복지사와 클라이언트의 역할을 명시</td></tr>
<tr><td>예후</td><td>-사회복지사의 성공을 위한 희망사항은 무엇인가?</td></tr>
<tr><td rowspan="3">행동 단계</td><td>계획의 실행</td><td>+개입지점의 구체화 및 과업할당
-사용되어질 자원과 서비스들의 확인
-누가, 언제, 무엇을 할 것인가를 명시</td></tr>
<tr><td>종결</td><td>-클라이언트와 함께 성취 및 성취가 가지는 의미에 대한 평가
-성공이 완전하지 못한 이유들에 대해 클라이언트와 분석
-성취들을 유지하는 방법에 대해 대화
-관계의 종료를 다룸
-자연발생적 네트워크에서의 지지를 점검</td></tr>
<tr><td>평가</td><td>-접촉 단계에서부터 계속되는 과정
-목적을 달성하였나?
-변화 창출에 적절한 방법이 선택되었는가?
-클라이언트는 지속적으로 문제를 해결하기 위해 무엇을 배웠는가?
-사회복지사는 유사한 사례를 다룰 때 도움이 되는 것을 배웠는가?</td></tr>
</table>

※ 출처 : Compton & Galaway(1994: 45-58) 재구성

ⓜ 문제해결모델의 개입기법

- 체계(System)와 상황(Context)의 파악(Perlman, 1957: 40-52, 53-63)
  - 문제들은 클라이언트와 관련된 다양한 체계의 상황에서 발생함.
  - 사회복지사는 클라이언트의 자원과 강점, 타인들, 기관의 자원 등을 탐색한 후, 이들 체계들과 문제들과의 상호관련성 및 클라이언트의 욕구와 어떠한 관련성을 갖는지를 확인하면서 클라이언트와 함께 문제해결을 위해 일해 나갈 문제를 규정해야 함.
- 사회기술훈련(Bellack et al., 2004: 15-30, 67-85)
  - 부적응, 불행, 잠재능력 개발 실패, 생산성 상실 등에 대한 가능성을 줄이는 대처기술을 습득함으로써 사회적 역기능을 예방하는 폭넓고 다양한 기술임.

- 사회기술훈련을 시작하기 전 단계에는 필요한 기술이 무엇인지 결정함.
- 예시) 일시보호기관에 있는 여성을 대상으로 일상생활을 수행하기 위해 필요한 공공교통수단 이용하기, 식사 주문하기, 전화걸기, 대화 등의 기술 등의 기술을 배우도록 개발된 프로그램도 있음.

- 스트레스 관리(Lazarus & Folkman 1984: 141-180)
  - 사람들이 삶의 문제와 연관하여 긴장이나 스트레스를 더 효과적으로 대처하도록 돕는 공통의 목적이 있는 모든 접근방법에 쓰이는 광범위한 용어임.
  - 스트레스에 대해 극단적으로 불안이나 분노로 반응하는 사람들을 위해 널리 사용 되고 있음.
  - 스트레스 관리를 위해 많이 사용되는 방법은 긴장완화 훈련임. 이는 심호흡 하기와 근육이완운동 등의 기술 습득을 통해 긴장을 줄이고 대처노력을 강화할 수 있음.
- 협조적인 관계 기술(Compton & Galaway, 1994: 210-225, 310-325)
  - 문제해결접근에서 사회복지사는 클라이언트를 위해서 일하는 것이 아니라, 클라이트가 자신의 문제에 해결자로서 기능하도록 전문적 관계에서 클라이언트와 함께 작업해 나가게 됨.
  - 클라이언트와 사회복지사의 협조적인 관계를 위해 클라이언트와 사회복지사는 문제, 목적, 자원, 계획 및 실행 등에 대해 의사소통을 할 수 있어야 함.
  - 사회복지사는 클라이언트를 격려하고 지지적 관계를 형성하여 상호노력하면서 광범위하게 문제해결과정에 참여시킴.

⑦ 역량강화모델(임파워먼트모델)139)140)

㉠ 역량강화모델의 개념 = 강점관점141) **+** 생태체계이론142)

---

139) 본 서의 역량강화모델(임파워먼트모델)에 대한 내용에 대해서는 양옥경 외(2005: 338-352), 김혜란 외(2006: 290-305), 전남련 외(2009: 279-287), 원요한(2009: 289-292), 최선화(2022: 161-167), 임안나 외(2011: 146-155), 김혜영 외(2023: 117-135) 등을 참고하여 요약・제시함.

140) 역량강화모델(임파워먼트모델)은 1970년대 일반체계이론과 생태이론이 활용되면서 생태체계적 관점에 근거한 '강점 지향' 또는 '해결중심 접근' 의 중요성이 대두되어(전남련 외, 2009: 279), 클라이언트를 문제 중심이 아닌, '강점 중심' 으로 보고, 잠재력 및 자원을 인정하며 건강한 삶을 살 수 있도록 역량을 강화시키고 권한을 부여하는 모델로(전남련 외, 2009: 279), 1970년대 중반 Chestang, Solomon 등의 학자에 의해서 개발되었음(임안나 외, 2011: 146). 역량강화모델(임파워먼트모델)의 구체적 등장배경에 대해서는 김혜영 외(2023: 118-119)를 참고하기 바람.

141) 강점 관점에 대해서는 양옥경 외(2005: 467), 전남련 외(2009: 281) 등을 참고하기 바람.

142) 생태체계이론에 대해서는 양옥경 외(2005: 463-466), 전남련 외(2009: 280-281) 등을 참고 바람.

- 클라이언트가 자신의 삶을 스스로 통제하고 문제를 해결할 수 있는 힘과 능력을 키우도록 권한부여하는 모델로(전남련 외, 2009: 279-280), 클라이언트의 강점과 자원에 초점을 맞추고, 사회복지사와 파트너십을 형성하며, 대화 → 발견 → 발전의 3단계를 통해 개인적·환경적 차원에서 역량을 강화함(Miley et al., 1995: 340, 342).

ⓛ 역량강화모델의 특징(Miley et al., 2016: 92-214)[143]

- 강점 중심 : 문제나 결점 대신 클라이언트의 긍정적 측면, 잠재력, 강점을 발견하고 강화하는데 초점(전남련 외, 2009: 279)
- 파트너십 : 클라이언트를 수동적 대상이 아닌 능동적 파트너로 인식하고, 협력적 동반자 관계를 형성함(전재일·이성희, 2004: 374).
- 전체론적 관점 : 클라이언트의 내적 자원뿐 아니라 환경적 자원과의 상호작용을 중시하는 생태체계적 관점을 적용함.
- 현재 및 미래 지향 : 과거의 문제보다는 현재의 강점과 미래의 가능성에 집중하며, 클라이언트의 자기결정권을 강조함.
- 다차원적 개입 : 개인, 대인관계, 조직, 사회정치적 차원 등 다양한 수준에서 개입(임안나 외, 2011: 148)

ⓒ 역량강화모델의 실천원칙(Bruggemann, 2002: 양옥경 외, 2005: 339-340)

- 맥락화 : 사회복지사의 전제나 방침보다는, 자신의 '사회적 존재상'에 대한 클라이언트 나름의 이해에 초점을 맞추어야 함.
- 임파워먼트 : 핵심은 클라이언트로 하여금 자신의 삶에 영향을 미치는 결정들을 스스로 내릴 수 있게 원조해야 함.
- 집합성 : 소외감을 줄이고 클라이언트를 대인관계로 연결하는데 초점

ⓓ 역량강화모델의 개입목표(양옥경 외, 2005: 336-337; 임안나 외, 2011: 150)

- 통제력 증진 : 자신의 삶과 환경에 대한 통제감을 증가시킴.
- 강점 및 자원 활용 : 클라이언트가 가진 강점, 기술, 자원을 찾아내고 활성화함.
- 문제 해결 능력 향상 : 문제가 아닌 해결에 집중하며, 스스로 해결책을 찾도록 원조
- 적응력 강화 : 환경 변화에 유연하게 대처하고 적응할 수 있는 능력을 향상시킴.
- 주체성 및 자율성 확보 : 클라이언트가 스스로 결정하고 행동하는 주체가 되도록 지원함.

ⓜ 역량강화모델의 개입과정[144]

143) 역량강화모델(임파워먼트모델)의 특징에 대해서는 임안나 외(2011: 147-149), 김혜영 외(2023: 117-118, 120-122) 등을 참고하여 요약·제시함.

〈표 4-8〉 역량강화모델의 개입과정 및 주요 내용

개입단계	주요 내용
1단계: **대**화 (대화를 통한 관계 형성)	-함께 작업하기 위한 준비하기 -파트너십(협력관계) 형성 -도전탐색(클라이언트의 관점에서 도전해야할 것을 탐색) -방향 설정(목적 및 목표설정: 초기목적의 명확화 및 즉각적인 행동이 필요한 위기상황 설정하기)
2단계: **발**견 (CT의 가능성 발견)	-강점확인 -자원체계 탐색(→ 개인, 가족, 집단, 조직, 지역사회, 사회, 정치체계 등 잠재적 자원 사정) -자원능력분석(→ 수집된 정보의 의미 분석 및 자원체계의 잠재력 분석) -해결점 형성(→ 결과목적 확인 및 해결을 위한 가능한 계획 형성)
3단계: **발**달 (자원과 기회 확대)	-자원 활성화(→ 개인, 대인관계, 가족, 이웃, 지역사회에 근거한 제도적 자원체계 이동) -[기회 확대]를 위한 [새로운 자원] 만들기 -성공 인정(→ 결과목적의 성공 측정하기 및 과정의 효과성 평가) -달성한 것 통합(→ 달성결과 통합 및 과정종결)

※ 출처 : Miley et al.(2001: 99), Miley et al.(2016: 92-214), 류종훈(2006: 196-197), 원요한(2009: 292), 임안나 외(2011: 152-153) 최선화(2022: 163), 김혜영 외(2023: 124-125) 등을 재구성

ⓗ 역량강화모델의 개입기법(Miley et al., 2016: ch.4; 김혜영 외, 2023: 128-129)

- 자원의 활성화
  - 클라이언트 체계가 개인 차원 및 사회환경 내에서 활용 가능한 자원들로 접근하도록 도모하는 것으로서, 다음과 같은 임파워먼트 지향적인 활동들을 포함함.

  → 자기효율감의 향상, 대인관계상의 능력 배양, 강점의 구축, 변화의 유도, 문화적 자원들의 발굴 등과 같은 시 자원들을 조정하고 관리하는 이러한 전략들에 관해 사회복지사는 클라이언트와 함께 협의해야 할 것임.
- 동맹의 형성
  - 동맹의 형성에 의해 사회복지사들과 클라이언트들은 임파워먼트 집단에서 힘을 하나로 모으며, 자연적 지지망 안에서 클라이언트의 기능을 향상시키고 서비스

144) 역량강화모델의 개입과정에 대해서는 류종훈(2006: 196-197), 임안나 외(2011: 150-151), 김혜영 외(2023: 124-129) 등을 참고하기 바람. 특히, 류종훈(2006: 197-198)과 김혜영 외(2023: 124-129)는 그 개입과정에 대해 매우 구체적으로 제시하고 있으므로 많은 참고가 될 것임.

전달망을 조직하게 됨.

- 이러한 동맹은 정서적 결속과 지지를 가져다주며 힘의 기초를 형성하게 함.
- 핵심적 기법 : 임파워먼트집단의 형성, 비판적 의식의 개발, 욕구에 응하는 사회적 서비스 전달체계의 구축, '클라이언트-서비스 동맹' 의 구축, 대인관계상의 힘의 극대화 등

- 기회의 확대
  - 사회적 구조 안에서 기회의 확대는 사회개혁, 정책개발, 입법적 옹호활동 및 지역사회의 변화노력 등을 통해 이루어질 수 있음.
  - 공정한 자원의 분배를 보장하고 공명정대한 사회정책을 개발해야 하는 사회복지의 전문적 의무와 직결되는 것임.
  - 환경으로부터의 기회와 위험성을 인식, 지역사회 임파워먼트 및 개발에 종사, 사회정의의 쟁취, 정치・사회적 힘의 발휘와 같은 내용들이 포함됨.

⑧ 위기개입모델145)146)

㉠ 위기개입모델의 개념 : 위협적 사건으로 인해 개인이 기존 대처 방식으로는 해결할 수 없는 불균형 상태에 빠졌을 때, 즉각적이고 단기적인 원조를 제공하여 심리적 안정과 정상 상태로의 회복을 돕는 개입 모델로, 단기적이고 경험 중심으로 문제해결능력이 극도로 제한된 상태의 개인에게 집중하여 스트레스 영향을 최소화함(Caplan, 1964: 38-40; 전재일・이성희, 2004: 353; 양옥경 외, 2005: 302-303; 전남련 외, 2009: 257).

㉡ 위기의 주요 개념(임안나 외, 2011: 129-131)

- 위기의 개념(이영호, 2015: 152; 김혜영 외, 2023: 100)
  - 개인의 현재 자원과 대처기제로는 감당하기 어려운 사건이나 상황을 지각하거나 경험하는 것으로, 위기 대처를 위해 많은 노력을 기울였지만, 기존의 대처방법들로는 별로 효력이 없는 상태

145) 본 서의 위기개입모델에 대한 내용은 전남련 외(2009: 257-268), 임안나 외(2011: 128-137), 이영호(2015: 181-194), 엄명용 외(2021: 157-172), 최선화(2022: 167-168), 김혜영 외(2023: 99-116) 등을 참고하여 요약・제시함.

146) 위기개입모델은 위기상황에 즉각적으로 개입하여 단기원조를 제공하기 위한 모델로, Linderman (1944)의 격심한 슬픔반응에 관한 연구와 Caplan(1964)의 예방정신의학 연구에 기반을 두고 1950년대 이후 급속한 속도로 성장하였으며, 오늘날에 자연재해나 갑작스러운 생활 상의 사건으로 인하여 일상생활 수행에 어려움이 발생하는 경우에 활용되고 있음(임안나 외, 2011: 128-129). 이 모델은 정신역동이론을 기반으로 하면서, 다양한 기존 사회복지실천 이론과 방법론을 활용하여 심리학적, 정신의학적, 생태학적 관점에서 논의되고 있음(임안나 외, 2011: 129).

- 일반적으로 붕괴 그 자체가 아니라, 붕괴에 대한 공포, 충격, 고통의 감정을 말하는데, 위기는 사건 자체보다는 사건에 대한 개인의 주관적 반응에 따라 결과가 달라짐.
- 사회복지사의 역할은 치료 보다는 클라이언트의 기능을 '위기 상황 전의 수준(원상태)' 으로 회복시키는 것임.

- 위기의 특성(김혜영 외, 2023: 100-101)
  - 위험과 기회의 공존 : 위기는 발생으로 인해 개인에게 인지, 정서, 행동적 불균형을 초래할 수 있으나, 위험을 극복함으로써 새로운 대처방식을 습득하고 자아성장이 이루어지는 기회가 됨.
  - 일반적으로 시간제한적이지만, 일련의 반복적인 전환위기 시점으로 발달될 수 있음.
  - 이해하기 복잡하며 해결하기 어려움. 즉, 단순한 원인과 결과로 설명하기 힘듦.
  - 위기개입 전문가의 삶의 경험 → 위기 개입의 효과성 ↑
  - 성장 · 변화의 원동력이 될 수도 있음.
  - 위기에는 만병통치약이나 빠른 해결책 적용 어려움.
  - 위기에서는 무엇을 할 것인가에 대한 선택이 필요함.
  - 위기는 정서적 불균형(불안, 공포, 충격 등의 감정이 외상적 사건과 이어지면서 자기 감정을 조절하기 어려움)을 동반함.
  - 위기 해결과 위기개입 전문가의 개인적 특성은 서로 관련이 있음.

- 위기의 영역(James & Gilliland, 2001: 12-14)[147]
  - 상황적 위기
    - ▸아무 준비도 없이 갑작스레 발생한 위기
    - ▸사람이 예견 ×, 통제 × → 드물고도 극히 이례적인 사건이 발생
    - ▸예시) 암 말기 진단, 주변인의 사망, 교통사고, 비자발적 실직 등과 이로 인한 생활양식의 변화 등
  - 발달적 위기
    - ▸인간 발달단계의 한 단계에서 다음 단계로 옮겨 갈 때 생길 수 있는 불안정감이나 스트레스(즉, 생애주기별 발달과업으로 인한 위기)
    - ▸예시) 개인의 생애주기와 가족의 발달단계에 따르는 위기로써 자녀의 출생, 청소년의 정체성 위기, 대학졸업 후 취업문제, 중년기 직업변화, 은퇴, 중년기 및 노년기 위기 등

---

147) James & Gilliland(2001)의 위기의 영역은 한인영 외(2002: 21-22), 양옥경 외(2005: 365), 김혜란 외(2006: 249-250), 엄명용 외(2005: 368-369), 김혜영 외(2023: 101-102) 등을 참고하기 바람.

- 실존적 위기
  - ▸목적이나 책임감, 독립성, 자유, 책임수행과 같은 중요한 인간적 이슈에 동반되는 갈등과 불안
  - ▸예시1) 비혼주의자로서 살던 한 개인이 나이 50대에 들어서 다른 타인은 가정을 꾸리며 살아가고 있지만, 자신은 자기 홀로 남아 있는 고독감을 느끼며, 인생의 무가치함이나 후회를 느끼는 경우
  - ▸예시2) 어느 40대 직장인이 자신이 어떤 특정 전문직이나 조직에 중요한 영향력을 행사하지 못하고 있음을 깨닫고 무가치함을 느끼는 경우 등
- 환경적 위기
  - ▸개인의 잘못된 행위로 발생 × → 같은 환경에 사는 사람들에게 사건의 여파가 미치며 생기는 위기
  - ▸예시) 자연재해, 정치적 문제(전쟁, 학살), 경제적 우울, 홍수, 폭풍, 지진 등의 자연재해, 전염병이나 기름유출 등 생물학적으로 파생된 위기, 전쟁 등의 정치적 문제, 심각한 경제적 우울 등

- 위기반응 단계(Golan, 1978: 61-66)148)
  - 1단계 : 위험사건 - 인지, 정서, 행동적 불균형을 일으킬 수 있는 외상적 사건
  - 2단계 : 취약단계 - 삶의 균형 상실
  - 3단계 : 위기촉발요인 - 긴장・불안이 최고조에 이름.
  - 4단계 : 위기단계 - 위기 대응 능력 상실
  - 5단계 : 재통합

㉢ 위기개입모델의 특징(Parad & Parad, 1990: 3-30)

- 개인이나 가족의 기능이 개인적 손실 혹은 비극으로 인해 갑작스럽게 심각한 충격을 받았을 때 적용됨(→ 신속한 개입).
- 제한된 목표를 가지며, 시간제한적이고, 위기사건으로 인한 증상완화를 1차 목표로 함.
- 문제해결에 초점을 두면서 클라이언트가 현실에 직면하도록 원조함.
- 위기 발생 직후부터 4~6주 동안 활용됨.
- 일반적 단기치료는 지속적인 정서적 문제를 재조정하는 반면, 이 모델은 위기에 처한 사람의 외상적 사건으로 인해 발생한 정서적・행동적・인지적 왜곡을 인식하고 교정

148) Golan(1978: 61-66)의 위기에 대한 반응단계에 대해서는 양옥경 외(2005: 305), 김혜란 외(2006: 247-249), 엄명용 외(2005: 367), 전남련 외(2009: 258-260), 임안나 외(2011: 133-135), 이영호(2015: 184-185) 등을 참고하기 바람.

하도록 돕는 것임.

- 다른 단기치료와 위기개입의 차이는 클라이언트가 문제를 얼마나 과도하게 느끼는지, 정서적 혼란을 얼마나 많이 느끼는지에 달려있음.
- 사건에 대한 심각한 정서적 혼란과 불균형은 개인을 위기에 이르게 하며, 이러한 위기를 스스로 극복하고 위기 이전 상태로 회복되기도 하지만, 이러한 불평형 상태가 오래 지속되면서 신체적, 정신적 건강을 위협할 수 있음. 외상후 스트레스 장애를 비롯된 심리적 장애 및 신체적 질병에도 취약하게 됨.
- 위기상황에 처해있는 클라이언트의 심각한 인지적, 정서적, 행동적 불평형에 대해 사정하는 것이 매우 중요하고 사정결과에 따라 위기개입의 방향이 결정됨.

㉣ 위기개입모델의 개입목표(Rapoport, 1970: 297-302)[149]

- 1차 목표(반드시 달성되어야 함)
  - 증상제거 : 위기로 인한 증상 제거
  - 원상태로 회복 : 위기 이전 기능수준으로 회복
  - 외상적 사건 이해 : 불균형 상태로 만든 촉발 사건에 대한 이해
  - 치료기제 규명 : 클라이언트나 가족이 사용하거나 지역사회가 보유한 자원에서 이용할 수 있는 치료기제에 대해 규명함.
- 2차 목표(상황이나 여건이 허락될 때 달성가능함)
  - 현재의 스트레스를 과거의 생애 경험, 갈등과 연결함.
  - 새로운 인식, 사고, 정서 양식을 개발하고 위기상황 이후에도 사용할 수 있는 새로운 적응적 대처기제를 개발함.

<표 4-9> Rapoport(1970)의 위기 해결을 위한 치료의 목표

구분	내용
1단계 치료목표 (기본목표)	- 증상의 제거 - 위기 이전의 수준으로 기능 회복 - 불균형 상태를 야기한 위기 촉진 요인들 이해 - 클라이언트나 가족이 지역사회 자원을 통해 얻을 수 있는 치료방법 모색
2단계 치료목표 (추가목표)	- 현재의 스트레스를 과거의 경험이나 갈등상황과 연결시킴. - 즉각적인 위기상황을 넘어서는데 유용한 새로운 적응 및 대처 반응을 파악하고 발전시키도록 새로운 방법을 가르침.

※ 출처 : Rapoport(1970: 297-302), 임안나 외(2011: 131) 등을 재구성

149) 위기개입모델의 개입목표는 Rapoport(1970: 297-302)의 견해를 인용한 전남련 외(2009: 261-262), 임안나 외(2011: 131), 김혜영 외(2023: 101) 등을 참고하기 바람.

ⓜ 위기개입모델의 개입과정(Golan, 1978: 71-117)[150)]

- 사정단계
  - 위기와 선행사건에 관한 파악
  - 현재의 위기와 선행사건에 관한 클라이언트의 인식
  - 자원에 관한 고려
  - 과거 문제 경험과 대처 기술
  - 클라이언트의 자해·타해 위험 정도
- 계획단계
  - 주변 도움받을 수 있는지 평가
  - 잠재적 대안 고려 및 대안별 장·단점 평가 등 행동 계획 수립
  - 클라이언트가 대처 기제를 찾을 수 있도록 원조하는 기술. 현실적 목표를 세울 수 있는 기술 필요
- 개입단계
  - 자신의 위기에 대해 지적인 이해를 하도록 도움
  - 클라이언트가 표현하기 힘든 감정 드러내도록 도움
  - 대처 기제 탐색
  - 사회적 활동 재개 도움
- 종결단계 : 개입상황 점검, 성취한 과업 확인, 미래에 대한 계획 수립, 종료시기 결정

ⓑ 위기개입모델의 개입기법(James & Gilliland, 2017: 54-70; Roberts, 2005: 20-26)[151)]

---

150) 본 서의 위기개입모델의 개입과정은 Golan(1978: 71-117)을 '위기개입모델 과정' 을 바탕으로 제시하였고, 이에 대한 구체적 내용은 양옥경 외(2005: 319-324), 김혜란 외(2006: 115-117), 이애재(2006: 259), 전남련 외(2009: 262-264), 임안나 외(2011: 134-135), 이영호(2015: 188-192) 등을 참고하기 바람. 특히, 이애재(2006: 259)는 Golan의 위기개입모델의 개입과정을 표로 요약하여 제시하고 있으니 참고하기 바람. 아울러, James & Gilliland(2001)는 위기개입모델의 개입과정을 1단계(문제정의하기), 2단계(클라이언트의 안전을 확보하기), 3단계(지지하기), 4단계(대안을 탐색하기), 5단계(계획 세우기), 6단계(참여시키기) 등으로 구분하고, 단계별로 사회복지사가 해야 할 역할에 대해 제시(김혜영 외, 2023: 104-107)하고 있으니 참고하기 바람. 그리고, 최수찬·이은해(2016: 292-293)는 학자별로 위기개입모델의 단계별 실천과정을 제시하고 있으니 참고바람.

151) 위기개입모델의 위기분류사정양식(TAF, Myer et al., 1991: 311-324; Myer, 2001: 53-70)은 긴박한 위기상황에서 클라이언트의 정서, 행동, 인지적 영역의 현재 기능을 빠르게 파악할 수 있도록 만들어진 도구로서, 위기개입은 이 세 영역에서의 클라이언트 상태를 제시된 전형적 반응양식에 따라 분류하고 클라이언트의 현재 기능수준을 수치화하는 것인데, 총 1~10점으로 구분(1점: 손상없음), 2~3점: 극소의 손상, 4~5점: 경미한 손상, 6~7점: 중등도의 손상, 8~9점: 현저한 손상, 10점: 심각한 손상)하고, 점수가 높을수록 불평형 및 비유동적이며 비유동적 상태에 있을수록 지시적 개입이 필요하고, 유동적 상태에 있을수록 비지시적 개입을 하도록 함.

- 사정하기 : 위기개입 전 과정에 걸쳐 수행해야 하는 기술
  - 정서 상태
    - ▸현재 보이는 정서적 반응이 상황을 부인하거나 회피하는가?
    - ▸정상적인 것인가? 충동적 상태 혹은 충격적 상태를 나타내는가?
    - ▸분노와 적의감, 두려움과 불안, 슬픔과 침울함 정서를 보이는가?
  - 행동 기능
    - ▸클라이언트의 행동양상이 접근적인가? 회피적인가? 무력한가?
    - ▸접근적 : 클라이언트가 매우 동기가 강한 것으로 보이지만 특정목표를 구분하지 않은 채 닥치는 대로 비적응적으로 행동할 수 있음(상황판단이 흐려진 상태인지 파악).
    - ▸회피적 : 클라이언트가 자신의 안녕에 즉각적인 위협이 주어진다하더라도 가능한 한 가장 빠른 수단으로 유해한 사건에서 달아나려고 하는 것을 의미함(무조건적 회피 경향이 있는지 파악).
  - 인지 상태
    - ▸클라이언트의 생각이 얼마나 현실적이고 일관성이 있는가?
    - ▸위기를 악화시키는 부분적 사실을 과장해서 믿고 있거나 합리화하고 있지는 않은가?(인지적 왜곡이 있는가)
- 경청과 수용 : 클라이언트에 대한 감정이입, 진실성, 수용, 비심판적이고 긍정적 관심 기울이기, 이해하기, 반응하기 등의 기법을 포함
- 활동 : 클라이언트로부터 사정된 욕구와 이용가능한 환경적 지지 정도에 따라 비지시적, 협력적, 지시적 수준에서 개입하는 것

⑨ 클라이언트중심모델[152)153)]

㉠ 클라이언트중심모델의 개념

- 사회복지사의 태도 속에 공감적 이해, 무조건적인 긍정적 관심, 진실성 등이 있다면 클

152) 본 서의 클라이언트중심모델은 전남련 외(2009: 269-278), 임안나 외(2011: 137-146), 엄명용 외(2020: 210-225), 이영호(2022: 155-168) 등을 참고하기 바람.

153) 클라이언트중심모델은 인간의 성정과 변화에 대해 정신분석과 행동주의 접근의 이론적 대안으로서의 인본주의적 관점을 가진 모델로 사회복지사이 공감적 이해, 무조건적인 긍정적 관심과 진실성을 바탕으로 클라이언트와의 관계를 중시하는데(김정희・이창호, 1992: 104; 전남련 외, 2009: 269), 1951년 Rogers의 '클라이언트 중심 치료' 가 발간된 이후 클라이언트중심모델이라 불려왔으나 Rogers와 그의 동료들은 인간중심모델이라 하였음(엄명용 외, 2005: 371; 임안나 외, 2011: 137).

라이언트에게 성장적인 변화가 일어날 것이라고 보는 것으로(Rogers, 1957: 96; Rogers, 1961: 33), 정신분석적인 접근법에 대한 반동으로 생겨났으며 Rogers에 의해 인간본성에 대한 낙관적 관점을 기본으로 개발된 이론임(임안나 외, 2011: 137).

- 기존 정신분석학적이고 지시적인 접근법에서 사회복지사와 클라이언트간의 위계적인 관계를 수평적인 관계로 전환시킴(Rogers, 1942: 113-131; 1951: 20-21; 1961: 32-33).

㉡ 클라이언트중심모델의 이론적 기반

- 철학적 관점(Rogers, 1951: 483-494; 임안나 외, 2011: 137-138)
  - 정신분석과 행동주의 접근의 이론적 대안으로서 인본주의 이론에 기초함(Rogers, 1961: 183-196; 전남련 외, 2009: 270).
  - 시간의 흐름에 따라 실존주의적 경향을 띠게 되는데, 실존주의적 접근의 근간을 이루는 현상학이 클라이언트중심 모델의 이론적 기초가 됨(전남련 외, 2009: 271-272).
- 인간에 대한 관점(Rogers, 1977: 7-15; 임안나 외, 2011: 138)
  - 인간을 선천적으로 선한 존재로 보았고, 모든 인간이 자아실현의 욕구를 지녔다고 가정함.
  - 클라이언트의 자기성장을 향한 잠재력이 발현될 수 있는 분위기를 조성이 목적임.
  - 개입방향에 대한 일차적인 책임이 클라이언트에게 있도록 클라이언트의 문제에 대해 과거사 보다는 '지금- 여기' 를 강조함.

㉢ 클라이언트중심모델의 주요 용어[154]

- 실현화 경향(Rogers, 1951: 487)
  - 유기체를 유지하거나 고양시키는 방식으로 발달해 가려는 유기체의 생득적인 경향
  - 유기체가 본래적으로 소유하고 있는 자아실현의 욕구성취를 지향하게 하는 동기
- 자아실현 욕구 : 자아 형성 → 일부 실현화 경향 ⇒ 자아실현 표현(Rogers, 1951: 196)
- 긍정적 관심 : 타인으로부터 긍정적 존경을 받고자 하는 욕구(Rogers, 1959: 223-224)
- 조건부 가치(Rogers, 1959: 209)
  - 중요한 타인들의 긍정적인 관심이 조건부로 주어짐에 따라 인간이 어떤 측면에서는 자신이 존중되고 있지만 다른 면에서는 그렇지 않다고 느낄 때 일어남.
  - 조건부 가치가 실현화 과정을 왜곡한다는 이유 때문에 인간이 자유롭고 최대한의 효율성을 가지는 것을 방해한다고 봄

㉣ 클라이언트중심모델의 개입목표(Rogers, 1951: 487-491; 1959: 213-216; 1961: 183-196)

---

154) 클라이언트중심모델의 주요 용어는 김정희・이창호(1992: 196-204), 양옥경 외(2005: 339-340), 전남련 외(2009: 272-273), 임안나 외(2011: 138-142) 등을 참고하기 바람.

- 궁극적 목적 : 충분히 기능 하는 사람이 되도록 돕는 것
- 사회복지사는 클라이언트가 자신의 목표를 명료화하는 능력을 지녔음을 신뢰하고 이를 촉진하는 역할을 할 뿐, 사회복지사가 클라이언트를 위해 구체적인 목표를 선택하지 않음.
- 클라이언트와의 관계에서 진실 되려고 노력해야 하며, 클라이언트를 선입견적인 진단적 범주에서 판단하지 말고 순간순간의 경험에 기초하여 그들을 만나고 그들의 주관 세계에 들어가서 그들을 도와야 함.
- '충분히 기능하는 사람' 이 되어가는 과정의 3가지 특징(Rogers, 1961: 183-196)
  - 경험에 대한 개방성 증가 : 자기방어로 인한 폐쇄성의 감소
  - 실존적인 삶의 태도 증가 : 순간순간 삶에서 자신에게 최선의 것을 선택하는 삶
  - 자신의 유기체에 대한 신뢰 증가 : 자신의 유기체 전체를 통해서 어떤 한 상황의 여러 측면을 고려함으로써 가장 만족스러운 결정을 내리게 되기 때문에 자신의 유기체를 신뢰하게 되는 것

㉤ 클라이언트중심모델의 개입과정(Rogers, 1958: 142-149)[155]

- 제1단계
  - 문제를 가지고 있는 것을 인식하지 못하거나 자기 문제를 자기 외부의 것으로 봄.
  - 자기와 의사소통하는 것을 싫어하여 단지 외적인 것에 대해서만 의사소통이 이루어지기 때문에 이 상태에 있는 개인은 자발적으로 상담하러 오기가 그리 쉽지가 않음.
- 제2단계
  - 1단계에서 클라이언트 자신이 충분히 수용되고 있음을 경험하게 되면, 2단계로 발전
  - 클라이언트는 자기 자신이 아닌 문제들에 대해 말하기 시작함.
  - 문제는 여전히 외적인 것으로 보여지고 클라이언트는 개인적인 책임을 받아들이려고 하지 않음.
- 제3단계
  - 2단계에서 약간 느슨해지고 유동적으로 된 태도의 변화가 방해받지 않고, 계속 자신이 수용되고 있다고 느낄 수 있게 되면, 보다 많은 감정들과 사적인 표현들을 함.
  - 현재가 아닌, 주로 과거에 일어났던 감정에 대해 이야기함.
- 제4단계
  - 3단계에서 여러 가지 경험들을 갖고 있는 클라이언트가 여전히 있는 그대로의 자신

---

155) 클라이언트중심모델의 개입과정에 대해서는 Rogers(1958: 142-149)의 견해를 인용한 전남련 외(2009: 275-278), 임안나 외(2011: 143-144) 등을 참고하야 요약・제시함.

이 수용되고 이해되고 있다고 느낄 때, 보다 자유로운 감정의 흐름이 가능해짐.
- 클라이언트의 혐오감, 두려움, 증오 등의 현재의 느낌이나 경험이 표현됨.

- 제5단계
  - 4단계에서 클라이언트가 자신이 있는 그대로 수용되고 있다고 느낄 때, 클라이언트의 유기체적 유동성의 자유가 증가함.
  - 현재 경험하는 많은 감정들은 자유롭게 표현함으로써 그 감정들을 자신의 것으로 수용하게 됨.
  - 두려움과 의심은 있으나, 이전에는 부인되었던 감정들이 비로소 자각되기 시작함.
- 제6단계
  - 이전에는 부인되었던 감정들이 이제는 즉각적이고 수용적으로 경험하게 됨.
  - 그런 경험들은 부인되거나 두려움을 일으키거나 혹은 맞서 싸워야 할 어떤 것이 아니라 있는 그대로 받아들여지며 이러한 경험들은 개인을 해방시키고 자기를 더 이상 대상으로 인식하지 않게 함.
- 제7단계 : 개인이 과정 연속체상의 최상위단계로 이동함에 따라 자신의 감정이 일어나는 그대로 표현할 수 있으며 개인은 자유롭게 경험하면서 충분히 기능하는 인간으로 성장함.

ⓗ 클라이언트중심모델의 개입기법(임안나 외, 2011: 145-146)

- 공감
  - 클라이언트의 입장에서 클라이언트가 생각하고 느끼는 것을 이해할 수 있는 사회복지사의 능력을 말하며 클라이언트에 대한 이러한 견해를 전달하는 것까지를 포함
  - 자기 자신의 인간됨에 충실한 사회복지사는 클라이언트의 내부세계를 경험하기 위해 클라이언트의 감정세계에 몰두하려고 애쓰며 클라이언트의 감정세계를 마치 자기의 것처럼 느끼는 태도를 유지하면서 클라이언트의 현재 감정을 이해함.
  - 클라이언트의 감정에 휘말리지 않고 이해하는 것이 중요함.
  - 사회복지사는 클라이언트가 느끼고는 있으나 미처 깨닫지 못하는 부분에 대해서도 자신이 이해한 것을 알려주어야 함.
  - 사회복지사의 정확한 공감을 통해서 클라이언트는 자기인식을 증진시키고 보다 깊이 있게 자기탐색을 할 수 있도록 격려 받음.
- 무조건적인 긍정적 관심
  - 사회복지사가 클라이언트를 충분히 수용하며, 클라이언트에 대한 순수한 관심을 전

달하는 것을 의미하며 클라이언트의 방어적 태도에 상관없이 인간으로서 내재된 가치를 일관되게 수용하는 것
- 사회복지사는 클라이언트에게 찬성 또는 반대를 표현하지 않고, 해석을 내리지 않으며, 불필요한 탐색을 하지 않음.
- 사회복지사가 클라이언트의 자기이해와 긍정적 변화를 일으키는 능력을 완전히 믿는다는 것을 전달해야 하며, 이를 통해 클라이언트는 다른 사람에게서 진정한 관심을 받고 있음을 확신함으로써 변화하는 새로운 자기에 대한 긍정적 수용을 하게 됨.

\- 진실성
- 사회복지사가 자신의 진실된 반응을 신뢰하고, 그러한 감정 또는 반응을 전달하는 능력
- 진실된 반응이 효과적이기 위해서 먼저 사회복지사는 클라이언트에 관한 자신의 느낌을 인식해야 하고, 그것을 명확하게 표현할 수 있어야 함.

2. 개인 대상 사회복지실천의 과정별 실천기술[156)]

1) 준비 단계의 실천기술(Cournoyer, 1996: 145-168)

① 개요 : 클라이언트를 직접 만나기 전에 사회복지사가 실천활동을 위한 사전 준비를 수행하는 과정

② 주요 실천기술

㉠ 초기 접촉 이전에 정보 검토 : 클라이언트에 대한 사전 정보를 숙지함으로써 중복된 질문을 피하고 효율적인 면담이 가능한데, 다만 불완전한 정보로 인한 선입견 형성에는 주의해야 함.

㉡ 사전 조사 : 의뢰인이나 이전 담당자로부터 클라이언트와 관련된 정보를 얻되, 주관적 의견에 치우치지 않도록 함.

㉢ 조언 구하기 : 슈퍼바이저나 동료에게 자문을 구하여 면접 목적과 방향을 명확화

㉣ 물리적 환경 준비 : 면담 장소, 시간, 환경 등을 정비하고 가정방문의 경우 외부 요인 차단에 유의함.

㉤ 클라이언트의 입장에서 공감하기 : 서비스 의뢰 배경과 클라이언트의 감정을 이해하

156) 본 서에서는 개인 대상 사회복지실천의 과정에 대해 Cournoyer(1996: 145-412)의 견해를 바탕으로, '준비 → 초기/탐색 → 사정 → 계약/계획 → 개입 → 평가/종결' 로 나누어 살펴봄. 그 내용은 김혜란 외(2006: 140-143), 전남련 외(2009: 314-317) 등을 참고하기 바람.

고 초기 관계 형성에 대비함.

ⓑ 면접에 관한 임시계획 수립 : 면접 목적, 질문 내용, 기대결과 등을 계획하여 실천의 방향성을 확보함.

2) 초기 단계의 실천기술(Cournoyer, 1996: 169-204)

① 개요 : 사회복지사와 클라이언트가 처음 만나는 시점으로, 신뢰 형성과 관계 구축이 핵심인 단계

② 주요 실천기술

㉠ 서로 소개하고, 서비스의 목적과 기관 정책을 설명하며 클라이언트의 기대를 확인

㉡ 혼란스러운 문제 상황을 명확히 하고, 참여 동기를 강화할 필요가 있음.

3) 탐색 단계(자료수집)의 실천기술(Cournoyer, 1996: 205-256)

① 개요 : 클라이언트의 문제를 구체적으로 이해하기 위한 정보 수집이 이루어짐.

② 주요 실천기술

㉠ 클라이언트의 사고나 감정, 서비스를 요청하게 된 주요관심사나 상황 등에 대해 클라이언트가 공유할 수 있도록 격려하는 기술

㉡ 구체적인 기술 : 탐색, 명확화, 반영, 세분화, 이해와 공감 등

4) 사정 단계의 실천기술(Cournoyer, 1996: 257-296)

① 개요 : 사회복지사가 취급하고 있는 상황을 이해하고, 개별화하며, 특수한 상황 속에 관련된 요인들을 확인하고 분석하는데 도움을 받고자하는데 목적을 둠.

② 주요 실천기술

㉠ 기술적 정보를 정리하는 것 : 클라이언트의 상황을 이해하고 실천과정에 대한 개입의 초점과 방향을 구체화함으로써 클라이언트에 관해 수집된 자료에 대한 체계적인 이해가 가능하도록 하는 기술

㉡ 임시적인 사정틀을 구성하는 것 : 문제 정의, 클라이언트체계를 결정, 개입과정에 참여하게 되는 체계들을 명확히 하고, 변화목표를 설정, 변화결과를 예측하고 변화과정에 발생할 수 있는 위험요소나 장애요소, 자원이나 강점을 찾아보고, 문제해결에 활용될 수 있는 전략을 살펴봄(양식이나 도구를 활용하는 기술도 필요).

5) 계획과 계약 단계의 실천기술(Cournoyer, 1996: 297-334)

① 개요 : 클라이언트의 상황과 관련 문제들에 대한 사정을 기초로 구체적인 목표와 개입 프로그램, 방법 등에 대한 실행과 평가계획을 세우고 합의함.

② 주요 실천기술 : 문제 상황을 구체화하고, 목표를 설정하며, 효과적인 접근방법을 개발하고, 단계적 행동방법을 구상하며, 평가계획을 세우는 실천기술

6) 개입 단계의 실천기술(Cournoyer, 1996: 335-378)

① 개요: 개입 유형

㉠ 직접적 개입 : 클라이언트의 심리적·내적 측면의 욕구나 문제 등에 초점을 두며 중재를 통하여 클라이언트가 생활에 필요한 대처능력을 향상시키는 데 목적

㉡ 간접적 개입 : 사회복지사가 목표 달성을 위하여 사회복지사와 상호작용할 계획에 합의하지 않은 체계에서 변화를 일으키는 행동에 종사하는 것

② 주요 실천기술

㉠ 문제해결을 위한 접근시 필요한 실천과정의 기술

㉡ 문제해결이나 적응, 성장 발달을 위한 클라이언트의 능력을 향상시키고 회복시키는 기술

㉢ 사회적 기능을 향상시킬 수 있는 자원, 서비스, 기회 등을 제공할 수 있는 지역사회 체계로 사람들을 연결시키는 기술

㉣ 사회적 정의에 입각하여 권리를 잃어버리고 소외된 약자들이 기회를 얻고 되찾을 수 있도록 그들과 함께 효과적 개입을 하는 기술

㉤ 자원과 서비스, 기회 등을 제공할 수 있는 지역사회체계에의 효과적인 기능을 향상시키는 기술

㉥ 클라이언트나 소비자의 욕구에 반응적인 새로운 서비스의 개발이나 기존의 지역사회 서비스 및 자원체계의 개선과 향상을 위해 개입하는 기술

③ 구체적인 실천기술 : 모델링, 인지적 재구조화, 시연 등의 상담기술이나 조언, 교육 등

7) 평가와 종결 단계의 실천기술(Cournoyer, 1996: 379-412)

① 개요 : 사회복지실천의 효과성을 평가함으로써 서비스를 제공받는 사람들과 서비스 전달체계, 사회에 대해 책임을 진다는 측면에서 전문가에게 매우 중요한 과정

② 주요 실천기술

㉠ 평가단계 : 목적달성을 위해 진행해 온 지금까지의 과정을 다양한 평가방법을 통해 검토하고, 과정에 관한 검토와 최종 평가를 통해 함께 진행과정을 돌아보고 변화의 지속 및 강화 전략, 앞으로의 방향(의뢰 포함)과 사후관리에 대해 논의함.

㉡ 종결단계 : 최종 평가와 함께 원조관계를 끝내는 데에 대한 클라이언트의 종결에 따른 감정 다루기, 소감을 공유하는 것이 중요하며, 종결된 후 종결기록을 남기는 것이 필요

제5장 가족 대상 사회복지실천기술

1. 가족 대상 사회복지실천의 이론적 이해

1) 가족의 이해

① 가족의 정의[157)]

㉠ 전통적 정의 : 부부와 그들의 자녀로 구성된 사회의 기본단위(엄명용 외, 2021: 361)

㉡ 현대적 정의(Meyer, 1990: 16) : 나눔과 친밀감을 바탕으로 결합되어 함께 생활하고 있는 둘 이상의 사람들

㉢ 넓은 의미의 정의(Carter & McGoldrick, 1999: 1-2) : 상호 연결되어 흩어져 생활하는 혈연, 지역사회 구성원, 문화집단(엄명용 외, 2021: 362)

② 가족의 기본 속성(Goldenberg & Goldenberg, 2000: 3)[158)]

㉠ 자연스럽게 형성된 사회집단(> 특정한 목적 달성을 위한 인위적으로 형성된 집단)

㉡ 일련의 생활유형, 규칙(생활방식, 관계 양상, 관습)이 존재

㉢ 각 구성원들에게 할당/부여된 역할이 존재

㉣ 나름의 권력구조를 소지

㉤ 고유한 의사소통 유형을 소지

㉥ 나름대로 문제 해결 및 타협 방법들을 갖고 있음

㉦ 역사, 세상에 대한 관점, 목적 의식 등을 공유(but, 세대간 차이 존재 가능)

㉧ 한 번 구성원은 영원한 가족구성원

---

157) 김유숙(2002b: 16)은 가족에 대해 '물리적・심리적 공간을 공유하는 개인들의 집합체 이상으로, 각 가족은 고유한 특성을 지니고 있으며, 나름대로의 규칙, 역할, 힘, 구조, 의사소통 유형 등을 발전시켜온 하나의 사회적 체계' 라고 하였음.

158) 가족의 기본 속성에 대한 구체적 내용은 임안나 외(2011: 186), 엄명용 외, 2021: 362-364), 김혜영 외(2023: 254-255) 등을 참고하기 바람. 특히, 엄명용 외(2021: 364)는 가족의 기본적 속성으로 시간적 차원의 속성(역사성)과 공간적 차원의 속성(공간성)을 가지고 있다고 보았으며, **시간적 차원의 속성(역사성)**에 대해 '가족은 여러 세대를 거쳐 아버지 쪽과 어머니 쪽 가족의 특성들이 전해 내려오면서 통합과 조정의 과정을 형성된 결과물' 로, **공간적 차원의 속성(공간성)**에 대해서는 '가족이 진공상태에서 존재하는 것이 아니라, 주변 환경과 끊임없는 교류를 하면서 생존・적응해 가는 산물' 로 인식하고 있음.

③ 가족의 기능[159)]

㉠ 개념 : 가족이 수행하는 역할, 행위

㉡ 일차적 기능과 이차적 기능

- 일차적 기능 : 성적 기능, 부양의 기능
- 이차적 기능 : 교육적 기능, 경제적 기능, 종교적 기능, 지지적 기능, 보호적 기능, 사교적 기능 등

㉢ 기능적 가족과 역기능적 가족(김유숙, 1999: 55)

- 기능적 가족 : 가족성원들 간의 분명한 경계와 자율성이 있고 서로 염려하고 깊이 신뢰하는 분위기가 형성됨.
- 역기능적 가족 : 폐쇄적이고 가족의 규칙에 융통성이 없고 위협적이며 서로에게 집착하는 정도가 심하거나, 지나치게 무관심하여 적절한 가족 기능을 수행하지 못함.

④ 가족의 체계론적 특성(Goldenberg & Goldenberg, 2012: 75-104; 조흥식 외, 2019: 45-52)[160)]

㉠ 가족 항상성[161)](최선화, 2022: 208, 212)

- 체계로서의 가족은 가족구성원 개개인으로 구성된 전체이며, 지역사회를 구성하고 이에 적응하는 부분으로서의 체계(system)이며, 가족은 사회체계의 한 유형으로 체계의 특성과 성격을 가짐(엄명용 외, 2021: 366).
- 체계는 스스로 균형상태를 유지하려는 경향인 항상성을 가지고 있고, 체계로서의 가족은 구조와 기능에 균형을 유지하려는 속성을 가짐(엄명용 외, 2021: 372).
- 모든 가족은 구성원들의 행동이나 태도 등 행동양식을 상식적 수준으로 제한하고, 균형이 깨지려 하면 다시 유지하려 함(엄명용 외, 2021: 374).

---

159) 가족의 기능에는 가족간의 애정도모, 역할 분담, 안정감 부여와 수용, 만족감과 목적의식 부여, 문제해결, 지속적인 소속감 유지, 사회적 지위 부여와 사회화, 통제력과 정의감의 확립을 위한 가족구성원이나 사회의 지속적인 작용방식 또는 작용관계 등이 포함되어 있음(최선화, 2022: 201). 특히, 이미선 외(2010: 103-106)는 가족의 기능으로, ① 성적 욕구 충족과 자녀 출산, ② 경제적 기능, ③ 정서적 지지 기능, ④ 자녀 양육과 사회화 기능, ⑤ 보호의 기능 등을 제시하고 있음. 본 서에서는 가족의 기능을 Strong & DeVault(1992: 10-15), Patterson(2002: 349-360), 조흥식 외(2019: 26-31) 등의 견해를 종합하여 제시함.

160) 가족의 체계론적 특성에 대해서는 최선화(2022: 206-211) 등을 참고하여, 가족항상성, 경계, 하위체계, 순환적 인과성, 환류 고리, 가족규칙, 비총합성, 가족생활주기 등에 대해서 제시함.

161) 가족 대상 사회복지실천의 체계론적인 주요 개념인 '항상성' 은 이영분 외(2010: 76-77)를 참고하여 전반적으로 요약·제시함.

ⓛ 경계

- 경계 : 체계의 내부와 외부 또는 한 체계와 다른 체계를 구분하는 보이지 않는 선(임안나 외, 2011: 190; 조홍식 외, 2019: 121; 김혜영 외, 2023: 256)
- 가족경계[162] : 가족 내 체계들 간을 구분하거나 가족체계와 외부체계를 구분하는 것으로, 명확하면서도 융통성 있는 것이 바람직하며, 경계가 지나치게 경직되어 있거나 혼돈되어 있으면 가족 내에 문제가 발생할 가능성이 높음(Minuchin, 1974: 53-60; 임안나 외, 2011: 190; 최선화, 2022: 207-208).
- 가족경계의 경계선 및 내용[163]

〈표 5-1〉 가족체계의 경계선 및 내용

경직된 경계선	명확한 경계선	혼돈된(모호한) 경계선
- 소외감, 거리감 - 나는 나, 너는 너 - 최소한의 접촉과 의사소통 - 무관심	- 자율적, 독립적 - 우리 그리고 나 자신	- 과도한 소속감, 충성심 - 너도 나, 나도 너 - 최대한의 접촉과 의사소통 - 지나친 관심

※ 출처 : Minuchin(1974: 54), 이영호(2015: 253-254), 조홍식 외(2019: 121), 엄명용 외(2021: 366-367, 407-409), 최선화(2022: 216) 등을 재구성

ⓒ 하위체계[164][165]

- 가족 하위체계에는 부부 하위체계, 부모 하위체계, 부모-자녀 하위체계, 형제자매 하위체계가 있음[166].

162) 가족 대상 사회복지실천의 체계론적인 주요 개념인 '가족경계' 는 엄예선(1990: 188-190), 이영분 외(2010: 70-72) 등을 참고하여 전반적으로 요약·제시함.

163) 가족의 경계는 '가족구성원 간의 관계' 에 따라 밀착가족과 유리가족으로, '가족 내 하위체계 간의 경계' 에 따라 명확(명료)한 가족, 경직된 가족, 경계가 느슨하거나 혼돈된 가족으로, '가족 외부와의 경계' 에 따라 개방형 가족, 폐쇄형 가족, 방임형 가족으로 구분할 수 있음(조홍식 외, 2019: 121-124). Jordan & Franklin(1995: 207)은 경계가 느슨하거나 혼돈된 가족의 하위체계 간의 부적절한 상호작용의 예를 들고 있으니 참고바람.

164) 가족 대상 사회복지실천의 체계론적인 주요 개념인 '하위체계' 는 이영분 외(2010: 72-73)를 참고하여 전반적으로 요약·제시함.

165) 가족은 복잡하게 얽혀 있는 가족 구성원 간의 관계망으로 이루어진 역동적 체계이므로 가족 간에는 다양한 형태의 상호작용과 구조가 생겨나기 마련이고, 따라서 가족체계는 여러 하위체계를 포함하고 있으며, 하위체계와 가족 구성원 간에는 지속적인 상호작용이 이루어짐(임안나 외, 2011: 189).

166) 가족 하위체계에 대해서는 Jordan & Franklin(1995: 206), 전남련 외(2009: 322-323), 임안나 외(2011: 189), 이영호(2015: 252), 조홍식 외(2019: 119-120), 엄명용 외(2021: 366), 최선화(2022:

- 건강한 가족은 하위체계 간 경계가 혼돈되지 않고 분명함.
- 하나의 체계는 상위체계에 속한 하위체계이면서 동시에 다른 것의 상위체계가 됨(엄명용 외, 2021: 366).

㉣ 순환적 인과성[167)]

- 가족 내 한 성원의 변화는 다른 성원이 반응하게 되는 자극이 되고, 이 자극은 또 다른 가족에게 영향을 미치게 되어 결국 전체에 영향을 주게 되며, 이 영향은 처음 변화를 유발한 성원에게 다시 순환적으로 영향을 미침(→파문 효과)(엄명용 외, 2021: 269).
- 체계적 관점에서는 악순환적인 연쇄 고리, 즉 악순환적인 상호작용 관계의 맥락이나 양상을 파악해야 함(엄명용 외, 2021: 370).
- 순환적 인과성에 따라 가족 문제를 해결하기 위해서는 '왜' 보다는 '무엇을 하느냐' 에 초점을 두어야 하는데, 즉, 문제의 원인보다는 문제를 유지하려는 현재의 상호적 인과관계를 살펴보는 데 초점을 두어야 함.
- 문제를 일으킨 성원 또는 다른 성원의 변화를 통해 가족의 역기능적 문제가 해결될 수 있음.

㉤ 환류 고리(전남련 외, 2009: 322; 엄명용 외, 2021: 372-373)

- 가족은 현재의 평형 상태를 유지하려는 경향을 가지고 있는데, 주로 의사소통을 통해 조절하거나 환류를 통해서 상태를 유지하려고 함.
- 환류 고리는 정적 환류와 부적 환류[168)]로 나뉘는데, 이는 정보가 체계에 들어와 작용할 때 체계가 그때까지의 안정을 깨고 일탈을 향해 움직이려는 경향이 증대하느냐, 감소하느냐에 따른 구분이며, 어느 것이 더 바람직한가의 의미는 없음.

---

207), 김혜영 외(2023: 256-257) 등을 참고하여 요약·제시함.

167) 순환적 인과성(인과관계)은 Galvin & Brommel(1990: 64-65), 전남련 외(2009: 322), 이영분 외(2010: 73-75), 조홍식 외(2019: 126), 엄명용 외(2021: 368-370), 최선화(2022: 208, 211-212), 김혜영 외(2023: 257) 등을 참고하여 전반적으로 요약·제시함.

168) 정적 환류는 현재의 상황이 지속되도록 하는 정보 환류과정으로, 최초의 일탈이나 위기상황을 증폭시키는 작용을 하고, 부적 환류는 지금까지의 행동을 중단하도록 하는 정보 환류과정으로, 일달이나 위기상황으로 더 이상 진전되는 것을 멈추고 원래의 상태로 되돌아가게 하는 작용을 함(엄명용 외, 2021: 372-373). 정적 환류와 부적 환류의 예시는 엄명용 외(2021: 373-374)에 제되어 있으니 참고하기 바람.

ⓑ 가족규칙(이영분 외, 2010: 92-95, 315-318)

- 가족 구성원들이 서로의 행동규칙을 규정하고 제한하는 관계상의 합의(Galvin & Brommel, 1990: 77-83; 조흥식 외, 2019: 124)로서, 가족의 언어 및 시간과 공간의 사용패턴, 가족 내 의사소통의 흐름과 본질, 가족 구성원에 따른 지위와 권력의 부여, 가족의례 등을 규정짓고, 가족의 상호 피드백을 통해 재조정될 수 있음(Hartman & Laird, 1983: 96, 297; 이영호, 2015: 254; 조흥식 외, 2019: 124-125)[169].
- 가족규칙의 유형(Galvin & Brommel, 1990: 80-82)[170]
  - 명시적 규칙 : '우리 가족은 매우 일요일이면 언제나 교회에 간다' 와 같이, 분명하게 이야기할 수 있는 규칙
  - 암시적 규칙 : '우리 가족은 남자는 여자 앞에서, 여자는 남자 앞에서 성에 관한 얘기를 하지 않는다' 와 같이, 겉으로 드러나지 않아 분명히 얘기할 수 없는 규칙

ⓢ 비총합성(조흥식 외, 2019: 150; 최선화, 2022: 211)

- 전체는 부분의 합보다 크다는 뜻임.
- 전체는 부분의 합보다 크기 때문에 가족은 개별 성원의 특성을 단순히 합한 것으로만은 기술될 수 없으며, 가족을 이해하기 위해서는 개별 가족 성원의 특성보다는 성원들의 행동을 연결하는 상호작용이나 의사소통 유형에 주의를 기울여야 함.

⑤ 가족생활주기

ⓖ 가족생활주기의 개념과 특징

- 가족생활주기의 개념(이영분 외, 2010: 87-91)
  - 결혼을 통하여 가족이 결성된 순간부터 자녀의 성장이나 독립, 은퇴, 배우자 사망에 이르기까지 가정생활의 변화과정, 즉 가족의 구조와 관계상의 발달 및 변화
  - 가족생활주기는 가족 성원의 연령과 세대를 고려한 발달단계를 의미함.
- 가족생활주기의 이해 전제 : 많은 가족들은 발달주기의 과도기에 적응 상의 어려움을 겪음(최선화, 2022: 211).
- 가족생활주기의 특징(조흥식 외, 2019: 132-133)

169) 가족규칙에 대한 더 구체적인 내용은 최선화(2022: 208-209)를 참고하기 바람.
170) 가족규칙의 유형은 Jordan & Franklin(1995: 210), 이영분 외(2010: 93), 조흥식 외(2019: 125), 임안나 외(2011: 190) 등을 참고하기 바람.

- 가족생활주기는 가족의 유형 혹은 사회·문화적 차이에 따라 달라짐. 즉, 한부모 가족인지, 재혼가족인지에 따라 가족생활주기는 달라지며, 같은 가족유형이라도 사회문화적 배경이 다르면 가족의 생활주기도 달라질 수 있음. 이혼가족은 부모 자신의 적응과 자녀양육의 과업수행을 병행함.
- 가족생활주기 각 단계의 기간이나 내용은 가족마다 달라지는데, 부부의 결혼연령과 자녀 출산 시기, 자녀 수, 독립기간, 부부의 은퇴나 사망 등의 영향을 받음.
- 가족은 가족생활주기에 따라 발달하며, 각 생활주기마다 가족이 수행해야 하는 발달과제와 욕구를 가짐.

㉡ 가족생활주기와 발달과업(조흥식 외, 2019: 132-133)[171]

- 개인의 발달단계마다 발달과업이 있듯이, 가족도 생활주기에 따라 성취해야 할 발달과업이 있음.
- 가족생활주기마다 가족이 수행해야 하는 역할이나 해결해야 할 일을 발달과업 8단계(Duvall의 가족생활주기)[172]라고 함[173].
- 가족생활주기에서는 각 단계에 따라 일정한 발달과업이 수반되며, 새로운 단계로 전환할 때는 일종의 위기를 경험하게 됨.
- 가족생활주기의 각 단계를 잘 거쳐 나가기 위해서는 각 단계의 발달과업을 성공적으로 성취하는 것이 중요함.
- 가족의 욕구와 문제는 가족생활주기에 따른 발달과업과 관련된 경우가 많음.

〈표 5-2〉 Duvall의 가족생활주기 단계와 발달과업 8단계

가족생활주기 단계		가족생활 발달과업
1단계	자녀가 없는 부부	- 상호 만족스러운 결혼생활의 확립, 임신과 부모 역할에 대한 적응 - 친족망과 조화 이루기
2단계	자녀 임신 · 출산 가족 (첫 자녀 출생부터30개월까지)	- 유아의 발달에 적응 - 부모와 유아가 만족하는 가정의 확립

171) 가족생활주기와 발달과업에 대해서는 이미선 외(2010: 109-112) 등을 참고하여 요약·제시함.
172) Duvall(1977)이 제시한 일반적인 가족의 생애주기와 단계에 따른 발달적 과업에 대해서는 전남련·김혜금(2006: 131-136)을 참고하기 바람.
173) 가족생활주기에 대해서 여러 학자들이 제시하고 있는데, 특히 Carter & McGokdrick(1988), 한국인구보건연구원(2004) 등이 대표적임. 이에 대해서는 이미선 외(2010: 110-111)를 참고하기 바람.

가족생활주기 단계		가족생활 발달과업
3단계	취학 전 자녀 가족	- 취학 전 자녀의 주요 욕구와 관심을 격려하고 성장을 증진하도록 적응 - 에너지 고갈과 프라이버시 부족에 대처
4단계	학령기 자녀 가족	- 학령기 가족의 지역사회와의 조화 - 자녀의 교육성취에 대한 격려
5단계	10代 자녀 가족	- 자유와 책임의 조화 - 부모 역할을 마친 후의 관심과 진로 확립
6단계	성인 초기 자녀를 독립시키는 가족	- 적절한 의례와 지원으로 초기 성인 독립 - 지지적 가정 기반을 유지
7단계	중년기 부모	- 결혼 관계의 재확립 - 노인 세대·젊은 세대와의 관계 유지 - 빈 둥지에 적응하기
8단계	노년가족 성원	- 사별과 혼자 사는 것에 대한 대처 - 노년에 대한 적응 - 은퇴에 대한 적응

※ 출처 : Duvall(1977: 179), Nichols & Schwartz(2001: 130), Carter & McGoldrick(2005: 2), 김혜란 외(2006: 160), 전남련·김혜금(2006: 131-136) 등을 재구성

㉢ 사회변화와 가족생활주기(Carter & McGoldrick, 1999: 13-46, 439-445)

- 최근 초혼연령이 상승하고 출산율이 저하되고 있으며, 평균수명이 연장되는 등의 사회적 변화가 발생함에 따라 가족생활주기에도 변화가 나타나고 있음.
- 첫 자녀로부터 막내 자녀가 독립하는 기간까지를 의미하는 '자녀를 독립시키는 단계'는 과거에 비해 단축되고 있으며, 평균수명의 증가로 중년 부모의 '빈 둥지' 기간이 연장되거나 노년가족 단계가 길어지고 있음.

⑥ 현대 가족의 변화(조흥식 외, 2019: 38-43)174)

㉠ 가족규모의 축소 및 단순화

- 가족분화와 핵가족화
- 인위적인 출산조절정책으로 인한 저출산

174) 현대 가족의 변화는 이영분 외(2010: 19-28), 이미선 외(2010: 106-107), 최선화(2022: 200-201) 등을 참고하기 바람. 이영분 외(2010: 19-28)는 한국 가족의 변화를 가족구조, 가족기능, 가족문제 등의 측면으로 제시하고 있으니 참고바람.

- 가족에서의 독립 증가
- 단독가구, 부부가족 증가(가족결손, 해체로 규모 축소)

㉡ 가족에 대한 가치체계 다양화로 인한 가족형태의 다양화

- 전통적 확대가족과 핵가족, 노인가족, 한부모가족, 재결합가족, 혼합가족, 위탁가족등

㉢ 가족기능의 축소와 변화

- 가족의 보호기능과 부양기능 감퇴
- 전통적인 가족 기능이 전문적인 사회기관으로 이전

㉣ 가족생활주기의 변화

- 초혼연령의 상승과 출산율 저하로 가족생활주기가 매우 단축되고, 고령화로 특정 주기가 길어짐.

㉤ 가족 성원의 권력구조의 평등화

- 기혼여성의 사회활동참여 증가
- 아버지의 가장 권위, 남자로서의 권위가 저하
- 가족의 일체성과 연대성 약화, 이혼율 증가

2) 가족 대상 사회복지실천의 이해

① 가족 대상 사회복지실천의 개념(조흥식 외, 2019: 119, 김혜란 외, 2014: 238-242)[175)]

㉠ 가족을 단위로 한 사회복지실천 활동 : 가족 단위의 문제를 주요 실천 대상으로 삼고, 개인의 문제를 해결하기 위해 가족 단위의 개입이 이루어질 수 있음을 강조함.

㉡ 가족의 다양성과 클라이언트 체계의 다양성 : 가족의 다양성과 환경 간의 상호작용을 이해하는 것이 필요하고, 이를 통해 보다 효과적인 개입이 가능해짐.

② 가족 문제의 특징과 가족 대상 사회복지실천의 특징

㉠ 가족 문제의 특징(조흥식 외, 2019: 38-43, 김혜란 외, 2014: 235-237)

- 한 가족이 표출하는 문제는 여러 가지 문제들 중 하나일 수 있으며, 복합적으로 작

175) 가족 대상 사회복지실천의 개념에 대해서, 이영호(2015: 250-251)는 가족생활을 보호, 보장, 강화하고, 가족 구성원 개개인의 사회적 기능 수행을 높이기 위하여 시행되는 제반 서비스 활동으로 정의하면서, 구체적으로 ① 목적 면에서, 국민의 생활권의 기본 이념에 입각하여 가족의 행복을 유지시키는 것, ② 주체 면에서, 가족을 포함한 사회구성원 전체, ③ 대상 면에서, 가족 구성원 개개인을 포함한 '한 단위로서의 가족 전체', ④ 방법 면에서, 제도적·정책적·기술적 서비스 등 조직적인 제반 활동, ⑤ 범위 면에서, 사회복지의 한 분야라고 제시하고 있음.

용할 수 있음.
- 표면적으로 드러나는 문제가 반드시 표적 문제일 필요는 없음.
- 가족 구성원들은 어려움을 극복하기 위해 다양한 대처 노력을 해왔으며, 이 과정에서 대처 양식이 발달할 수 있음.
- 대처 노력이 실패했을 때, 가족은 외부의 도움을 필요로 함.

ⓛ 가족 대상 사회복지실천의 특징
- 여러 가족 구성원과 동시에 상호작용함(조홍식 외, 2019: 120-121).
- 문제의 원인과 해결 방안에 대한 가족 구성원 개개인의 의견이 다를 수 있으므로, 모든 가족의 이야기를 들어야 함(Nichols, 2013: 52-54).

③ 가족 대상 사회복지실천의 원칙(이영호, 2015: 295; 조홍식 외, 2019: 45-46, 120-124, 132)

㉠ 가족을 돕는 가장 좋은 장소는 그 가족의 집임.
ⓛ 가족이 스스로 문제를 해결하도록 가족역량을 강화함.
㉢ 개입은 개별화 되어야 함.
㉣ 우선 가족의 즉각적 욕구에 반응하고 장기목표를 추구하여야 함.
㉤ 가족은 하나의 사회체계임.
㉥ 협력적 원조관계가 사회복지사와 가족 간에 형성되어야 함.
㉦ 목표는 인종, 신념, 국가에 상관없이 모든 집단을 위한 사회정의를 증진하는 것

④ 가족 대상 사회복지실천의 주요 개념

㉠ 가족경계[176)]
- 가족 구성원 간의 경계(Minuchin, 1974: 54-59; 전남련 외, 2009: 330-331)
  - 밀착된 가족(가족성원 간 혼돈된 경계)
    - ▸가족 성원 간 독립심과 자율성이 결여된 혼돈된 경계를 가지기 때문에 가족 간에 밀착된 관계가 형성됨.
    - ▸가족 응집력이 지나치게 높고 가족원의 획일적인 감정과 생각을 강요함.
    - ▸속박감을 주고, 구성원에게 가족 전체를 위한 희생을 요구하며, 구성원들의 자

176) 가족 대상 사회복지실천의 체계론적인 주요 개념인 '가족경계'는 엄예선(1990: 188-190), 이영분 외(2010: 70-72) 등을 참고하여 전반적으로 요약·제시함.

립적인 탐구, 활동, 문제해결을 지원하지 못함.

• 유리된 가족(가족성원 간 경직된 경계)

▸가족원 상호간 경계가 너무 경직되어 가족원 간 상호작용이 이루어지기 어려움,

▸체계 간 상호작용이 이루어지기 어렵기 때문에 의사소통에 융통성이 없음.

▸가족원 간 응집력과 결속이 낮기 때문에 다른 가족원에 대해 관심이 없으며, 특히 정서적인 욕구를 잘 알아차리지 못하고 반응하지도 못함.

- 가족 외부와의 경계(조홍식 외, 2019: 46-47; 임안나 외, 2011: 190)

• 모든 가족은 외부체계와 어떤 유형으로든 경계를 형성하며 살아감.

• 가족은 주변환경과 다양한 상호작용을 하는데, 가족 외부와의 경계는 경계의 침투성 정도에 따라 개방형 가족, 폐쇄형 가족, 방임형 가족으로 구분됨.

〈표 5-3〉 가족 외부와의 경계의 침투성 정도에 따른 가족의 유형

가족 외부와의 경계의 침투성 정도	가족의 유형	내용
大	개방형 가족	가족 외부와의 경계가 분명하면서도 정보 교환 등이 자유롭게 일어나는 가족 → 건강한 가족
無	폐쇄형 가족	가족 외부의 경계가 너무 모호·경직되어 있어 에너지와 정보의 교환이 없는 가족 → 건강하지 않은 가족
小	방임형 가족	가족 외부와의 경계가 불분명하고 가족 경계선의 방어를 중요하지 않게 생각하므로 외부와의 교류에 제한이 없는 가족 → 건강하지 않는 가족

※ 출처 : Kantor & Lehr(1975: 119-145), 임안나 외(2011: 190), 조홍식 외(2019: 46) 등을 재구성

ⓛ 가족원의 의사소통[177)]

- 의사소통의 특징(임안나 외, 2011: 191)

177) 가족 대상 사회복지실천의 체계론적인 주요 개념인 '의사소통'에 대해서는 이영분 외(2010: 77-80, 91-92)를 참고하여 전반적으로 요약·제시함. 그리고, Hepworth & Larsen(1993: 315-319)은 가족의 의사소통방식에 대한 사정을 할 때 고려해야 할 사항으로, ① 일치성(메시지를 전달할 때 사용되는 언어적·비언어적·상황적 요소의 일치 정도, 의사소통 시 메시지를 일치성을 갖고 일관되게 전달하지 못하는 병리적 현상이 '이중구속' 임)과 명확성(상대방에게 메시지를 전달할 때 자신의 의견이나 느낌, 생각 등을 가리지 않고 분명하게 전달하는 정도), ② 의사소통의 방해요인(Hepworth & Larsen, 1993: 316-317), ③ 의사소통의 수용성(다른 가족성원의 생각과 느낌의 수용 정도)과 표현성(자신이 생각과 느낌의 표현 정도)을 제시하고 있음.

- 기능적 의사소통(일치된 의사소통)(Satir, 1983: 63-75)[178]
  - ▸언어적 메시지 = 비언어적 메시지
  - ▸어떤 사실이나 감정을 가족원끼리 자유롭게 표현하는 긍정적인 의사소통 유형으로, 의사소통의 명확성이 높음.
- 역기능적 의사소통(불일치형 의사소통)(조흥식 외, 2019: 128-129)
  - ▸언어적 메시지 ≠ 비언어적 메시지
  - ▸표현을 주저하고 회피하는 태도를 보이는 의사소통 유형으로, 언어적 메시지와 비언어적 메시지의 의미가 일치하지 않음.

- Satir의 의사소통 유형(Satir, 1983: 63-75; 조흥식 외, 2019: 128-129)

〈표 5-4〉 Satir의 의사소통 유형

유형		특징
기능적 의사소통	일치형 의사소통	- 언어적 메시지와 비언어적 메시지가 일치하는 의사소통 유형 - 친근하고 원만하며 책임감 있고, 현실적인 문제해결 능력이 있는 사람이 사용 - 메시지가 분명하고 직접적이며, 사람을 비난하지않으면서 행위를 평가하고 방향을 제시할 수 있음. - 나 전달법(I- message) : 상대방의 특정 행동에 대한 묘사, 그 행동으로 인한 나의 감정을 표현, 그 행동으로 인해 발생한 결과 혹은 영향을 표현
역기능적 의사소통	비난형 의사소통	- 자기주장이 강하고 독선적이며 명령적이고 지시적인 사람들이 많이 사용하는 의사소통 유형 - 타인을 항상 자신의 욕구를 숨기고 타인에게 공포를 유발하여 스스로 강한 자로 군림하고 싶어함. - 상대방의 결점을 발견하고, 목소리는 딱딱하고 긴장되어 있고, 큰 고함을 지름
	회유형 (아첨형) 의사소통	- 상대방의 의견에 무조건 동의하고 상대방이 원하는 대로 행동하며, 자기 탓을 많이 하여 상대방에게 죄의식을 갖게 함으로써 상대방으로부터 거부 받는 것을 방어하는 의사소통 유형 - 회유형 의사소통을 많이 사용하는 사람들은 자신의 욕구를 분명히 표현하지 못하여 희생적으로 행동함.

178) Neidig(1984: 172-176)는 의사소통의 능력을 향상시키기 위한 의사소통의 원칙을 제시하고 있는데, 이에 대해서는 이영호(2015: 255-256)를 참고하기 바람.

유형		특징
역기능적 의사소통	초이성형 (계산형) 의사소통	- 매사에 비판적이고 분석적이며 평가하는 반응을 많이 하는 의사소통 유형 - 지나치게 기성적이고 잘 따지며 부정적인 측면을 잘 지적함. - 자신의 감정을 잘 표현하지 않으며 실수하지 않으려고 노력함.
	혼란형 (주의산만형) 의사소통	- 타인의 말이나 행동과는 상관없는 의사소통을 함. - 상황을 제대로 파악하여 적절하게 반응하지 못하고, 의사표현에 초점, 요점이 없음.

※ 출처 : 이영분 외(2010: 305-312), 엄명용 외(2021: 410-412, 452-454), 최선화(2022: 221-222), 김혜영 외(2023: 280-281) 등을 재구성

ⓛ 가족사정[179)]

- 가족사정의 개념
  - 가족을 하나의 '단위' 로 보고 가족 내・외부 요인, 이 양자 간의 상호작용 등을 파악하기 위해 자료를 수집・분석・종합하는 과정임(조홍식 외, 2019: 125)[180)][181)].
  - 가족을 하나의 생태체계로 본다는 것은, 가족원의 문제를 그 가족의 기능이나 역동에 관련해 이해하는 것뿐만 아니라 가족에게 영향을 미치는 환경체계와 관련된 상호작용의 양상도 함께 이해하려는 관점을 의미함(이영분 외, 2010: 87; 임안나 외, 2011: 188, 조홍식 외, 2019: 117)[182)].

---

179) 가족사정과 관련한 전반적인 내용은 전남련 외(2009: 333-334), 이영분 외(2010: 83-108), 이영호(2015: 277-294), 조홍식 외(2019: 116-147) 등을 참고하여 요약・제시함.

180) 출처 : 전남련 외(2009: 333), 이영분 외(2010: 83), 임안나 외(2011: 188), 조홍식 외(2019: 117), 김혜영 외(2023: 261)

181) 가족사정은 크게 가족이 제시하는 문제 사정, 생태학적 사정, 세대간 사정, 가족 내부에 대한 사정 등으로 이루어짐. 이에 대한 구체적 내용은 전남련 외(2009: 333-334)를 참고하기 바람. 아울러, 조홍식 외(2019: 118-137)는 가족사정을 크게 가족 내 역동에 대한 사정과 가족 외부체계와의 상호작용에 대한 사정으로 나누고, 가족 내 역동에 대한 사정에서는 가족의 경계, 가족규칙과 가족신화, 가족의 권력구조, 의사소통방식 등을, 가족 외부체계와의 상호작용에 대한 사정에서는 사회적 관계망을 포함한 사회적 환경, 물리적 환경, 문화적 환경 등을 살펴보고 잇으니 참고하기 바람.

182) 가족사정의 목적은 가족이 현재 겪고 있는 어려움이 어떤 것인지, 그 어려움을 지속시키고 있는 가족의 상호작용 양상은 무엇인지, 그리고 가족은 자신들의 상호작용 유형 중에서 어떤 점을 변화시키기 원하는지 등을 파악하는 것이고(엄명용 외, 2021: 399), 그 내용은 ① 가족의 기능과 구조 측면(가족의 하위체계, 가족성원의 경계선, 가족성원의 의사소통, 가족의 규칙, 가족 규범과 역할, 가족의 신화, 원가족 내의 역할, 가족의 권력구조, 희생양, 가족의 강점과 자원, 문제해결방법 등 파악) , ② 가족의 역사적 측면(가계도, 생활주기, 생활력

- 가족사정의 도구(틀)[183]

  - 가계도[184]

    ▸가계도의 개념과 특징

    ◦3세대 이상에 걸친 가족 성원에 관한 정보와 가족 성원들 간의 관계를 도표[185]화한 가족 사정 도구(김유순・이영분, 1992: 129)

    ◦결혼이나 별거, 이혼, 재혼, 질병, 사망 등 중요한 생활 사건이나 인종, 민족, 종교, 직업 등 인구사회학적 특성이 표시되어 있어 각 세대의 가족에 대한 중요한 정보를 얻을 수 있고, 가족 내에서 반복되는 정서적, 행동적 패턴과 여러 세대에 걸쳐 발전된 가족의 역할, 유형, 관계 등을 통찰하는데 유용함(양옥경 외, 2005: 190).

    ◦가족에 관한 정보가 그림으로 표시되어 있기 때문에 복잡한 가족 유형의 형태를 한눈에 볼 수 있음.

    ▸가계도 작성법[186]

    ◦클라이언트와 사회복지사가 함께 작성하며, 가족 성원이 가계도 작성에 거부감을 보일 경우 그들을 존중해 주어야 함.

    ◦여성은 원으로 표시, 남성은 네모로 표시함.

도표를 활용하여 세대전수 과정의 특성과 생활주기 상의 발달과업이나 위기, 가족의 중요한 사건들을 시계열적으로 파악), ③ 가족의 생태환경적인 측면(가족들에게 영향을 미치는 사회・관습적 환경과의 에너지 교환, 스트레스, 자원의 양과 종류 등을 알 수 있는 생태도를 활용) 등으로 분류하여 파악할 수 있음(이영분 외, 2010: 85-99; 김혜영 외, 2023: 262).

183) 가족사정에는 객관적 자료뿐만 아니라 주관적 자료에 대한 파악이 필요한데, 객관적 자료는 가족역할, 가족의 물리적 환경, 가족규칙 등과 같은 가족의 객관적 상황에 대한 자료를 말하며, 주관적 자료는 사건이나 과정에 대한 클라이언트 개인의 반응과 의미, 그리고 사람과 사건에 대한 가족 구성원들의 느낌을 의미함(임안나 외, 2011: 188; 조흥식 외, 2019: 117-118). 가족사정의 방법에는 면접을 통한 사정방법과 관찰을 통한 사정방법, 그리고 도구를 통한 사정방법이 있는데(이영분 외, 2010: 99-101; 김혜영 외, 2023: 262-268), 본 서에서는 도구를 통한 사정방법으로서의 사정도구에 대해서 파악하고자 함.

184) 가계도와 관련하여 본 서에 제시된 내용에 대해서는 전남련 외(2009: 335-339), 이미선 외(2010: 125=127), 이영분 외(2010: 101-107), 임안나 외(2011: 193-196), 이영호(2015: 284-288), 조흥식 외(2019: 141-142), 엄명용 외(2021: 416-423), 김혜영 외(2023: 264-266) 등을 참고하여 요약・제시함. 특히, 가계도를 작성하기 위해 사용하는 질문의 내용과 이에 대한 분석 내용은 김혜란 외(2006: 169-171), 임안나 외(2011: 196) 등을 참고하기 바람.

185) 출처 : 김유순・이영분(1992: 129)

186) 가계도에서 제시되는 가족관계 기호에 대해서는 McGoldrick & Gerson(1985: 154-155)를 참고하고, 가계도의 작성법을 그림으로 알게 쉽게 이해하기 위해서는 Mcgoldrick et al.(1999: 192), 김혜란 외(2006: 168), 이미선 외(2010: 126-127), 임안나 외(2011: 194-195) 등을 참고하기 바람.

◦ 네모나 동그라미 밖의 이중 테두리는 개인 클라이언트를 의미함.
◦ 동일 세대의 가족 구성원을 수평선으로 그리는데, 즉, 수평선은 결혼이나 관습법적 관계를 의미함.
◦ 결혼하여 생긴 자녀는 부모의 수평선 바로 밑에 수직선으로 연결함.
◦ 자녀는 연장자로부터 연소자로 나이 순서에 따라 왼쪽에서 오른쪽으로 서열화
◦ 각 개인은 현재 그 가정에서 살고 있는지, 사망 여부와 무관하게 가계도상에서 명확하게 필요한 지점에 표시되어야 함.
◦ 가족 구성원의 이름과 연령은 네모나 원 안에 표시하고, 그 바깥쪽에는 중요한 정보를 문자로 기록함.
◦ 가족 구성원이 사망했다면 사망 연도, 사망연령, 사망원인을 기록하고, 가계도에서는 대각선으로 표시함.
◦ 수직선은 결혼과 자녀를 나타내는 다른 원과 직선까지 연결함.
◦ 사망, 이혼 및 재혼과 같은 중대한 사건을 표시하고 재발된 행동 양식을 나타내기 위한 다른 기호 또는 문제 해설을 포함함.

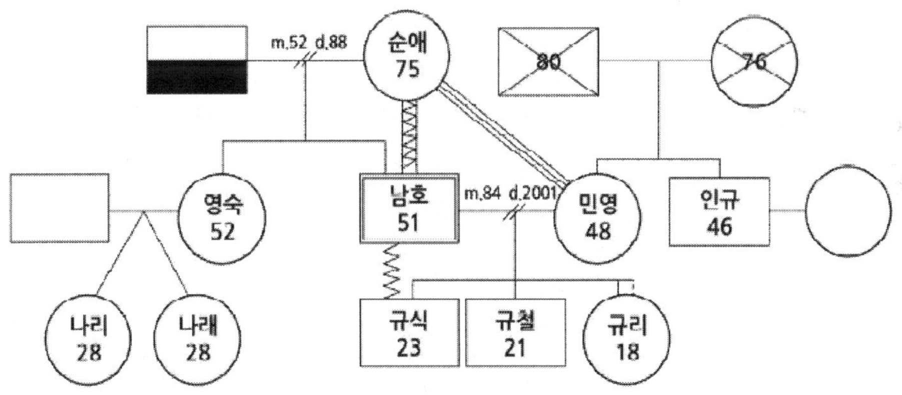

[그림 5-1] 가계도 예시

- 생태도[187]
  - ▸ 생태도의 개념과 특징
    - ◦ 1970년대에 Hartman에 의해 개발된 것으로 개인 및 가족의 사회적 맥락과 개

187) 생태도와 관련하여 본 서에 제시된 내용에 대해서는 전남련 외(2009: 339-341), 이미선 외(2010: 128-129), 임안나 외(2011: 193), 이영호(2015: 290-293), 조홍식 외(2019: 139-141), 엄명용 외(2021: 425-426), 김혜영 외(2023: 267) 등을 참고하여 요약·제시함. 특히, 생태도의 분석 내용은 김혜란 외(2006: 165)를 참고하기 바람.

인 및 가족을 둘러싼 사회체계들과의 상호작용을 하나의 그림으로 나타낸 사정 도구임.

∘ 개인 또는 가족의 삶의 공간에 존재하는 생태체계들, 개인 및 가족과 그들 체계와의 관계, 개인 및 가족을 둘러싼 자원 또는 에너지의 유입과 유출을 표시함으로써 클라이언트(개인이나 가족)에게 유용한 자원이나 환경이 무엇인지 등을 알 수 있음.

∘ 환경 속의 인간에 초점을 두기 때문에 클라이언트를 생태학적 관점에서 이해하는 데 도움이 됨.

∘ 개입 초기에 가족을 사정하는 도구로 활용할 뿐 아니라 변화를 확인하는 도구로 반복해서 사용할 수 있는데, 이를 '연속생태지도' 라고 함.

∘ 생태도를 그린 후 사회복지사와 클라이언트는 클라이언트 체계의 적용과 대처능력을 향상시킬 수 있는 외부요인을 찾고, 조정되어야 할 갈등요소, 연결 및 동원되어야 할 자원들을 확인해야 함.

▸ 생태도의 기능

∘ 가족생활 및 가족이 집단, 단체, 조직, 다른 가족, 개인들과 맺는 관계의 본질에 대하여 전체적인 시각 또는 생태학적 시각을 가지도록 도움.

∘ 결혼 및 가족 상담, 입양과 위탁가정 연구 등의 다양한 상황에 활용됨.

∘ 생태도는 기본적인 사회적 정보를 간편하게 기록하는 방법이므로 전통적인 사회력과 사례 기록을 보완하는 역할을 함.

∘ 생태도는 클라이언트와 실천가 모두에게 클라이언트의 문제에 대한 통찰력을 얻도록 해주며, 건설적인 변화를 더 잘 모색할 수 있도록 해줌.

∘ 생태도는 특정 시간 동안 중요하게 일어난 상호작용에 대한 스냅사진의 역할을 함.

▸ 생태도 작성법

∘ 가족을 표현하는 원을 중앙에 그려 클라이언트와 그 가족을 표시함.

∘ 가족이 일상적으로 상호작용하는 주변 환경체계는 중심원 주변에 각각의 원으로 표시함.

∘ 생태도 사용자는 나름의 약어와 기호를 만들어 낼 수 있음.

∘ 가족과 환경체계의 관계(교류상황 및 상호교류 성격)를 다양한 선으로 표현함.

∘ 가족 및 관련 체계 사이의 자원 및 의사소통 교환인 에너지의 직접적인 흐름

의 방향은 화살표로 나타냄.

◦ 외부체계가 가족 내 특정 개인과만 연결되어 있으면 그 개인과 외부체계를 선으로 연결하고, 외부체계가 가족 전체와 연결되어 있으면 외부체계와 큰 원을 선으로 연결함.

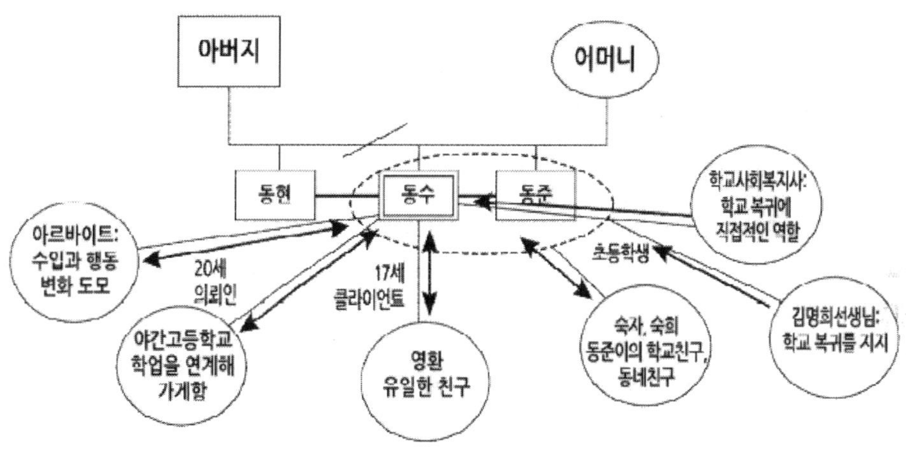

[그림 5-2] 생태도 예시

- 사회적 관계망표(조흥식 외, 2019: 142-145)
  - ▸사회적 관계망표의 개념과 특징
    - ◦ 개념 : 사회적 관계망 격자 또는 사회적 관계망 그리드라고도 하며, 개인, 가족의 사회적 관계망 혹은 사회적 지지를 사정하는 도구임(이영호, 2015: 29 3)188).
    - ◦ 표시되는 내용

      @클라이언트 사회적 관계망 내의 사람들이 클라이언트와 어떤 관계에 있는지

      @관계망 구성원들이 클라이언트에게 물질적, 정서적, 정보적 지지를 어느 정도 주고 있으며, 도움을 일방적인지 쌍방적인지

      @관계망 구성원과의 근접성, 접촉빈도, 최초접촉 시기 등
    - ◦ 활용 : 효과적 사회적 지지를 사용하여 자신의 문제나 어려운 상황을 극복할

188) 사회적 관계망은 가족환경의 범위 내에 있으면서 이들 가족에 영향을 미치는 중요한 사람들 또는 체계를 말하는 것으로, 사회적 관계망이 이들 가족에 긍정적으로 영향을 미치는 경우 가족이나 가족 구성원들에게 격려와 긍정적 피드백을 경험하게 하며 구체적 문제에 대한 지식과 기술 및 지원을 제공하는 반면, 부정적 영향을 미치는 경우에는 가족문제를 악화시킬 수 있음(임안나 외, 2011: 192).

수 있도록 돕기 위해서 사회복지사는 클라이언트와 함께 잠재적인 사회적 관계망과 그들로부터 받는 사회적 지지를 확인해야 하는데, 이를 위해 사회적 관계망표가 사용됨.

▸ 사회적 관계망표에서 알 수 있는 정보

- 가족의 사회적 관계망에서 중요한 인물
- 가족이 지지를 받는 생활영역
- 사회적 관계망에서 지지를 제공하는 각각의 지지유형
- 제공되는 지지 정도의 중요성
- 지지의 방향이 상호적인지 또는 일방적인지
- 개인적 친밀감 정도, 접촉빈도
- 관계의 기간(알고 지낸 기간)

〈표 5-5〉 사회적 관계망표의 예시

클라이언트: 이름		생활영역 1.동거가족 2.다른가족 3.직장/학교 4.조직들 5.다른친구 6.이웃 7.전문가 8.기타	구체적 지원 1.거의없음 2.간혹있음 3.거의항상있음	정서적 지원 1.거의없음 2.간혹있음 3.거의항상있음	정보/충고 1.거의없음 2.간혹있음 3.거의항상있음	비판 1.거의없음 2.간혹있음 3.거의항상 있음	원조의방향 1.양방향 2.당신이 그들에게 향함 3.그들이 당신에게 향함	친밀성 1.친밀성이 없음 2.친밀한정도 3.매우친밀	얼마나자주 보는가 0.보지않음 1.몇회/년 2.매달 3.주별 4.매일	얼마나오래 알았는가 1.1년미만 2.1~5년 3.5년이상
박군	01	1	1	2	2	1	1	1	4	3
아버지	02	1	1	1	1	1	3	1	3	3
어머니	03	1	1	1	1	1	2	1	4	3
누나	04	1	2	2	1	1	3	1	4	3
할머니	05	1	1	1	1	1	2	1	4	3
큰 아버지	06	2	2	1	2	2	2	1	2	3
사촌형	07	2	3	3	3	2	2	3	3	3
김군 (c.t친구)	08	5	3	3	3	2	2	3	4	3
목사님	09	7	1	2	2	1	2	2	1	3

• 생활력 도표(조흥식 외, 2019: 130; 김혜란 외, 2014: 182-184)

▸ 생활력 도표의 개념과 특징

- 생활력 도표는 클라이언트의 삶에서 중요한 사건이나 문제를 시기별로 전개해 표로 나타낸 사정 도구임.
- 클라이언트나 가족이 겪고 있는 문제의 발생 시점과 촉발사건 등을 파악할 수 있으며, 사건 간에 보이는 양상이나 관계를 파악할 수 있음.
- 클라이언트의 생애 동안 발생한 사건이나 문제의 발전과정을 알 수 있음.

∘ 생태도나 가계도처럼 기호를 사용하지 않고 표를 이용함.

▸ 생활력 도표의 활용

∘ 특정 발달단계의 생활경험을 이해하는 데 도움이 됨.

∘ 아동과 청소년을 대상으로 하는 활동에서 유용하게 사용됨.

∘ 가족의 다양한 시기의 자료를 조직화하여 표현함.

∘ 출생부터 개입 시점까지 클라이언트 삶의 다양한 시기에 관련된 여러 특징들을 조사하여 다른 자료와 종합함으로써 클라이언트의 현재를 이해하는 데 도움이 됨.

〈표 5-6〉 생활력 도표의 예시

[클라이언트 : 최재원]

연도	연령	지역	가족	학교	건강	활동	문제
1990	1990.3.25 출생	경기도 고양군	어머니 21 외할머니 50 외할아버지 54		8개월 조산아		인큐베이터 3주간
1991	1				심한아토피		
1992	2						
1993	3	경기도 수원시	어머니 취업	어린이집	수두 2일 입원		분리불안 심함
1994	4			어린이집	천식 3일 입원		
1995	5		외조부 사망	어린이집	폐렴 4일 입원		
1996	6	경기도 양평	어머니 전근	어린이집			외톨이임
1997	7		어머니 재혼 해서 떠남	초1			학교 싫어하고 자주아픔
1998	8			초2			학교에서 자주 싸움
1999	9			초3			학업성적 떨어짐
2000	10	수원시	할머니 병환	초4 성적부진	복통 자주 호소		
2001	11		이모네 합침	초5 전학	천식, 재발	축구	할머니와 자주다툼
2002	12		어머니 재혼 사실 알게 됨	초6 무단결석			흡연
2003	13			중1 성적부진		금연학교	흡연, 음주
2004	14			중2폭력	팔 골절	불량서클 가입	학교에서 패싸움 가담
2005	15		생모 찾아가나 학대 받음	중3 무단결석			가출
2006	16			고1 학업성적 저하			비행서클 가입

- McMaster의 가족사정척도)(Epstein et al., 1983: 171-180; 조홍식 외, 2019: 126-127)
  - ▸목적 : 가족의 기초과업, 발달과업, 힘든 과업을 포함, 현재의 가족 기능을 검사
  - ▸구성 : 총 60개 문항에 일곱 개의 하위범주로 구성되어 있으며, 하위범주는 각각 문제해결, 의사소통, 역할, 정서적 반응성, 정서적 관여, 행동통제, 전반적 기능으로 구성됨.
  - ▸채점 방법과 해석
    - ◦각 항목의 점수를 채점해서 합산함.
    - ◦건강하지 않은 기능을 기술하는 문항은 역으로 채점해서 합산함.
    - ◦총점이 높을수록 가족 기능이 건강한 것임.

- 그 밖의 가족 사정 방법
  - ▸면담(임안나 외, 2011: 192)
    - ◦면담(혹은 면접)은 가족을 사정하는 데 가장 기본적이며 중요한 방법
    - ◦부모나 자녀, 확대가족·혹은 가족에 대해 잘 알고 있는 이웃 등을 대상으로 실시할 수 있음.
  - ▸관찰(조홍식 외, 2019: 131; 김혜란 외, 2014: 241-242)
    - ◦관찰은 면담 중에 이루어지기도 하고, 가족원의 집을 방문하여 일상생활에서 자연스럽게 나타나는 모습을 관찰할 수도 있음.
    - ◦면담 중에는 가족 조각이나 실연기법 등을 통해 가족의 상호작용을 관찰하여 가족의 역기능적 상호작용 형태나 의사소통 방식, 내용 등을 발견함.
    - ◦필요한 경우 가족원의 집을 방문하여 가족원이 생활하는 모습 그대로를 관찰하기도 하는데, 물론 가족의 동의와 협조가 필요함.
  - ▸생활주기표(Carter & McGoldrick, 1988: 1-25; 조홍식 외, 2019: 126)
    - ◦클라이언트의 생활주기 및 각 발달단계의 과업 및 가족 구성원의 발달단계와 주요 과업을 하나의 표로 나타낸 것임.
    - ◦가족 내 각 성원은 각각의 다른 발달단계에 있기 때문에 서로 다른 발달과업 및 위기를 경험하게 되는 생활주기표를 이용하면 가족 내 개별성원의 현재 발달단계와 과업, 위기 등을 한눈에 볼 수 있음.
  - ▸가족조각(Satir, 1983: 162-174; 조홍식 외, 2019: 131; 김혜란 외, 2014: 241-242)
    - ◦공간 속에서 가족 구성원들의 몸을 이용해 가족의 상호작용 양상을 표현함으

로써 가족에 대한 이해를 돕는 기법
∘ 가족 조각은 역기능적 가족 연합을 보여주고 관계를 재조정해야 함을 인식시켜야 할 때 매우 효과적인 기법임.

▸ 소시오그램(Moreno, 1953: 95-103)
∘ 소시오그램은 소시오메트리에서 서로 좋아하거나 싫어하는 사람을 선택하여 그 관계를 그린 그림임.
∘ 소시오그램에서 관계는 화살표로 표시됨.
@양방향 화살표(↔) : 상호 선택 @일방향 화살표(→ or ←) : 일방적 선택
@무화살표( ) : 고립형 @점선(----) : 무관심형
∘ 가족이나 집단 내에서의 인간관계를 알아보기 위한 방법임.

▸ 원가족 척도, PIE 척도 : 횡단적 생활사건을 한눈에 파악할 수 있는 방법

⑤ 가족 대상 사회복지실천의 주요 모델 및 실천기술(기법)

㉠ Bowen의 세대간 가족치료모델[189)]

- 특징(Bowen, 1978: 340, 362-370, 373, 382)[190)]
  - 가족을 다세대적 현상으로 보아 다세대적 분석을 통해 현재의 가족 문제를 파악하려고 함.
  - 대부분의 가족 문제는 가족 성원이 원가족에서 심리적으로 분리되지 못한 데서 비롯된다고 봄.
  - 가족 성원이 원가족과 맺는 삼각관계를 통찰하고, 해결되지 못한 감정적 애착을 해결할 것을 강조함.
- 주요개념

---

189) Bowen(1978: 301-387)의 세대간 가족치료모델은 인간의 행동과 인간문제에 대해 가장 포괄적인 관점을 가지고 있으며, 정신분석에서 출발하여 가족생활로 구체화되었고 하나의 독립된 가족치료모델로 발전하였음(NiChols & Schwartz, 1995: 362). 이 모델의 주요 전제는 개인이 성숙하고 건강한 성격으로 분화하기 위해서는 먼저 개인이 가족에 대한 미해결된 정서적 애착이 긍정적으로 해결되어야 한다고 보았음(전남련 외, 2009: 327). 이 모델에 대해서는 조홍식 외(2019: 174-177), 최선화(2022: 223-226), 김혜영 외(2023: 274-279) 등을 참고하여 요약·제시함. Bowen의 세대간 가족치료모델에 대해서는 특히, 이영분 외(2010: 135-167)를 많이 참조하였고, 그 사례(이영분 외, 2010: 169-193)도 자세히 소개되어 있으니 참고바람.

190) Bowen(1978)의 세대간 가족치료모델의 특징에 대해서는 이영분 외(2010: 136-138), 에듀윌(2025: 139) 등을 참고하여 요약·제시함.

- 삼각관계(Bowen, 1978: 373-376)[191)]
  - ▸ 두 사람 사이에서 스트레스나 긴장 관계가 발생했을 때 제3자를 두 사람의 상호작용체계로 끌어들여 긴장의 수준을 완화하려는 것으로, 가족의 분화수준이 낮을수록 삼각관계를 형성하려는 경향이 있음(에듀윌, 2025: 139).
  - ▸ 삼각관계는 문제를 해결하는 데 도움이 되지 못하고 오히려 문제를 은폐하거나 분산시키게 함.
  - ▸ Bowen은 삼각관계가 불안이나 긴장, 스트레스를 일시적으로 감소시킬 수는 있으나, 가족의 정서체계를 더욱 혼란스럽게 만들어 증상을 악화시킨다고 주장함.
- 자아분화(Bowen, 1978: 362-370)[192)]
  - ▸ 한 가족의 정서적 혼란으로부터 자신이 자유로워지는 과정(에듀윌, 2025: 139)
  - ▸ 정신 내적 측면과 외부 관계적 측면을 모두 포함하는 개념으로서, 정신 내적 측면에서의 자아분화란 개인의 지적, 정서적 측면의 분리 또는 구분을 의미함.
  - ▸ 자아분화 수준이 높으면 생각과 감정이 적절히 분리되어 있고, 사고와 감정이 균형을 이루고, 자아분화 수준이 높을수록 가족체계의 정서로부터 분화되어 적응력과 자율성이 커짐(에듀윌, 2025: 139).
  - ▸ 가족 내에 자아분화 정도가 낮은 성원이 존재하면 그를 중심으로 삼각관계가 형성될 수 있음.
  - ▸ 자아분화 수준이 낮은 부모는 미분화에서 오는 자신들의 불안을 삼각관계를 통해 회피하려고 함.
- 핵가족 정서 과정(Bowen, 1978: 376-380; 이영분 외, 2010: 149; 김혜영 외, 2023: 276)
  - ▸ 핵가족은 하나의 정서체계로서, 긴장과 불안이 발생하면 그것을 다루는 독특한 기제를 나타내게 됨.
  - ▸ 핵가족 정서 과정이란, 해소되지 못한 불안들이 개인에게서 가족에게로 투사되는 것을 의미함(에듀윌, 2025: 139).
- 가족 투사과정 : 부부가 불안이 증가될 때 자신의 미분화된 정서 문제를 자녀에게 투사하는 과정(이영분 외, 2010: 146-147; 조홍식 외, 2019: 175; 김혜영 외, 2023: 276; 에듀윌, 2025: 139)

---

191) Bowen(1978)의 삼각관계 내용에 대해서는 이영분 외(2010: 144-146), 조홍식 외(2019: 175), 엄명용 외(2021: 428-429), 최선화(2022: 224), 김혜영 외(2023: 275) 등을 참고하여 요약・제시함.
192) Bowen(1978)의 자아분화 내용에 대해서는 이영분 외(2010: 142-143), 조홍식 외(2019: 174), 엄명용 외(2021: 429), 최선화(2022: 223-224), 김혜영 외(2023: 275) 등을 참고하여 요약・제시함.

- 다세대 전수과정 : 가족 정서과정(자아분화 수준, 삼각관계, 융합 등)이 그 세대에서 그치는 것이 아니라 대를 이어 전개되는 것(Bowen, 1978: 382-384; 이영분 외, 2010: 147-149; 조홍식 외, 2019: 175; 엄명용 외, 2021: 429-430; 김혜영 외, 2023: 276)
- 정서적 단절(이영분 외, 2010: 149-150; 조홍식 외, 2019: 175-176; 김혜영 외, 2023: 277)
  - ▸세대 간의 불안을 처리하는 방법으로서, 해결되지 못한 정서적 애착으로부터 도피하는 것(에듀윌, 2025: 139)
  - ▸극심한 정서적 분리의 양상을 의미

- 대표적 기법[193]
  - 탈삼각화 : 삼각관계의 제3자를 두 사람의 관계에서 분리시켜 벗어나게 하여 가족원들이 자아분화를 할 수 있도록 하는 방법[194]
  - 가계도(이영분 외, 2010: 154-157; 최선화, 2022: 225; 김혜영 외, 2023: 278)
    - ▸가족의 문제를 사정하기 위해 가계도를 그리고 치료 용도로 활용함.
    - ▸다세대에 걸쳐 내려오는 가족체계의 문제, 가족 역할, 유형, 갈등, 단절, 삼각관계 등을 알아볼 수 있음.

ⓛ Minuchin의 구조적 가족치료모델[195]

- 특징
  - 가족을 재구조화함으로써 가족의 적절한 기능을 수행할 수 있도록 도움(양옥경 외, 2005: 250).
  - 가족구조의 불균형(경계가 불분명하거나 지나치게 밀착되어 있는 것, 위계질서의 모호함, 체계 간 경직성 등)으로 인해 가족 문제가 발생한다고 보고, 가족구조의 변화(가족의 재구조화)를 목표로 함(전남련 외, 2009: 326; 에듀윌, 2025: 139).
  - 변화는 하위체계들의 역할과 책임이 명확해지고 이것을 가족 구성원 모두가 수용할 때 일어남(Minuchin, 1974: 52-53).

---

193) Bowen(1978)의 세대간 가족치료모델의 개입과정은 이영분 외(2010: 164-166)을 참고하기 바람.

194) 탈삼각화기법은 이영분 외(2010: 159-161), 전남련 외(2009: 342-344), 임안나 외(2011: 199), 이영호(2015: 310-302), 김혜영 외(2023: 278) 등을 참고하여 요약·제시함.

195) Minuchin(1974)의 구조적 가족치료모델은 조홍식 외(2019: 152-158), 최선화(2022: 214-219), 에듀윌(2025: 139) 등을 참고하여 요약·제시함. Minuchin(1974)의 구조적 가족치료모델에 대해서는 특히, 이영분 외(2010: 253-275)를 많이 참조하였고, 그 사례(이영분 외, 2010: 277-293)도 자세히 소개되어 있으니 참고바람.

- 주요개념(이영분 외, 2010: 256-260; 김혜영 외, 2023: 286-287)
  - 경계(Minuchin, 1974: 54-59)
    - ▸체계와 체계를 구분하는 보이지 않는 선으로, 하위체계 간의 상호 역동은 경계가 명확한지, 밀착되었는지, 경직되었는지에 따라서 '명확한 경계', '경직된 경계', '밀착된 경계'로 구분함(에듀윌, 2025: 139).
    - ▸가족의 상호작용과 그 과정에 구성원 누군가가 어떠한 방법으로 참가할 수 있는가에 대한 규약
  - 제휴 : 가족체계에서 한 개인이 다른 구성원의 활동에 협력 또는 반대하는 등의 관계를 가지는 것을 말함(에듀윌, 2025: 139).
  - 세력(권력) : 가족 개개인이 상호작용을 통해 다른 사람에게 미치는 영향력을 의미함(에듀윌, 2025: 139). 단, 절대적인 권한을 의미하는 것은 아님.
  - 가족구조 : 구조적 가족치료에서 구조란 보이지 않는 일련의 기능적 요구인데, 가족원끼리 상호작용 방법과 연속성, 반속, 예측되는 가족행동 등을 조직한다면 가족은 고유의 구조를 가지고 있다고 볼 수 있음(Minuchin, 1974: 51-52).
- 대표적 기법(Minuchin, 1974: 123-140)[196]
  - 경계 만들기[197]

〈표 5-7〉 구조적 가족치료모델의 경계만들기 기법

구분	내용
밀착된 가족에 대한 개입	하위체계 간 경계선을 강화시키고 각 개인의 독립성을 키워줌.
분리된 가족에 대한 개입	가족 성원 간 교류를 촉진시키고 경직된 경계선을 완화시킴.
부부연합을 강화하는 개입	부모연합이 약한 가족인 경우 부부관계를 강화하고 아이들과의 상호작용으로 연합전선을 형성할 수 있도록 도움.

※ 출처 : 임안나 외(2011: 199), 이영호(2015: 302), 김혜영 외(2023: 289) 등을 재구성

196) Minuchin(1974)의 구조적 가족치료모델의 대표적 기법으로는 합류하기와 적응하기, 상호작용에 개입하기, 구조적 지도 만들기, 상호작용을 강조하고 수정하기, 경계선 만들기, 균형 깨뜨리기, 비생산적 가정에 도전하기 등이 있는데, 이에 대해서는 이영분 외(2010: 260-267), 조홍식 외(2019: 156-157), 김혜영 외(2023: 288-289)를 참고바람. 특히, 본 서에 제시되지 않은 구조적 가족치료모델의 대표적 기법 중 하나인 '가족지도'에 대해서는 엄명용 외(2021: 409-410)를 참고하고, 그 예시에 대해서는 Minuchin(1974: 61), Goldenberg & Goldenberg(2000: 210) 등을 참고하고, Minuchin의 구조적 가족치료모델의 개입과정에 대해서는 이영분 외(2010: 267-275)에 자세히 나와 있으니 참고바람.

197) 경계만들기기법에 대해서는 전남련 외(2009: 345), 임안나 외(2011: 199), 이영호(2015: 302), 엄명용 외(2021: 434-437), 최선화(2022: 217-218), 김혜영 외(2023: 289) 등을 참고하여 요약·제시함.

- 합류하기(김혜영 외, 2023: 288)[198]
  - ▸사회복지사가 가족의 현실적 상황에 들어가 함께 경험하거나 가족 성원들의 스타일에 맞추어 언어적 · 비언어적 의사소통을 하는 것
  - ▸사회복지사가 개입 시 가족의 분위기를 파악하여 그에 맞추어 행동하거나 감정을 표현하는 기법
  - ▸가족과 사회복지사의 거리를 좁혀주는 역할을 함.
  - ▸일반적으로 개입 초기 단계에 많이 사용함.
- 실연[199]
  - ▸치료 면담 중에 가족에게 역기능적인 가족 성원 간의 교류를 실제로 재현시키는 기법
  - ▸가족의 갈등을 '지금-여기'로 가져오는 기법
  - ▸가족 성원들은 치료자 앞에서 가족의 문제나 갈등상황을 직접 재현하게 됨.
- 긴장 고조시키기(최선화, 2022: 219)
  - ▸가족 내 긴장을 고조시킴으로써 대안적 갈등 해결방법을 사용하도록 돕는 기법
  - ▸가족 성원 간의 의사소통 통로를 차단함으로써 가족원 간 긴장을 고조시킴.
- 과제부여 : 가족 상호교류에서 자연스럽게 발전될 수 없는 행위를 실연해 보도록 한 후, 가족이 해야 할 분야를 개발시키기 위하여 과제를 주는 기법(최선화, 2022: 218)
- 균형 깨뜨리기[200]
  - ▸하위체계 간의 관계를 재배치함으로써 가족 내 하위체계들 간의 역기능적 균형을 깨뜨리기 위한 기법
  - ▸사회복지사는 의도적으로 일부 가족 성원의 편을 들기도 함.

㉢ Satir의 경험적 가족치료모델(성장모델, 의사소통모델)[201]

---

198) 구조적 가족치료모델의 대표적 기법 중 하나인 합류하기(joining)에 대한 더 구체적인 내용은 엄명용 외(2021: 383)을 참고하기 바람.

199) Minuchin(1974)의 구조적 가족치료모델의 실연에 대해서는 Minuchin & Fisch(1981: 82-94), 이영호(2015: 302-303), 암명용 외(2021: 431-432) 등을 참고하여 요약 · 제시함.

200) 균형깨뜨리기기법에 대해서는 전남련 외(2009: 345-346), 임안나 외(2011: 199-200), 이영호(2015: 302), 김혜영 외(2023: 289) 등을 참고하여 요약 · 제시함.

201) Satir(1983)의 경험적 가족치료모델에 대해서는 최선화(2022: 219-223), 에듀윌(2025: 19) 등을 참고하여 요약 · 제시함. Satir의 경험적 가족치료모델에 대해서는 특히, 이영분 외(2010: 295-332), 조홍식 외(2019: 177-178) 등을 많이 참조하였고, 그 사례(이영분 외, 2010: 333-368)도 자세히

- 특징[202)]
  - 가족의 특유한 갈등과 행동 양식에 맞는 경험을 제공하여 의사소통방법을 교정하고 자아존중감을 향상시키는 것을 목표로 함(에듀윌, 2025: 139).
  - 가족이 보이는 역기능 양상이 다양한 만큼 경험적 가족치료들이 가족에게 주려는 경험도 다양하며, 경험적 가족 치료자들이 제공하는 경험이란 가족 성원이 자발적으로 자신을 열어 보일 수 있는 기회, 표현의 자유, 개인의 성장 등을 의미함.
  - 가족관계의 병리적 측면보다는 긍정적 측면에 초점을 둠,
  - 가족과 개인의 상호작용이나 경험 등을 변화시킴으로써 성장할 수 있는 경험을 하게 하는 것에 목표를 둠.
- 주요개념[203)]
  - 자아존중감(조흥식 외, 2019: 121-122)[204)]
    - ▸자아존중감은 Satir의 경험적 모델의 핵심이자 치료의 결과적 목적이 되는 개념으로, 자아존중감의 형성은 가족구조와 부모와의 관계가 중요하게 부각되는 생애 초기에 자녀가 어떠한 관계를 경험했는가가 중요함(에듀윌, 2025: 139).
    - ▸Satir의 모델은 개인의 낮은 자아존중감을 회복시켜 자신의 가치를 인정하고, 보유하고 있는 장점과 자원을 발견하고 활용함으로써 문제 상황에 잘 대처할 수 있게 함.
  - 의사소통[205)] : Satir의 가족치료에서는 가족의 역기능적 의사소통[206)] 맥락을 확인하고, 그러한 의사소통 방법을 교정하는 것(의사소통의 명확화)을 중시함(전남련 외, 2009: 326)[207)].

소개되어 있으니 참고바람.

202) Satir(1983)의 경험적 가족치료모델의 특징에 대해서는 이영분 외(2010: 296-297, 300-303)를 참고하여 요약・제시함.

203) Satir(1983)의 경험적 가족치료모델의 주요 개념에 대해서는 이영분 외(2010: 304-318)를 참고하여 요약・제시함.

204) Satir(1983)의 경험적 가족치료모델은 1960년대 인본주의 심리학의 영향을 많아 받았으며, 개인과 가족의 정서적 경험과지금-여기(here and now)의 경험을 강조함(송정아・최규련, 1997: 129). 이 모델의 주요 개념인 자아존중감은 이영분 외(2010: 304-305), 엄명용 외(2021: 412-414), 최선화(2022: 219-221), 김혜영 외(2023: 279-280) 등을 참고하여 요약・제시함. 특히, 정문자(2003: 152-157)는 자아존중감을 높이기 위한 활동기법을 2개 제시하고 있으니 참고하기 바람.

205) Satir(1983)의 경험적 가족치료모델(의사소통모델)의 주요 개념인 의사소통의 유형에 대해서는 Satir(1983: 63-75), 엄명용 외(2021: 410-412, 452-454) 등을 참고하기 바람.

206) Satir(1983)의 가족치료에서 가족의 역기능적 의사소통에 대해서는 엄명용 외(2021: 453-454), 김혜영 외(2023: 280-281), 에듀윌(2025: 139)를 참고하기 바람. 특히, 이에 대해서는 이영분 외(2010: 307-311)에 예시와 함께 자세히 나와 있으니 참고바람.

- 대표적 기법[208]
  - 가족 조각(Satir, 1983: 162-174)[209]
    - ▸공간 속에서 가족 구성원들이 몸을 이용해 가족의 상호작용 양상을 표현하게 함으로써 가족에 대한 이해를 돕는 기법
    - ▸가족원들은 다른 성원들의 조각을 보는 과정에서 통찰력, 이해, 공감, 동정, 후회, 사과, 가족 간의 친밀감, 가족 규칙 등의 감정을 경험함.
    - ▸주어진 공간에서 구체적으로 관계 유형을 볼 수 있고 경험할 수 있음.
    - ▸대화 없이도 다른 사람의 관점을 이해하는 수단을 제공하므로, 말이 서툰 가족원에게 유용한 기법
  - 역할극, 역할 연습 : 정상적 생활에서의 역할과는 다른 역할을 해보는 기법[210]
  - 역할 반전 : 가족의 구성원들이 서로의 역할을 바꿔보는 기법
  - 가족 그림[211]
    - ▸가족 성원들이 자신이 느끼는 대로 자유롭게 가족에 대해 그림을 그리게 함.
    - ▸그림을 통해 가족원 자신이 가족에 대해 어떻게 느끼는지, 가족관계에 어떤 문제가 있는지 등을 이해할 수 있음.
  - 비유(조홍식 외, 2019: 131)
    - ▸주제나 생각이 유사한 다른 상황과 연결시켜 표현하는 기법
    - ▸가족이 자신의 문제를 밝히기 부끄러워하거나 언급하기를 원하지 않을 때 사용

㉣ Haley의 전략적 가족치료모델[212](전략적 모델)

---

207) 문제가 있는 가정의 의사소통은 모호하고 간접적이며, 가족성원의 낮은 자존감에서 기인함(전남련 외, 2009: 326). 의사소통 유형의 구체적 내용은 최선화(2022: 221-222)를 참고하기 바람.

208) Satir(1983)의 경험적 가족치료모델의 대표적 기법에 대해서는 이영분 외(2010: 324-330)를 참고하여 요약・제시하고, 그 개입과정에 대해서는 이영분 외(2010: 320-324)를 참고바람.

209) 가족조각기법에 대해서는 이영분 외(2010: 328-331), 전남련 외(2009: 344-345), 임안나 외(2011: 198), 이영호(2015: 303), 조홍식 외(2019: 131), 엄명용 외(2021: 414-416), 최선화(2022: 222-223), 김혜영 외(2023: 283-284) 등을 참고하여 요약・제시함.

210) 역할연습기법에 대해서는 전남련 외(2009: 348), 임안나 외(2011: 202), 이영호(2015: 303) 등을 참고하여 요약・제시함.

211) 가족그림기법에 대해서는 전남련 외(2009: 345), 임안나 외(2011: 198) 등을 참고하여 요약・제시함.

212) Haley(1976)의 치료기법을 '전략적' 이라고 표현한 이유는 인간의 행동이 왜 일어났는지에는 관심이 없으며, 단지 행동의 변화에만 관심을 가지기 때문인데, 문제행동을 변화시키기 위한 다양한 전략에 그 초점이 있음(김유숙, 1998: 174; 양옥경 외, 2005: 256). 전략적 가족치료모델은 여러 분파가 있는데, 대표적인 것이 본 서에서 소개된 Haley의 전략적 가족치료모델과 MRI의 의

- 특징(Haley, 1976: 1-9; 김혜영 외, 2023: 290)
  - 인간의 행동이 일어난 이유보다는 행동의 변화에 관심을 가지며, 이론보다는 문제해결에 초점을 두고 다양한 전략을 시도하는 접근방법(Haley, 1976: 1-8)
  - 전략적 가족치료를 여러 가지 형태가 있지만, 기본적으로는 치료자가 가족의 문제를 해결하기 위한 전략을 고안하는 데 관심을 둠(Haley, 1976: 9).
  - 정교하게 계획된 전략적 개입을 통해 역기능적 가족의 상호작용을 변화시킴.
- 주요개념
  - 전략적 가족치료 학파의 기초적 세 가지 가정

〈표 5-8〉 전략적 가족치료 학파의 기초적 세 가지 가정

가정	구체적 내용
사이버네틱스	어려움은 잘못 시도된 해결의 지속이나 정적 환류고리의 확대에 의해서 생기는 만성적인 문제임
구조적인 것이다	문제는 가족권력이나 가족경계에 연합이 일어난 결과임
기능적인 것이다	한 개인이 다른 누군가를 보호하거나 통제할 때 나타나는 문제는 전체 가족체계의 기능을 도움

※ 출처 : Watzlawick et al.(1974: 31-46), Haley(1976: 1-15, 100-110), 조홍식 외(2019: 119) 등 재구성

  - 가족 항상성과 증상 : 가족은 안정을 유지하고자 하는 기능뿐만 아니라 변화하고자 하는 기능을 동시에 갖고 있는 체계인데, 병리적인 가족은 변화보다 가족 항상성을 유지하기 위해 기존의 방식을 엄격하고 완고하게 고집하여 융통성이 없음(Haley, 1976: 1-15; 이영분 외, 2010: 207).
  - 이중구속 : 동시에 다른 수준에서 상호 모순되는 메시지를 보냄으로써 듣는 사람이 어떠한 메시지에도 선택적으로 반응할 수 없는 혼란스러운 상황에 놓이게 되는 것을 의미함(이영분 외, 2010: 203-207; 엄명용 외, 2021: 371, 440)[213].
- 대표적 기법[214]

사소통 가족치료모델임. Haley(1976)의 전략적 가족치료모델에 대해서는 조홍식 외(2019: 158-160)를 참고하여 요약·제시하고, 본 서에서 소개되지 않은 MRI의 의사소통 가족치료모델에 대해서는 이영분 외(2010: 195-219), 조홍식 외(2019: 159-160) 등을 참조하고, 그 사례(이영분 외, 2010: 221-252)도 자세히 소개되어 있으니 참고바람.

213) 이중구속에 대한 더 자세한 내용은 전남련 외(2009: 330), 조홍식 외(2019: 132), 엄명용 외(2021: 371-372) 등을 참고하기 바람.

214) Haley의 전략적 가족치료모델의 대표적 기법에 대해서는 이영분 외(2010: 214-219)를 주로 참고

- 역설적 개입(Haley, 1976: 123-150; Watzlawick et al., 1974: 110-150)[215]
  - ▸ 역설적 개입은 전략적 가족치료의 기법으로, 문제행동을 변화시키는 전략들에 초점을 맞추고 있음.
  - ▸ 문제에 대한 이해보다는 치료의 변화에 초점을 맞추는 것
  - ▸ 전략적 치료에서 핵심적 역할을 해야 하는 것은 지시기법인데, 지시는 직접적 지시와 역설적 지시로 나뉨.
  - ▸ 개입방법

〈표 5-9〉 Haley(1976)의 전략적 가족치료모델의 역설적 개입방법

개입방법	주요 내용
증상처방	일부러 문제행동을 더 하라고 지시함으로써 이런 사회복지사의 지시에 대해 클라이언트의 저항을 유도하여 반대로 그런 행동을 하지 않게 하는 방법
변화 제지 기법	클라이언트의 저항의 심리로 일어난 변화 행동을 너무 급하게 받아들이고 변화의 속도가 빠를 때 사회복지사가 그만하라고 말하며 역설적인 태도를 취하는 것으로, 클라이언트가 저항하는 마음에 더욱 변화에 속도를 붙이게 하는 기법
시련기법	클라이언트가 가진 증상보다 더 고된 체험을 하도록 과제를 주어 증상을 포기하도록 하는 기법

※ 출처 : Haley(1976: 72-75), Goldenberg & Goldenberg(2000: 218), 이영분 외(2010: 215-219), 조홍식 외(2019: 145), 엄명용 외(2021: 441-442) 등을 재구성

- 재정의(재구성, 재명명) : 가족 구성원 사이에 믿고 있는 부정적인 의미를 긍정적인 의미로 변화시키는 것으로, 가족 구성원들이 문제 혹은 이슈를 다른 시각에서 보도록 혹은 다른 방법으로 이해하도록 돕는 기법임(조홍식 외, 2019: 128)[216].
- 순환적 질문 : 가족 성원들이 문제에 대해 제한적이고 단선적인 시각에서 벗어나 문제의 순환성을 깨닫도록 돕는 질문을 연속적으로 하는 기법[217]

하여 요약·제시함. 그리고 MRI의 의사소통 가족치료모델의 개입과정에 대해서는 이영분 외(2010: 211-213)를 참고하기 바람.

215) 역설적 개입기법 관련 내용에 대해서는 전남련 외(2009: 346), 임안나 외(2011: 200), 이영호(2015: 304-305), 엄명용 외(2021: 442-445), 김혜영 외(2023: 291) 등을 참고하여 요약·제시함. 특히, 엄명용 외(2021: 442-445)는 Haley(1976: 72-75)에세 제시된 예시를 토대로 역설적 개입(지시)기법의 적용 단계를 제시하고 있으니 참고하기 바람.

216) 재정의기법은 Watzlawick et al.(1974: 92-109), 전남련 외(2009: 346-347), 임안나 외(2011: 200), 이영호(2015: 304), 엄명용 외(2021: 445-449), 김혜영 외(2023: 292) 등을 참고하여 요약·제시함.

• 긍정적 의미부여 : 가족의 응집력을 향상시키고 치료에 대한 저항을 줄이기 위해 가족의 문제나 행동을 긍정적으로 재해석하는 기법[218)]

ⓜ De Shazer의 해결중심 가족치료모델[219)]

- 특징(De Shazer, 1985: 3-12, 7-15; 조홍식 외, 2019: 122)[220)]
  • 해결중심 가족치료는 사회구성주의의 영향을 받아 새롭게 등장한 가족치료모델, 가족의 문제가 무엇인가 파악하기보다 가족이 원하는 해결이 무엇인가에 초점을 두고 가족을 원조함.
  • 문제해결을 위해 반드시 문제가 무엇인가 밝힐 필요는 없으며, 그보다 가족이 기대하는 미래가 어떤 것인가를 분명하게 하는 것이 가족에게 더 도움이 된다고 봄.
- 주요개념
  • 사회복지사와 클라이언트의 관계유형(De Shazer, 1988: 60-75)

〈표 5-10〉 해결중심 가족치료에서의 사회복지사와 클라이언트의 관계유형

	특성	개입방법
불평형	- 문제의 내용은 잘 알지만, 문제를 남의 책임으로 돌리는 유형으로 자신을 희생자라고 생각함 - 이해받기를 원함	- 치료를 위한 자원으로 생각하기 - 긍정적인 면 바라보기 - 해결중심적인 대화를 하며, 내담자를 칭찬하고 가능하면 문제의 예외상황을 발견하도록 하는 과제주기 - 문제를 다른 관점에서 관찰하고 깊게 생각할 수 있는 과제가 효과적임
방문형	- 비자발적 클라이언트 - 자신에 대해 문제의식이 없고 변화하려는 동기가 약함	- 동의하지 않은 상태에서 치료받으러 온 용기를 칭찬하고 의뢰한 사람의 관점 물어보기 - 클라이언트 상황을 이해하고 수용하고 지지하기 - 클라이언트의 의사결정과 자율성을 존중하기 - 클라이언트의 동기와 문제에 대한 인식을 스스로 알 수 있도록 협조하기

217) 순환적질문기법에 대해서는 전남련 외(2009: 346), 이영호(2015: 304), 김혜영 외(2023: 293) 등을 참고하여 요약・제시함.
218) 긍정적 의미부여기법은 전남련 외(2009: 347), 임안나 외(2011: 200-201), 김혜영 외(2023: 292) 등을 참고하여 요약・제시함.
219) 해결중심 가족치료모델에 대해서는 조홍식 외(2019: 163-166), 최선화(2022: 226-232) 등을 참고하여 요약・제시함. 특히, 이 모델에 대해서는 이영분 외(2010: 369-400)를 참조하고, 그 사례(이영분 외, 2010: 401-413)도 자세히 소개되어 있으니 참고바람.
220) 해결중심 가족치료모델의 특징에 대해서는 이영분 외(2010: 370-375)를 참고하여 요약・제시함.

	특성	개입방법
고객형	- 문제를 분명히 인식함 - 자발적이고 적극적인 클라이언트	문제해결을 위한 클라이언트의 노력을 원조하기

※ 출처 : 조홍식 외(2019: 123), 이영분 외(2010: 377-380), 최선화(2022: 228-229) 등을 표로 재구성

- 알지 못함의 자세(Anderson & Goolishian, 1992: 25-39; 조홍식 외, 2019: 122-123)
  - ▸사회복지사 혹은 가족치료자가 언어적, 비언어적 행동을 통해 클라이언트에게 풍부하고 진실한 호기심을 전달하는 것을 말함.
  - ▸사회복지사는 클라이언트가 변화되어야 한다는 기대나 생각보다는 클라이언트의 말과 행동을 좀 더 많이 알고 싶어하는 자세를 보여야 함.
  - ▸사회복지사의 알지 못함의 자세는 클라이언트로 하여금 아직 말하지 못한 것을 말해도 괜찮겠다는 안전감을 느끼는 시작점을 만들어줌.

- 대표적 기법[221)]
  - 질문기법
    - ▸변화에 대한 질문 : 클라이언트에게 계속적으로 변화가 일어난다는 것을 전제하고, 면담을 예약 후 이곳에 오기까지 달라진 것이 무엇인지, 심각성 정도가 어떻게 완화되었는지 스스로 파악할 수 있도록 질문함(De Shazer, 1985: 91-93).
    - ▸예외질문(De Shazer, 1985: 51-65)[222)]
      - ◦문제해결을 위해 우연적이며 성공적으로 실시한 방법을 발견하는 것
      - ◦문제시되는 실패경험보다 성공했던 경험을 찾아 의도적으로 계속 실시하여 성공의 경험을 확장하고 강화하는 것
    - ▸기적질문(De Shazer, 1988: 77-90)[223)]
      - ◦기적이 일어나서 문제가 해결되었다고 상상하게 함으로써 문제 자체보다는 별개로 해결책을 생각해보게 하여 실제 행동으로 해보게 하는 것
      - ◦기적 질문을 한 후 클라이언트가 미래를 이끌어갈 책임이 있다는 생각을 할

221) 해결중심모델의 질문기법에 대해서는 주로 이영분 외(2010: 385-390), 조홍식 외(2019: 163-165), 최선화(2022: 230-231), 에듀윌(2025: 140) 등을 참고하여 요약·제시함. 그리고, 해결중심모델의 개입과정은 이영분 외(2010: 380-384)를 참고하기 바람.

222) 예외질문기법에 대해서는 전남련 외(2009: 347), 임안나 외(2011: 201), 이영호(2015: 305) 등을 참고하여 요약·제시함.

223) 기적질문기법에 대해서는 전남련 외(2009: 347), 임안나 외(2011: 201), 이영호(2015: 305) 등을 참고하여 요약·제시함.

수 있도록 질문을 계속함.

▸ 척도질문 : 구체적 숫자를 이용, 가족 구성원에게 자신의 문제의 정도, 변화 정도, 변화에 대한 의지 등을 표현해보게 하는 질문(De Shazer, 1988: 101-115)[224)]

▸ 대처/극복질문 : 클라이언트가 절망적인 상황에서도 잘 견디어낸 것을 강조하고, 위기에서 살아남기 위해 적용한 방법을 파악하는 질문(De Shazer, 1988: 116-120)

▸ 관계성 질문(De Shazer, 1988: 121-125)

◦ 클라이언트와 중요관계에 있는 사람들 시각에서 클라이언트를 보게 하는 질문

◦ 자기 자신을 중요한 타인의 눈으로 보게 되면, 이전에 없던 가능성을 만들어 낼 수도 있음.

- 목표설정기법(De Shazer, 1985: 112-115; 이영분 외, 2010: 391-396; 조홍식 외, 2019: 124)
  - ▸ 클라이언트에게 중요한 것을 찾기
  - ▸ 작고 구체적이며 행동적으로 표현하기
  - ▸ 과정형으로 표현하기
  - ▸ 없는 것보다는 있는 것에 관심을 두고 긍정적으로 표현하기
  - ▸ 지금-여기에서의 목표로 시작하기
  - ▸ 클라이언트의 통제 내에서 성취가능한 현실적인 것으로 하기
  - ▸ 목표 수행은 힘든 것으로 인식하기
- 메시지 전달과 과제 부여하기(이영분 외, 2010: 396-399)
  - ▸ 해결중심치료는 치료자가 클라이언트와 상담을 하는 동안 관찰실에서 치료팀이 메시지를 작성하고, 클라이언트에게 전달하고 과제를 줌.
  - ▸ 메시지의 주 내용은 문제해결을 하기 위해 한 일을 칭찬하고 해결의 단서를 제안하는 것

ⓑ 이야기 치료모델[225)]

- 특징(조홍식 외, 2019: 125-126)
  - 인간의 삶은 이야기 형식을 띠고 있고 사람들은 이야기를 만들고 그 이야기에 의해 자신이 삶을 형성해 나간다고 가정함.
  - 문제 자체보다 내담자가 가지고 있는 관점이나 의미 등을 재해석하여 새로운 이

224) 척도질문기법에 대해서는 이영호(2015: 305-306) 등을 참고하여 요약・제시함.

225) 이야기 치료모델에 대한 내용은 최선화(2022: 232-235)를 참고하여 간략하게 요약・제시하니, 구체적인 네용은 해당 문헌을 살펴보기 바람.

야기를 써나감으로써 자신의 삶에 책임을 지는 적극적 주체가 되도록 원조함.

- 문제의 외현화(외재화)(White & Epston, 1990: 38-76; 조홍식 외, 2019: 125)[226]
  - 사회구성주의 관점에 기초한 이야기 치료에서 사용하는 기법으로, '표출 대화' 라고 하기도 함.
  - 클라이언트도 가족도 문제가 아니며, 문제 자체가 바로 문제라는 관점, 문제는 내담자 개인과 가족과는 분리된 외부적 존재, 실체로 보는 것임.

〈표 5-11〉 가족 대상 사회복지실천의 주요 모델 비교

모델	문제에 대한 시각	치료 목표	변화과정
Bowen의 세대간 가족치료모델	원가족과의 관계에 의해 기능이 손상 (분화의 부족, 불반응성, 삼각화, 단절)	-분화 -인지적 기능의 향상 -정서적 반응성 감소 -가족체계에서 관계의 수정(탈삼각화, 단절의 개선)	-다세대 장에 대한 연구(가계도 사용) -가족과 직접적으로 자기변화에 초점을 둔 개입 계획 -회기 밖에서의 행동에 대한 코치
Minuchin의 구조적 가족치료모델	-증상은 현재의 가족구조 불균형에서 비롯 -역기능적 위계와 경계, 발달적 환경적 변화에 대한 부적응적 반응	가족구조의 재구조화 -부모의 지도력, 권위 -분명하고 융통성 있는 하위체계와 경계 -보다 적응적 대처	상호작용유형을 변화 -가족과 합류 -문제 실연 -구조 분석, 재구조화 단계 계획 -과제와 지시
Satir의 경험적 가족치료모델	증상은 현재 의사소통의 역기능을 나타내는 비인어적 메시지	-직접적이고 분명한 의사소통 -개인과 가족의 성장	-지금-여기 상호작용의 변화 -관계에 대한 감정 공유(자기노출, 직접적 의사소통, 경험적 기법) -과정을 촉매하기 위해 가족과의 경험 사용

226) 문제의 외현화(외재화)는 전남련 외(2009: 347-348), 이영호(2015: 306), 에듀윌(2025: 140) 등을 참고하여 요약·제시함.

모델	문제에 대한 시각	치료 목표	변화과정
Haley의 전략적 가족치료모델	증상은 가족의 비성공적 문제해결 시도에 의해 유지	제시된 문제의 해결 -구체적, 행동주의적으로 규정된 목표	실용적, 초점화, 행동지향적 -증상을 유지하는 연쇄 변화, 환류주기 중단, 재명명, 재구성, 순환질문

※ 출처 : Schlippe & Schweitzer(1996: 24), Patterson et al.(1998: 73), Goldenberg & Goldenberg(2000: 92), Walsh & Crosser(2000: 313), 김혜란 외(2006: 177) 등을 재구성

2. 가족 대상 사회복지실천의 과정227)

1) 가족 대상 사회복지실천의 초기과정(조홍식 외, 2019: 132-144)228)

① 가족 대상 사회복지실천의 초기과정의 특징229)

㉠ 접수, 관계형성, 사정, 계획 수립 및 계약 단계로 이루어지며, 핵심은 가족과의 신뢰로운 합류(Joining)를 통해 가족의 문제를 명확히 하고, 함께 해결 목표를 설정하는 것임(조홍식 외, 2019: 132).

㉡ 사회복지사와 가족이 함께 '한배를 탄' 관계를 형성하고, 가족 구성원 개개인을 이해하며 문제 해결을 위한 기반을 다지는 과정임(Minuchin, 1974: 123-130).

② 가족 대상 사회복지실천의 초기과정의 주요 단계별 과업

㉠ 접수 및 초기면접(조홍식 외, 2019: 132-134)

227) 가족 대상 사회복지실천의 과정은 이미선 외(2010: 115-131), 임안나 외(2011: 186-205), 이영호(2015: 257-310), 최선화(2022: 235-237), 김혜영 외(2023: 258-273) 등을 참고하여 요약·제시함. 특히, 본 서에서는 가족 대상 사회복지실천의 과정에 대해 이영분 외(2010: 111-129)의 가족치료의 단계의 내용을 많이 참조하여 요약·제시하였음.

228) 가족 대상 사회복지실천의 초기과정은 가족 구성원을 대상으로 하는 사회복지실천으로, 가족 구성원들이 이후의 과정 참여 여부를 결정하는데 영향을 미치고, 사회복지서비스에 대한 대상자의 평가가 시작되는 최초의 지점이기 때문에 매우 중요하며, 따라서 사회복지사는 가족 구성원들이 적극적으로 참여할 수 있도록 좋은 관계의 형성과 정보 수집을 위한 면담 구조화, 가족과의 관계 형성, 가족의 문제 및 욕구의 명확화 등에 신경써야 함(김혜영 외, 2023: 259).

229) 가족 대상 사회복지실천은 대개 가족 중 한 명이 기관에 전화를 하거나 방문 또는 기관에 의뢰됨으로써 이루어지는데, 초기과정에서 인테이크를 하는 사회복지사는 클라이언트가 제기하는 문제가 과연 가족복지실천의 대상인지를 판단하는 것이 중요하며, 만일 제기된 문제가 가족 구성원 모두에게 영향을 미치고 있고 가족 구성원들이 그 문제의 발생과 유지에 영향을 주고 있다고 판단되면 가족복지실천이 고려될 수 있음(이미선 외, 2010: 115).

- 가족이 겪는 어려움(문제)과 그 원인을 파악함.
- 가족 전체가 참여할 수 있는지, 참여가 어렵다면 동기가 높은 구성원부터 개입할지 결정함.
- 가족의 문제와 개입의 필요성을 검토함.

㉡ 관계형성 및 합류(조흥식 외, 2019: 132-133)

- 사회복지사가 가족의 세계 속으로 들어가 가족의 언어, 문화, 가치관을 이해하고 신뢰 관계를 형성함.
- 가족 구성원 모두에게 지지적이고 긍정적인 태도를 보이며 '한배를 탄' 동료로서의 관계를 형성함.

㉢ 사정(조흥식 외, 2019: 135-143)[230]

- 접수 및 면접을 통해 수집된 자료(가족 구조, 기능, 자원, 문제 등)를 분석함.
- 가족의 강점과 약점, 가족 시스템의 문제점을 다각도로 파악하는 과정임.

㉣ 계획 및 계약 수립(조흥식 외, 2019: 144-147)[231]

- 사정 결과를 바탕으로 가족과 함께 현실적이고 구체적인 개입 목표를 설정함.
- 목표 달성을 위한 개입방법(서비스, 자원 등)을 논의하고, 사회복지사와 가족이 함께 실천할 상담 계약(Working Agreement)을 체결함.

③ 가족 대상 사회복지실천의 초기과정의 주요 기술[232] 및 필요한 태도

㉠ 가족 대상 사회복지실천의 초기과정의 주요 기술: 합류하기(이영호, 2015: 270)

- 합류하기는 가족치료 혹은 가족 대상 사회복지실천 초기 단계의 일정 회기동안, 사회복지사 혹은 치료자가 가족 성원들과 신뢰감을 수립하는 것임.
- 사회복지사가 가족 성원에 제대로 합류하지 못하면 가족원들이 사회복지사의 개입을 거부하거나 개입이 실패할 가능성이 높음.

---

230) 가족 대상 사회복지실천의 사정단계에서는 클라이언트가 호소하는 문제와 관련하여 가족을 하나의 '단위'로 인식하여 가족의 내·외부 요인과 이들 양자 간의 상호작용을 파악하고, 가족의 다양한 정보를 수집·분석함으로써 가족에 대한 개입을 계획하는데 도움을 줌(김혜영 외, 2023: 261).

231) 가족 대상 사회복지실천의 계획단계는 사정을 통해 수집된 가족 상황과 잠재적 자원을 기반으로 가족 구성원이 바라는 변화와 결과를 기술하는 과정으로, 사정단계에서 제시된 문제, 가족구조, 가족의 상호작용 패턴과 의사소통 유형 등을 활용하여 가족의 욕구나 문제를 해결하고 가족이 원하는 방향으로 변화하기 위한 실천방법을 체계화·구체화하는 과정임(김혜영 외, 2023: 269). 이를 위해 사회복지사는 공동의 목표 및 우선순위를 결정하고, 이론 등에 입각한 문제를 개념화해야 함(김혜영 외, 2023: 269).

232) 가족 대상 사회복지실천의 초기과정에서의 주요 필요기술은 가족과의 관계형성기술, 가족사정기술, 면접기술, 가계도 및 생태도의 작성·분석기술 등이 있음(전남련 외 2009: 332).

㉡ 가족 대상 사회복지실천의 초기과정의 필요한 태도(에듀윌, 2025: 138)

- 가족의 조직과 유형이 역기능일지라도 먼저 받아들임.
- 가족의 상호교류 양식과 그 장점을 경험함.
- 배척되거나 속죄양이 된 가족 성원의 고통을 느끼고 공감함.
- 가족 성원들과 함께 문제 탐색 과정에 참여하여 가족 성원들이 가장 중요시하는 문제를 알아야 함.
- 의사소통 방식을 알고 따름.
- 클라이언트의 자율성을 존중함.
- 의존 조성을 피하고 전문적인 거리를 유지함.
- 클라이언트의 저항을 재사정함.

<표 5-12> 가족 대상 사회복지실천의 초기과정의 과업 및 그 내용

초기과정의 과업	내용
접수	-실천을 시작하는 단계로, 사례의 적격 여부를 판별하여 접수를 결정함. -접수된 사례는 클라이언트와 긍정적인 원조관계를 수립함으로써 클라이언트의 참여를 유도함. -서비스 제공이 불가능하다고 판단되면 다른 기관에 의뢰함.
지료수집	-클라이언트의 문제를 이해하고 분석・해결하는데 필요한 자료를 모으는 과정 -클라이언트는 일차적인 정보제공자로서 가장 중요함.
사정	-자료 해석, 의미 부여, 문제 규정, 개입 방향 결정 등의 과업을 모두 포함함. -사정과 자료수집은 동시에 일어나며 순환적임.
계획	-사회복지사와 클라이언트가 '목표달성 전략, 사회복지사와 클라이언트의 역할, 개입방법, 평가방법' 등을 기술한 내용에 동의하는 과정

※ 출처 : 에듀윌(2025: 141)

2) 가족 대상 사회복지실천의 중간과정(조흥식 외, 2019: 145-152)[233][234]

233) 가족 대상 사회복지실천의 중간과정은 사회복지사와 가족 구성원들이 합의하여 결정한 목표를 실행하고 행동화하는 단계로서, 가족의 내부관계 변화를 위한 개입과 환경적 개입으로 구분하여 개입할 수 있음(김혜영 외, 2023: 270).

234) 가족 대상 사회복지실천의 중간과정에서의 주요 필요기술은 환경적 개입기술, 세대간/가족 내부의 변화를 위한 개입기술로 구분하여 살펴볼 수 있는데, 특히 세대간/가족 내부의 변화를 개입기술에는 Bowen모델에서는 탈삼각화기법, Minuchin모델에서는 경계만들기기법, 균형깨뜨리기, Satir모델에서는 가족조각기법, 가족그림, 역할연습, 전략적 가족치료모델에서는 역설적 지시, 순환적 질문기법, 재구성기법, 긍정적 의미부여, 해결중심모델에서는 기적 질문과 예외 질문하기,

① 가족 대상 사회복지실천의 중간과정의 특징(조홍식 외, 2019: 148-152)

㉠ 이 과정은 치료과정에서 핵심을 이룸.

㉡ 이 과정에서의 첫 면접이나 몇 번의 간단한 면담을 바탕으로 사회복지사와 가족은 정기적으로 만나는 날짜와 시간 등을 정함.

㉢ 거부, 수치에 대한 공포, 치료자에 대한 불신 등의 의식적 저항과 침묵 또는 지나친 재잘거림, 감정의 결여나 지나친 표현, 상투적인 대답, 행동화, 퇴행 등의 무의식적인 저항이 일어날 수 있음.

② 가족 대상 사회복지실천의 중간과정의 주요 활동(과업)(조홍식 외, 2019: 148-152)

㉠ 개입 실행 : 초기 단계에서 세운 가족문제 해결 및 목표 달성 계획을 실천함.

㉡ 변화 유도 : 가족 구성원과 주변 환경에 개입하여 긍정적인 변화를 이끌어냄.

㉢ 관계 형성 심화 : 사회복지사와 가족 간의 전문적이고 통제된 관계를 바탕으로 협력

㉣ 기술 활용 : 가족의 구조와 역동을 파악하고, 가족치료 기법을 적용하여 가족 내 문제를 다룸,

㉤ 점검 및 수정 : 개입의 효과를 지속적으로 점검하고, 필요에 따라 계획을 수정하며 진행함.

④ 가족 대상 사회복지실천의 중간과정에서 사회복지사의 역할[235]

㉠ 감정이입적 지지자 역할 : 사회복지사가 각 가족의 강점을 규명, 강화하고, 이러한 것들을 통해서 대상 가족들과 동참하여 변화를 향한 동기를 유발하는 역할로서, 사회복지사는 가족들의 역기능이나 병리문제 같은 부정적인 부분에 초점을 맞추기보다는 가족구성원들이 가지고 있는 긍정적인 부분이나 강점을 발견하고 이를 강화하는 역할을 수행해야된다는 것임.

㉡ 교사/훈련자 역할 : 가족구성원들에게 결핍되어 있거나 지식이나 기술 같은 부족한 영역을 배양하도록 도와주는 역할로, 의사소통기술이나 문제해결기술, 분노조절기술, 갈등해결기술, 금전관리기술, 일상생활기술 등을 가르쳐주거나 훈련시켜주는 역할

㉢ 자문가 역할 : 지금 현재 진행되는 특정 문제에 대해서 가족에게 조언을 할 수 있으며 지속적으로 피드백을 제공해주는 역할로, 예를 들어서 가족구성원 중 청소년기에 해당하는 자녀가 있는 부모가 있을 경우 사회복지사가 상담자로서 청소년기 나타날 수 있는 전형적인 행동이나 특성 등에 대해 조언을 해주면서 부모님들이 자녀가 하

이야기치료모델에서는 문제의 외현화 등이 있음(전남련 외 2009: 342-348).

235) 가족 대상 사회복지실천의 중간과정에서 사회복지사의 역할은 Collins et al.(1999: 31-34), 이미선 외(2010: 112-113) 등을 참고하여 요약・제시함.

고 있는 행동의 이유나 자녀들이 가지고 있는 욕구에 대해 파악하고 이해할 수 있게 도와주며 어느 정도 통찰력을 가질 수 있도록 도와줌.

㉣ 가능하게 하는 역할 : 사회복지사가 담당하는 가족들이 이용하거나 이용할 수 있는 자원이나 혜택, 서비스 같은 것들을 가족들에게 알려주고 그것들을 활용할 수 있도록 하는, 즉 가족들의 기회를 확장해주고 지지해주는 역할

㉤ 동원자 역할 : 지원망이나 원조하는 체계 같은 것에 대해 많은 것을 알고 있으며 이러한 지식을 통해서 담당하는 가족을 도울 다양한 자원과 직역집단에 관여해서 활성화시키고 관리를 해주는 역할

㉥ 중재자 역할 : 담당 가족구성원들 안에서의 갈등이나 지역사회와 가족 간의 갈등 등이 일어나는 양측 사이에서 갈등을 중재하고 해결을 하는 역할

㉦ 옹호자 역할 : 담당 가족구성원들의 문제가 사회 맥락에 어떠한 조건에 근거하는지를 알고 이에 대해 올바르게 행동하며 가족에게 최대한 혜택이나 이득을 줄 수 있는 입법적이고 사회적인 부분을 개혁하는 역할

3) 가족 대상 사회복지실천의 종결과정[236)]

① 가족 대상 사회복지실천의 종결과정의 특징(이영호, 2015: 308-310)

㉠ 제시되었던 가족의 문제와 욕구가 실천과정을 통해 해결되었는지를 평가

㉡ 실천과정에서 성취한 변화가 견고하게 지속될 수 있게 하는 것

㉢ 남아있는 문제를 재검토하여 이후의 작업을 경정

㉣ 사후지도 및 의뢰 등의 과정도 포함

② 가족 대상 사회복지실천 종결의 유형과 대처(조홍식 외, 2019: 153-154)

㉠ 가족 문제 및 욕구의 성공적인 해결의 경우 : 가장 이상적인 종결

㉡ 시간 제한적이거나 예기치 않는 이유로 종결의 경우

- 종결 시기가 다가올 때 가족에게 종결을 상기시킴.
- 종결 과제에 대해 함께 다룸.

㉢ 미해결 과제가 있는 종결의 경우

- 종결 연장을 논의할 수도 있음.

236) 가족 대상 사회복지실천의 종결과정은 초기 및 사정과정에서 제시되었던 가족의 문제나 욕구가 개입과정을 통해서 해결되었는지를 확인하고, 개입과정에서 성취한 변화를 유지할 수 있도록 지원하는 단계로, 향후 남아 있는 문제를 재검토하여 상담을 지속할지 혹은 종결 여부를 유연하게 결정하며, 필요한 경우 추후 관리를 계획하여 진행하고, 종결과 관련된 정서를 반드시 다루어야 함(김혜영 외, 2023: 271-272).

- 가족 스스로 해결할 수 있다면 종결하는 것이 필요.

㉣ 가족 문제의 진전이 없는 종결의 경우

- 가족 문제가 진전이 없는 것을 주제로 가족과 함께 개방적으로 논의
- 사회복지사가 미처 인식하지 못한 불만과 문제가 있는지에 대해서도 파악
- 타 기관으로의 의뢰 등 대안 모색

㉤ 실천과정에서 가족 성원이 비협조적이거나 저항이 심각한 경우

- 클라이언트에게 종결할 수 있는 권리가 있음을 안내
- 그동안 성취한 것에 대해 돌아보는 기회
- 가족 스스로 종결의 타당성을 재검토하고 의사 결정하도록 지원

㉥ 실천과정이 불만족스러워 종결하는 경우

- 이미 진행했던 것에 대해 재검토해 보는 기회 마련
- 진전 사항을 돌아봄.
- 이후의 과제에 대해 함께 검토

③ 가족 대상 사회복지실천의 종결과정의 과업

㉠ 목표 달성 및 변화 평가(조홍식 외, 2019: 154; 김혜영 외, 2023: 272-273)

- 가족 구성원과 함께 계획 과정에서 설정한 목표가 어느 정도 달성되었는지 평가
- 성취한 사항을 평가
  - 가족이 달성한 변화를 확인
  - 진전된 사항을 견고하게 하는 기능 확인
  - 미해결된 이슈를 확인
  - 이후 가족의 계획을 세우는 데 도움.
  - 가족의 목표달성 정도와 변화를 평가하기 위해 가족이 지각하는 변화에 대해 함께 개방적으로 토의하는 시간을 가짐.
  - 목표달성 정도를 측정할 수 있는 척도를 함께 활용
  - 변화과정에 동참했던 사회복지사가 관찰한 변화에 대해 논의
  - 사회복지사의 실천에 대한 평가와 피드백을 통해 성장 가능성에 대해 모색

㉡ 종결에 관련된 정서 다루기(조홍식 외, 2019: 154; 김혜영 외, 2023: 273)

- 종결 시기에 클라이언트와 사회복지사는 성취감, 자신감, 상실감, 두려움, 후회 등의 감정을 경험할 수 있음(복합적인 경험을 예견할 수가 있음).
- 실천과정 초기에 설정한 목표를 달성하는 단계로 긍정적인 정서를 경험함.

- 가족과 사회복지사가 과도하게 책임감을 느끼거나 의존하는 방식이고, 적절한 경계를 유지하지 않은 경우는 종결에 대한 불안과 상실감을 경험할 수 있음.
- 클라이언트는 이전의 문제가 다시 나타났다거나 새로운 문제를 제시하는 등 불안에 대해 다른 형태로 나타날 수 있음을 예측할 수 있어야 함.
- 가족이 스스로 문제를 해결할 수 있는 기반을 마련하고 비공식적인 지지망과 연결할 수 있도록 지원

㉢ 변화의 유지 및 사후관리(조흥식 외, 2019: 155)

- 실천과정에서 가족이 진전시킨 사항, 변화를 이룬 사항과 변화를 일으키는데 가족원이 기여한 사항을 확인할 수 있게 하는 것
- 가족이 달성한 변화를 지속시키고 이후의 도전에 대처할 수 있는 유능감을 획득
- 미래에 대해 이야기하고 미래의 목표를 성취하기 위한 전략을 개발하도록 돕는 활동 수립
- 이미 획득된 것을 확고하게 하는 좋은 방법
- 가족이 종결 이후의 도전할 수 있는 대처기제에 대해 논의
- 종결 이전에 상담 모임의 간격을 점차 늘리고, 가족 성원이 사회복지사에게 의존하는 것을 점차 줄여 나가도록 격려할 필요가 있음.
- 사후관리(조흥식 외, 2019: 155)
  - 사후 면접을 약속, 전화 연락을 통해 가족의 근황을 묻고 성공적으로 대처해 나가는 것을 격려
  - 가족이 취약할 수 있는 상황에서 “두 번째 예방접종“이 될 수 있으며, 과도기에 있는 가족을 도울 수 있는 기회

㉣ 의뢰(조흥식 외, 2019: 156)

- 가족과 그 구성원에게 또 다른 전문적 도움이나 특정 자원이 필요하다고 판단될 경우 적절한 전문가와 기관에 의뢰할 수 있음.
- 실천과정이 진행되고 있는 중간에 클라이언트 가족이 이사를 한다거나 사회복지사의 출산, 이직 등의 사정으로 종결하는 경우
- 의뢰의 과정에서 사회복지사는 새로운 사회복지사와 만나는 첫 모임에 함께 참석하는 등 충분한 의사소통의 과정을 제공
- 의뢰와 관련된 오해와 미해결 이슈를 충분히 해결할 수 있는 기회를 가짐.

〈표 5-13〉 가족 대상 사회복지실천의 종결과정의 과업 및 그 내용

종결과정의 과업	내용
종결 시기 결정하기	-종결할 때가 되었는지 여부를 판단하여 종결 시기 결정 -종결 시기를 판단할 때 고려사항 •개입목표의 달성정도 •서비스 시간 내 제공 완료 여부 •클라이언트의 문제상황의 해결 정도 •사회복지사와 기관의 투자 노력 •이득 체감(더 이상의 만남이 큰 도움이 되지 않으리라는 것)에 대한 합의 •클라이언트의 의존성 •새로운 서비스 필요성의 여부
정서적 반응 다루기	-분리과정 동안 경험하는 정서적 반을 해결하기 -클라이언트의 스트레스를 최소화하면서 효과적으로 종결하기 위해서는 클라이언트의 정서적 반응을 다루어 주어야 함.
효과의 유지와 강화	-개입으로 획득한 성과를 유지하고 일반화하여 클라이언트가 계속 발전할 수 있도록 계획하기 -사후관리 : 종결 후 일정 기간(1~6개월)이 지나서 클라이언트가 잘 적응하고 있는지 그 변화의 유지 정도를 확인함.
의뢰하기	-목표가 달성되지 않았거나 혹은 달성되었더라도 클라이언트에게 새로운 서비스가 필요한 경우 타 기관에 의뢰함.
평가하기	-원조과정의 결과를 평가하고, 개입의 효과성과 효율성을 측정함. -무엇이 클라이언트에게 도움이 되었고, 어떤 것들이 다르게 진행되었어야 했는지를 알 수 있음.
환류하기	-사회복지사가 제공한 서비스나 원조활동의 성과를 평가한 이후에는 사정이나 계획, 개입단계에 대해 확인하는 단계가 이루어져야 함. -만일, 평가를 통해 변화가 없거나 부정적인 결과가 나타난 경우에는 욕구의 재확인이나 서비스 계획의 재수립, 개입전략의 수정이나 추가 등의 환류과정을 거치는 것이 필요함.

※ 출처 : 에듀윌(2025: 141)

제6장 집단 대상 사회복지실천기술

1. 집단 대상 사회복지실천의 이론적 이해

1) 집단의 이해

① 집단의 개념 : 서로 상호작용 하는 2~3명 이상의 사람들이 1가지 이상의 목적을 가지고, 소속감 및 집단의식 그리고 공통의 관심사가 있으며, 성원들의 욕구 충족이나 문제해결을 위한 목표를 달성하고자 참여하는 모임(김종옥・권중돈, 1993: 19-20; 임안나 외, 2011: 209; 김혜영 외, 2023: 197-198)

② 집단의 특성(김혜영 외, 2023: 198-199)[237]

㉠ 자신 뿐만 아니라 다른 구성원들도 같은 집단에 소속된 사람이라 인식(소속감 및 집단의식)

㉡ 일정기간 동안 정해진 고정된 시간에 모임을 갖기도 하고, 모임의 길이를 목적의 진척에 따라 결정하기도 함.

㉢ 1가지 이상의 목적을 위해 형성됨.

㉣ 성원들 간 상호 의존하며, 직・간접적 상호작용 및 교환이 이루어지므로 이를 지속시키고 강화시키기 위해 집단의 크기는 제한됨.

㉤ 사회복지사가 상호작용하는 집단은 그들을 고용한 기관에 대한 견해나 기능에 일치 혹은 불일치 할 수 있음.

③ 집단의 분류와 세부 유형

㉠ 집단의 분류

- 접촉방식에 따른 구분(Cooley, 1909: 23-31; Tönnies, 1887: 64-65, 103-120)[238]
  - 1차집단

---

237) 집단의 특성 : ① 최소 2인 이상 사람들의 지속적 상호작용, ② 공통 목적이나 관심사, ③ '우리' 라고 하는 유대감과 전체로서의 집단정체성, ④ 공동으로 기능하기 위한 집단규범의 설정, ⑤ 집단 구성원들의 소속감과 인정 욕구 충족 등(양옥경 외, 2018: 254; 김용석 외, 2019: 15-18)

238) 1차 집단과 2차 집단의 비교에 대해서는 김용석 외(2019: 19-20)를 참고하기 바람.

▸자주 접촉하면서 아주 친밀한 관계를 맺는 소규모 집단으로 성원들이 서로 잘 알고 있음.

▸공동규범을 가지고 있고, 지속적으로 광범위한 영역에 걸쳐 상호 영향을 미침.

▸예) 가족, 또래집단, 소규모집단 등

• 2차집단

▸목적을 달성하기 위해 인위적 계약에 의하여 형성된 집단

▸직접 대면해서 접촉하는 경우는 드물며, 전혀 접촉하지 않는 경우도 있음.

▸공식적으로 연관되어 있고 약간의 관심만 공유하고 있음.

▸예) 회사, 정당 등

- 구성동기에 따른 구분(Tönnies, 1887)

• 자연발생적 집단(Tönnies, 1887: 37-64)

▸자연으로 발생한 사건이나 인간관계상의 매력 혹은 성원의 욕구 등을 기초로 해서 자연발생적으로 구성된 집단

▸예) 가족, 또래집단 등

• 인위적 형성집단(Tönnies, 1887: 64-102)

▸외부의 영향이나 개입을 통해 의도적으로 만들어진 집단

▸집단의 목적 성취를 위해서는 일반적으로 외부의 후원이나 협력이 필요함.

▸예) 치료집단, 위원회 등

- 집단의 개방정도에 따른 구분(Yalom, 1970: 250-270)[239]

• 개방집단

▸새 집단 성원을 위해 열려 있는 집단(탈퇴와 유입이 자유로움)

▸폐쇄집단에 비해 변동이 커 집단 성원 간 강한 유대를 기대하기는 어려움.

• 폐쇄집단

▸집단 초기부터 종결까지 집단 성원이 그대로 유지되는 집단

▸관계형성과 신뢰를 기반으로 집단응집력이 강하고 일정 기간 지속됨.

- 동질성 vs 이질성에 따른 구분(Yalom, 1970: 259-272)[240]

239) 개방형 집단과 폐쇄형 집단의 비교에 대해서는 임안나 외(2011: 212), 김혜영 외(2023: 205), 에듀윌(2025: 142)를 참고하여 요약・제시함.

- 동질적인 집단
  - ▸성원들이 공통의 문제나 생활조건 공유
  - ▸유대가 빠르고 상호작용 활발
- 이질적인 집단
  - ▸유사한 수준의 사회기능 요구하지만 관심사와 제시하는 문제가 혼재되어 있음 (유사한 수준이지만 내용물은 이질적임).
  - ▸진행은 느리고, 유사한 수준의 능력으로 심도있게 진행 가능

- 집단의 목적에 따른 구분(Toseland & Rivas, 1995: 12-30)[241]
  - 치료집단
    - ▸집단성원의 교육, 성장, 지지, 치유, 행동변화, 사회화 등 성원의 사회정서적 욕구를 충족시키려는 목적을 가지며, 한 집단은 여러 가지 목적을 동시에 가짐.
    - ▸일반적으로 자기 개방 수준이 높고, 공개적인 의사소통과 적극 상호작용을 위해서 성원을 격려함.
    - ▸집단과정은 집단에 따라서 유동적이거나 형식적임.
    - ▸집단의 성공 여부는 성원들의 치료적 목표가 성공적으로 달성되었는가에 근거
    - ▸세부 분류 : 지지 집단, 교육 집단, 성장 집단, 치료(치유) 집단, 사회화 집단
  - 과업집단
    - ▸과업을 달성하기 위해서, 성과물을 산출하기 위해서, 명령을 수행하기 위해서, 만들어진 집단
    - ▸목적은 조직적인 문제에 대한 해결책을 찾고 새로운 아이디어를 만들어 내며, 결정을 내리는 것
    - ▸집단성원의 개인적인 성장보다는 방침을 만들어 나가면서 의사를 결정하고 산출물을 만들어 내는 것에 초점을 둠.
    - ▸세부 분류 : 팀, 처리위원회, 직원발전집단, 위원회나 자문위원회, 이사회, 사회행동집단, 연합체, 대표위원회, 행정집단, 협의회 또는 협의체, 치료협의회, 태스크포스팀 등

---

240) 동질적인 집단과 이질적인 집단의 비교 내용은 임안나 외(2011: 216-217)를 참고하여 요약·제시함.

241) 치료집단과 과업집단의 비교에 대해서는 이미선 외(2010: 149), 임안나 외(2011: 213-215), 김혜영 외(2023: 205-208) 등을 참고하여 요약·제시함.

〈표 6-1〉 접촉방식에 따른 집단의 유형

집단유형	주요 내용
1차 집단	- 아주 친밀하면서 자주, 긴밀하게, 개인적으로 접촉하면서 관계를 맺는 가족, 친구, 소규모 집단 등 - 공통의 규범을 가지고 있고, 상호 지속적으로 광범위한 영역에 걸쳐 영향을 미치는 사람들로 구성
2차 집단	- 목적을 달성하기 위하여 인위적으로 계약에 의하여 형성된 집단 - 직접 대면해서 접촉하는 경우는 드물고, 직접 대면하여 접촉하지 않는 경우도 있음 - 공식적으로 연관되어 있고 약간의 관심만 공유

※ 출처 : Cooley(1909: 23-31), Tönnies(1887: 64-65, 103-120)

〈표 6-2〉 구성 동기에 따른 집단의 유형

집단유형	주요 내용
자연발생적 집단	자연적으로 발생한 사건이나 인간관계상 매력 또는 성원의 욕구 등을 기초로 하여 자연 발생적으로 구성된 집단 예) 가족, 또래집단, 마을
인위적 형성 집단	외부의 영향이나 개입을 통하여 의도적으로 만들어진 집단 예) 치료집단, 위원회

※ 출처 : Tönnies(1887: 37-64, 64-102)

〈표 6-3〉 집단의 목적에 따른 유형 비교: 치료집단 VS 과업집단

구분	치료집단	과업집단
집단의 목적	성원의 사회, 정서적 욕구에 대한 만족 증가, 행동 변화 및 재활	과업달성, 성과물 산출, 명령 수행
결속 동기	집단성원의 개별적 욕구	수행해야 할 과업
구성	정서적, 개인적 문제를 가진성원들의 공동 관심사, 문제, 특성 등에 따라 구성	필요한 재능, 전문성, 노동분화에 따라 구성
실천 방식	공개적인 인사소통과 적극적인 상호작용을 위하여 성원을 격려	특정 과업에 관한 의사소통에 집중
성원의 역할	성원의 상호작용을 통하여 결정	각 성원에게 과업을 할당
집단 과정	집단에 따라 유연하거나 형식적, 공식적	형식적인 일정과 규칙, 공식적인 안전 존재

구분	치료집단	과업집단
특성	- 진행 과정은 집단 내에서만 이루어짐 - 집단과정의 성공 여부는 성원들의 치료목표가 성공적으로 충족되었는가에 달려 있음 - 자기표출의 정도가 높은 편 - 집단 지도자는 권위적인 인물의 역할을 수행	- 진행 과정은 은밀할 수도 있고 공개적일 수도 있음 - 집단과정의 성공 여부는 성원들이 과업이나 명령을 달성했는지, 성과물을 산출했는지에 근거함 - 자기 공개성이 낮음 - 팀, 치료위원회, 처리위원회, 직원발전집단, 위원회, 자문위원회, 이사회, 사회행동집단, 연합체, 대표위원회 등이 있음

※ 출처 : Toseland & Rivas(1995: 12-30), 임안나 외(2011: 213-215) 등을 재구성

ⓛ 집단의 세부 유형: 치료집단, 과업집단, 자조집단[242)]

〈표 6-4〉 집단의 세부 유형 비교

치료 집단	지지 집단	목적	-집단성원들이 생활사건에 대처하고 이후에 효과적으로 대처할 수 있는 능력을 향상할 수 있도록 원조 -성원들 서로 간에 도움이 될 만한 정보를 공유하고, 조언과 정서적 지지 제공 -일반적으로 유사한 문제를 경험한 사람들로 구성되기 때문에 유대감 형성이 용이하며, 자기 개방 수준이 매우 높음.
		sw역할	-촉진자 : 적극적으로 참여하여 성원들이 미래에 대한 희망을 갖고 자조와 협력을 통하여 대처기술을 향상시킬 수 있도록 촉진 -sw의 적극적인 개입이 이루어진다.
		예시	-환자의 가족들이 질병과 그로 인한 영향 등에 대해 대처하는 방법에 대해 토론하는 집단(예, 만성 정신분열증 환자나 가족들의 집단) -이혼한 부부의 자녀로 구성된 집단 -자녀양육에 관한 어려움을 나누는 한부모 집단
	교육 집단	목적	-집단구성원들이 자기 자신과 속한 사회를 잘 이해할 수 있도록 교육을 통해 원조, 즉 집단성원들에게 필요한 지식 및 정보 제공이나 기술을 가르치는 것

242) 치료집단, 과업집단, 자조집단에 대해서는 이미선 외(2010: 149-150), 임안나 외(2011: 213-215) 등을 참고하기 바람.

<table>
<tr><td rowspan="14">치료 집단</td><td rowspan="2">교육 집단</td><td>목적</td><td>-정보의 전달과 교육을 목적으로 하기 때문에 강의형태로 많이 이루어지며, 성원 간의 상호작용이 많지 않기 때문에 성원 간 자기 노출의 정도는 높지 않음(Toseland & Rivas, 1995: 25).</td></tr>
<tr><td>예시</td><td>부모교육집단, 청소년 성교육집단, 위탁부모집단</td></tr>
<tr><td rowspan="2">성장 집단</td><td>목적</td><td>-성원들의 자기인식 증진과 사고의 변화를 통한 행동과 태도의 변화 및 개인 잠재력 개발을 목적으로 함.
-집단은 성원들이 자신의 능력을 최대한 발휘하기 위한 도구로서 의미를 지니며, 질병의 치료보다는 사회정서적 건강의 증진이 중요시됨(Toseland & Rivas, 1995: 26).</td></tr>
<tr><td>예시</td><td>참만남 집단, 퇴직준비 집단, 청소년들의 가치명료화 집단</td></tr>
<tr><td rowspan="3">사회화 집단</td><td>목적</td><td>-사회적 관계에서 어려움을 겪는 경우 사회적 기술을 습득하고 사회생활에 효과적으로 기능할 수 있도록 원조
-성원들이 사회에서 수용할 수 있는 행동과 태도를 집단활동을 통해 습득 도움</td></tr>
<tr><td>종류[243]</td><td>-사회기술훈련집단 : 자기주장훈련집단처럼 의사소통에 어려움이 있거나 만족할 말한 사회적 관계를 맺지 못하는 사람들을 대상으로 사회적 기술 등을 가르침.
-자치집단 : 치료적 공동체에서 원용한 것으로, 정신병동이나 시설 거주자들이 전문가로부터 부당한 처우를 받을 때 자신들의 요구를 해결하거나 권리를 주장하기 위해 이 집단을 형성하고 토론하여 결정하는 과정에서 의사소통 능력을 향상하고 사회적 기술들을 배우게 됨.
-여가집단 : 여가활동에 초점을 두는 집단으로, 스카우트 활동이나 클럽 활동 등이 근원이 되며, 여가활동을 통해 치료적인 효과를 얻고자 할 때 활용함(양옥경 외, 2005: 243).</td></tr>
<tr><td>예시</td><td>정신장애인을 위한 사회기술 훈련(사회적응훈련), 과잉행동 주의력결핍 아동을 대상으로 하는 활동집단, 퇴원 정신장애인을 위한 사교집단 등</td></tr>
<tr><td rowspan="2">치료 (치유) 집단</td><td>목적</td><td>-집단구성원들의 행동변화와 개인적인 정서적·대인관계적 문제의 완화나 제거 등을 다루며, 성원들의 행동 변화나 정신재활을 위함.
-성원들은 자신의 문제를 해결하기 위해 집단활동을 하고, 집단성원의 자기 노출 수준이 높지만 개별성원의 문제 정도에 따라 달라짐(Toseland & Rivas, 1995: 27).</td></tr>
<tr><td>예시</td><td>외래환자를 대상으로 한 정신치료집단, 금연집단, 외상 후 스트레스 장애 치료집단, 약물중독자 집단 등</td></tr>
</table>

243) 출처 : Toseland & Rivas(1995: 28-29)

과업 집단	목적	-과업을 달성하기 위해서, 성과물을 산출하기 위해서, 명령을 수행하기 위해서, 만들어진 집단으로, 그 목적은 조직적인 문제에 대한 해결책을 찾고 새로운 아이디어를 만들어 내며, 결정을 내리는 것임. -집단성원의 개인적인 성장보다는 방침을 만들어 나가면서 의사를 결정하고 산출물을 만들어 내는 것에 초점
	예시	팀, 처리위원회, 직원발전집단 등이 있으며, 위원회나 자문위원회, 이사회, 사회행동집단, 연합체, 대표위원회, 행정집단, 협의회, 치료협의회, 태스크포스팀 등
자조 집단	목적	-성원들 간 특정 목적을 성취 및 상호원조를 위한 자발적 집단 -사회적 태도나 변화를 위한 캠페인, 개인적 문제의 해결과 지지를 얻기 위한 집단자원의 활용 등에 이르기 까지 다양한 목적을 가짐. -대면적·사회적 상호작용 강조, 원인지향적(ex. 알코올중독으로 인한 문제 → 단주), 집단에 대한 개인적 책임을 중시 -정서적 지지, 물질적 원조, 개인적 정체감 고양을 시키기도함.
	sw역할	사회복지사는 자문, 의뢰, 물질 지원 등의 간접적 개입만 함.
	예시	AA(단주친목집단)

※ 출처 : Toseland & Rivas(1995: 22-23), 이영호(2009: 195-198), 전남련 외(2009: 366-367), 김혜영 외(2023: 205-208) 등 재구성

2) 집단 대상 사회복지실천의 이해

① 집단 대상 사회복지실천의 개념[244]

㉠ 2인 이상이 모여 공동의 목표를 달성하기 위해 상호작용하는 '집단'을 매개로 하여, 개인의 문제 해결 및 역량 강화, 사회적 기능 향상을 돕는 전문적인 사회복지 실천 방법(Konopka, 1963: 1-3; Trecker, 1972: 8-12; Toseland & Rivas, 1995: 12)

㉡ 집단 내 역동성(시너지 효과, 상호지지)을 활용해 개인의 성장과 변화를 촉진하는 것

244) 많은 사회복지사가 사회복지실천현장에서 다양한 형태의 집단, 예를 들어, 청소년 약물남용예방을 위한 집단, 사회기술훈련 향상을 위한 집단, 우울증문제를 지닌 클라이언트의 문제를 해결하기 위한 집단, 부모교육을 위한 집단 등과 집단프로그램을 실제로 운영하고 있으며, 특히 집단의 형태가 다양할 뿐만 아니라 집단의 대상도 아동, 청소년, 여성, 노인, 약물중독자 등 다양하기 때문에 사회복지사는 집단사회사업에 대해 충분히 이해하고 있어야 하며, 집단운영에 필요한 기술을 겸비해야 함(엄명용 외, 2021: 279). 집단은 집단성원들의 개별목표와 집단공동의 목표 성취를 위해 집단성원들을 지지하고 격려하는 힘을 가졌으며, 이들의 성장을 촉진하는 환경이 될 수 있지만, 집단이 항상 긍정적인 결과를 보증하는 것은 아니며 때로 집단은 집단성원들에게 거의 영향을 미치지 않을 수도 있고, 해를 끼칠 수도 있기 때문에 사회복지사가 효과적으로 집단을 운영하기 위해서 사회복지사들이 개인과 집단, 환경 그리고 그들이 어떻게 상호영향을 미치는지에 대한 지식을 가지고 있어야 함(엄명용 외, 2021: 279).

이 핵심으로, 개별적인 접근을 넘어, 집단이라는 환경을 통해 사회적 문제에 효과적으로 대처하도록 돕는 체계적이고 조직적인 노력을 포함함(이미선 외, 2010: 148).

② 집단 대상 사회복지실천 개념의 구성요소(Konopka, 1963: 1-15; Trecker, 1972: 9-25; Toseland & Rivas, 1995: 12-15)

㉠ 집단 : 공동의 목적과 소속감을 가진 2인 이상의 회원들이 지속적으로 상호작용하는 집합체

㉡ 매개 : 집단을 문제해결의 수단으로 활용하며, 개인의 변화를 이끌어내는 도구로 사용함.

㉢ 목표지향적 : 개인의 강점 강화, 문제 해결, 사회적 기능 향상 등 명확한 목표를 설정하고 활동

㉣ 상호작용 : 집단 구성원들이 서로에게 영향을 주고받으며 지지하고 배우는 과정

㉤ 시너지 효과 : 개인이 혼자서는 해결하기 어려운 문제나 성장을 집단 활동을 통해 배가시키는 효과

③ 집단 대상 사회복지실천의 목표(Konopka, 1963: 23-30; Toseland & Rivas, 1995: 15-25)[245]

㉠ 개인 역량 강화 : 문제해결 능력과 대처 능력 향상

㉡ 사회적 기능 향상 : 사회적 자원 연결 및 적응력 증진

㉢ 사회적 의식 및 책임감 증대 : 사회적 문제에 대한 인식과 참여 유도(사회적 목표 모델에서 강조)

④ 집단 대상 사회복지실천의 원칙

<표 6-5> 집단 대상 사회복지실천의 원칙

집단대상 실천원칙	의미
개별화	- 집단 내 개인의 입장을 명확히 하고 개인의 욕구에 대응 - 집단 그 자체를 하나의 유기체로 간주(집단은 하나의 유기체)
수용	- 집단 성원이 어떠한 표현을 하든 어떤 가치관을 지녔든 그 사람을 있는 그대로 인정하고 받아들이는 것 - 파괴적 행위를 인정하는게 아니라 그 행위를 할 수 밖에 없었던 배경을 이해하고 감정을 충분히 받아들이는 것

245) 집단 대상 사회복지실천의 목표에 대해서, Klein(1972: 20-35)은 재활, 교육훈련, 교정, 사회화, 예방, 사회행동, 문제해결하기, 사회적 가치 등을 제시하고 있음(전남련 외, 2011: 374-375).

집단대상 실천원칙	의미
참가	집단 성원 끼리 서로 참여동기를 부여하고 서로를 소중히 여기도록 하는 상호 주체적 관계 형성을 만들어 가야 함.
체험	적절한 시기에 각자의 문제와 과제를 스스로 해결할 수 있다는 느낌을 체험할 수 있어야 함(협력의 성취감, 스스로 과업 성취에 대한 자기발견 등).
갈등해결	구성원들로 하여금 갈등이 있으면 이를 도피하려고 하지 말고 직면하여 해결하도록 원조해야 함.
규범	- 규범을 통한 제한으로 집단 성원들이 공통된 체험을 할 수 있도록 원조해야 함. - 최소한의 규범 규칙, 기본적 태도의 규정이 없다면 집단 활동은 저해될 수 있음.
계속 평가	계속적이고 연속적인 집단과정을 분석, 평가하고 그 평가에 기초하여 다음 단계로 이행하는 것이 중요함(신성자 외, 2000: 151-155).

※ 출처 : Konopka(1963: 80-95), Trecker(1972: 21-30), Douglas(1976: 52-70) 등을 재구성

⑤ 집단 대상 사회복지실천의 장점(치료적 요인)[246]

㉠ Malekoff(1997: 5-15)의 집단 대상 사회복지 실천의 장점[247]

- 상호지지 : 집단성원 간에 서로 지지해 줌으로써 성원들 간에 도움을 주고받는 것이 가능함.
- 일반화(보편성) : 집단성원들이 문제로 인해 소외되고 자신을 이해해 주지 못하는 사람들이 많다고 생각하기 때문에 어려움을 겪게 되지만, 집단 내에서 서로 공통된 관심사(문제)로 인해 이를 일반화시킬 수 있고, 하나의 공동체 느낌을 가질 수 있음.
- 희망증진 : 집단성원들이 여러 가지 문제에 봉착되어 있는 한계를 느낄 때 집단을 통해 문제의 해결점을 찾아갈 수 있고, 자신들이 문제를 해결할 수 있는 능력이 있음을 깨닫게 됨.
- 이타성 향상 : 자기중심적인 상황에서 벗어나 타인을 위해 도움을 준다는 점에서 이타성을 기를 수 있고, 이로 인해 타인에게 의존해 있던 자신을 보다 독립적인 자신

246) 집단은 집단 자체와 집단의 역동성을 변화의 매개체로 하여 집단성원의 문제해결이나 갈등을 해결하고 자기성장과 변화를 도모하고, 집단을 활용하는 집단사회사업의 장점은 집단의 역동적이고 치료적인 요인과 깊은 관련이 있으며, 집단사회사업의 장점으로 인해 집단은 사회복지실천의 한 방법으로 널리 활용될 뿐만 아니라 기관 내의 직원훈련과 집단 슈퍼비전, 자문 등에 폭넓게 적용되고 있음(엄명용 외, 2021: 280).
247) Malekoff(1997: 5-15)의 집단 대상 사회복지 실천의 장점에 대해서는 엄명용 외(2021: 280-281), 김혜영 외(2023: 203-204) 등을 참고하기 바람.

으로 성장시킬 수 있음.

- 새로운 지식 및 정보 습득 : 집단 내에서 서로 간에 금기시되어 왔던 주제나 문제 혹은 잘못된 정보를 다룰 수 있게 되므로 이에 대한 올바른 정보를 공유하거나 금기시된 주제를 보다 안전하다고 생각되는 집단 내에서 편안하게 공유할 수 있는 장점도 내포하고 있음. 따라서 서로 간에 새 정보의 교환이 가능하고 새 기술을 실험해 볼 수 있는 기회도 제공해 줌.
- 집단의 성장 및 소속감 : 집단성원 모두에게 동등한 기회를 제공하고, 비슷한 문제를 공유하며, 다른 사람들이 집단의 성장을 위해 공헌을 하게 되어 집단이 훌륭한 집단으로 성장할 수 있는 기회를 제공함.
- 정화의 기능 : 집단성원들이 자신의 문제에 대한 불안, 감정, 희망, 꿈 등을 공유하여 공통의 목적을 성취해 가기 때문에 자신의 문제를 보다 객관적으로 해결할 수 있는 기회를 제공함.
- 재경험의 기회 제공 : 이전의 역기능적인 경험을 집단 내에서 재현할 뿐 아니라 집단성원 간의 역동성 속에서 역기능을 경험하기도 하기 때문에 이를 통해 성장할 수 있는 기회를 갖게 됨.
- 현실감각의 테스트효과 : 집단성원들이 서로 간의 잘못된 생각이나 가치를 집단성원들에게 던져 봄으로써 잘못된 생각을 고쳐 나갈 수 있는 기회를 갖게 됨.

㉡ Yalom(1975: 3-84)의 집단치료의 효과[248)]

- 희망 심어주기 : 집단은 집단성원들에게 문제가 개선될 수 있다는 희망을 심어주는데, 이때 희망 그 자체가 치료적 효과를 가질 수 있음.
- 보편성 : 집단성원 자신만의 심각한 문제, 생각, 충동을 가진 것이 아니라 다른 사람들도 자기와 비슷한 갈등과 생활 경험, 문제를 가지고 있다는 것을 알고 위로를 받음(문제의 일반화).
- 정보전달 : 집단성원들은 집단상담자에게 다양한 정보를 습득함으로써 자신의 문제에 대해 보다 명확하게 이해하며, 동료 참여자에게서 직접적·간접적인 제안, 지도, 충고 등을 얻음.
- 이타주의 : 집단성원들은 위로, 지지, 제안 등을 통해 서로 도움을 주고 받으며, 자신도 누군가에게 도움을 줄 수 있고 타인에게 중요할 수 있다는 발견은 자존감을

248) Yalom(1975: 3-84)의 집단치료의 효과는 이영호(2009: 192-193), 원요한(2009: 324-325), 임안나 외(2011: 210-211), 이임숙(2016: 108-111), 최선화(2022: 173-174) 등을 참고하여 요약·제시함.

높임.

- 초기 가족의 교정적 재현 : 집단상담자는 부모, 집단성원은 형제자매가 되는 것인데, 집단성원은 부모형제들과 교류하면서 집단 내에서 상호작용을 재현하는데, 그 과정을 통해 그 동안 해결되지 못한 갈등상황에 대해 탐색하고 도전하게 됨. 이는 집단이 가족과 유사한 점이 있다는 것을 알 수 있음.
- 사회화 기술의 발달 : 집단성원으로부터의 피드백이나 특정 사회기술에 대한 학습을 통해 대인관계에 필요한 사회기술을 개발함.
- 모방행동(동일시) : 집단상담자와 집단성원은 새로운 행동을 배우는데 좋은 모델이 될 수 있음.
- 대인관계 학습 : 집단성원과의 상호작용을 통해 자신의 대인관계에 대한 통찰과 자신이 원하는 관계형성에 대한 아이디어를 가질 수 있으며, 대인관계 형성의 새로운 방식을 시험해 볼 수 있는 장이 됨.
- 집단 응집력 : 집단 내에 자신이 인정받고, 수용된다는 소속감은 그 자체로 집단성원의 긍정적인 변화에 영향을 미침.
- 정화 : 집단 내에 비교적 안전한 분위기 속에서 집단성원은 그 동안 억압되어온 감정을 자유롭게 발산할 수 있음.
- 실존적 요인들 : 집단성원과의 경험공유를 통해 자기 자신이 다른 사람에게 아무리 많은 지도와 후원을 받는다고 해도 죽을 수 밖에 없는 운명을 갖고 있기 때문에 자신의 인생에 대한 궁극적인 책임은 스스로에게 있다는 것을 배우게 됨.

⑥ 집단 대상 사회복지실천의 이론

㉠ 장이론(Lewin, 1951: 188-237; 엄명용 외, 2021: 281-282)

- 장(場)의 개념
  - 서로 상호의존적이고, 공존하고 있는 모든 사실들의 총합
  - 장에는 인식하든 인식하지 않든 개인의 현재 상황과 행동에 영향을 주는 모든 것들이 포함됨.
- 집단은 전체로 이해되어야 하며 개개인의 총합으로 이해해서는 안 되고, 이는 집단도 하나의 체계이며 집단에는 '역동적 상호작용' 이 있기 때문이며 집단은 바로 성원들 간의 상호작용이 연속적으로 발생하는 과정인 것임.
- 인간의 행동은 한 개인의 성격과 환경 간의 상호작용으로 이해되므로 인간의 행동

을 이해하거나 예측하기 위해서는 개인과 환경의 상호의존적인 요인들을 총체적으로 고려해야 함.

ⓛ 소시오메트리(Moreno, 1951: 50-75; 엄명용 외, 2021: 282)

- 집단에서 상호 간의 관심을 서술하고 측정하기 위한 방법인 동시에 인간관계의 그래프나 조직망을 추적하는 이론으로서, 집단에 참여하게 되면 대인관계의 복잡한 관계망이 점차 발생하게 되고, 집단의 각 성원은 몇몇 성원들에게는 관심을 갖고, 다른 구성원들은 거부하는 감정적인 상호작용을 하게 된다는 것임.
- 응답자들에게 좋아하는 사람과 좋아하지 않는 사람을 지명하게 하여 사람들을 서열화하고 이 선택들은 소시오그램으로 표시되는데, 이 소시오그램을 통해 집단 속에서의 인간관계를 확인하고 집단 연대성이나 결속력을 계산할 수가 있고, 특히 공식집단 내에 있는 비공식집단을 구체적으로 확인할 수 있는 방법으로 유용함.

ⓒ 집단상호작용론(Bales, 1950: 9, 33-50; 엄명용 외, 2021: 282-283)

- 집단은 문제해결의 목적을 위해 상호작용하는 개인들의 체계로 설명되며, 관심의 초점은 구성원들의 의사소통행위 양상과 결과에 있다고 함.
- 집단과업을 달성하기 위해 집단성원들은 서로 서로 탐색, 제안 혹은 의견교환을 하며, 집단성원들은 집단 내의 긴장을 관리하고 통합된 집단을 유지하기 위해 사회정서적인 문제를 다루게 됨.
- 집단은 균형을 이룬 안정된 상태가 아니며, 감정과 과업 사이에서 혼돈을 겪을 수 있기 때문에, 집단의 문제해결과정은 각각의 명확하고 규칙적인 방법에 따라 확실하고 순차적인 단계로 이루어지며, 집단은 주변 환경 안에서 사회체계에 적응하고 생존하고 발전함.

⑦ 집단 대상 사회복지실천의 모델

〈표 6-6〉 집단 대상 사회복지실천의 모델

구분	사회적 목표 모델	상호작용 모델	치료 모델
집단의 목적	- 민주주의와 지역사회 정의 유지 및 개발 - 구성원의 사회의식과 사회적 책임 향상 - 지역사회 내 범죄, 빈곤 등의 문제 다루기	- 집단 지도자와 성원의 상호작용을 통하여 목표 형성 - 개인과 집단 간의 상호 또는 공생 관계	집단을 통한 개인의 치료

구분	사회적 목표 모델	상호작용 모델	치료 모델
활동의 초점	개인의 성숙과 민주시민으로서의 역량 개발	- 성원 간의 자조 - 상호 원조체계 개발	개인적인 역기능 변화
집단 지도자의 역할	영향을 끼치는 자의 역할 (바람직한 역할모델 제시)	중재자, 조력자	변화 매개자
집단 성원의 이미지	시민이나 이웃	공동의 목표를 달성하기 위해 협력하는 구성원	문제해결을 원하는 자
활동의 장	지역복지관, 시민조직	사회복지관, 상담소	사회복지관, 사회복지시설, 병원 등
대표적 집단·조직	청소년 유해환경 감시단, 지역사회 환경감시단	지지집단, 가정폭력 피해자 집단	치유집단, 정신치료를 위한 집단

※ 출처 : Papell & Rothman(1966: 66-77), Toseland & Rivas(1995: 33-55), 남세진·조홍식(1997: 44-45), 엄명용 외(2000: 417-419), 윤현숙 외(2001: 98), 양옥경 외(2005: 235-236), 이미선 외(2010: 152, 153-154), 엄명용 외(2021: 283), 전남련 외(2009: 367-369), 최선화(2022: 178-180), 김혜영 외(2023: 208-210) 등을 재구성

⑧ 집단 대상 사회복지실천의 구성요소

㉠ 집단과 집단역동(Toseland & Rivas, 1995: 12, 67; 이미선 외, 2010: 154-155)

- 집단 : 공통의 관심사를 지닌 사람들이 공동의 목표를 달성하기 위해 지속적으로 상호작용하는 2인 이상의 집합
- 집단역동 : 집단이 가진 특성을 통해 일어나는 집단성원들 간의 상호작용 혹은 집단과정에서 만들어진 힘으로서, 개별성원뿐만 아니라 전체로서의 집단에 영향을 미치며. 공통의 관심사를 가지고 공통의 목표를 달성하기 위해 집단을 형성하면 지속적인 상호작용을 통해 집단역동이 생겨남(Toseland & Rivas, 1995: 64-95).

㉡ 집단성원(Toseland & Rivas, 1995: 13-15)

- 성장, 학습, 치료 등을 목적으로 집단에 참여하는 개인들로, 다양한 배경과 목적을 가지고 참여함.
- 집단의 성원은 대부분 자발적으로 집단에 참여하지만 의뢰나 강요에 의해 비자발적으로 참여하는 경우도 있음.
- 집단성원들은 집단에 참여하는 경험을 통해서 자신이 필요한 기능적 역할을 수행함.

㉢ 전문가(집단지도자/사회복지사)(Toseland & Rivas, 1995: 16-18)

- 집단의 목표 달성을 돕기 위해 지식과 기술을 활용하여 개입하고 상호작용과 집단 전체의 역동성을 촉진하는 전문가
- 집단 내부에서 사회복지사는 집단 전체의 역동성에 영향을 주기 위해 개입하고, 집단성원이 긍정적으로 변화할 수 있도록 원조하는 한편, 집단 외부에서는 기관의 정책이나 집단활동에 필요한 자원 확보에 노력하고, 집단이 기능하고 있는 환경에 영향을 미치기 위한 활동을 수행함.

㉣ 프로그램 활동(Toseland & Rivas, 1995: 256-280)

- 집단내 상호작용을 촉진하고 목표를 달성하기 위해 사용되는 구체적 활동이나 과제
- 사회복지사는 프로그램 자체에 대한 지나친 강조로 집단성원에게 스트레스를 주지 않도록 유의하며, 프로그램 활용의 시기적절성, 프로그램의 적합성, 집단성원의 참여 동의, 프로그램의 안전성 등을 고려해서 선택해야 함.
- 프로그램의 예시 : 게임, 미술작업, 역할극, 무용, 스포츠, 팀 활동 등 다양한 프로그램이 활용됨.

㉤ 목적 : 집단이 존재하고 활동하는 이유로, 개인의 변화 및 집단과 지역사회의 문제해결 등 다양한 목표를 가짐(Toseland & Rivas, 1995: 15).

㉥ 환경 : 집단활동의 물리·사회적 장소, 집단경험 질에 영향(Toseland & Rivas, 1995: 153-160)

⑨ 집단역동성(집단역학)

㉠ 집단역동성의 개념(Lewin, 1951: 188-200; Cartwright & Zander, 1968: 7-19)

- 집단성원 간 또는 집단성원과 집단 지도자가 함께 만들어 내는 역동적 상호작용
- 집단과정은 개별 집단성원뿐만 아니라 전체로서 집단에 영향을 미치는 독특한 힘을 만들어 내는데, 이것을 집단역동성이라고 함(Toseland & Rivas, 2017: 67-68).

㉡ 집단역동성의 구성요소

- 의사소통유형 : 사회복지사 중심보다는 집단 중심의 형태로 집단성원들이 모두 참여, 다양한 방향으로의 의사소통 진행이 바람직함(Toseland & Rivas, 2017: 84-95).
- 집단의 목적 : 사회복지사는 집단성원의 목적과 집단의 목적이 조화를 이룰 수 있도록 노력해야 함((Toseland & Rivas, 2017: 127; 임안나 외, 2011: 216).
- 대인관계 학습(피드백) : 다른 성원들과 상호작용에서 흥미를 느끼며 서로 관심을 가질 수 있어야 하며, 사회복지사는 개별성원이 집단중심적이고 집단 통합된 행동과 생각을 보이도록 도움(Yalom, 1975: 19-52; (Toseland & Rivas, 2017: 91-92).

- 지위와 역할 : 지위는 집단성원들이 상호작용하면서 사회정서 및 과업 역할이 발생함에 따라 변화하는데, 사회복지사는 이에 따라 집단성원의 역할이 집단 목표달성의 방향으로 발휘될 수 있도록 기술을 써야 함(Toseland & Rivas, 2017: 104-105).
- 가치와 규범 : 가치는 집단에서 행동의 표준을 일반화한 것으로, 가치판단으로 구체화되어야 하고, 규범은 집단 내에서 통제수단이며 적합한 행동을 하도록 하는데, 집단규범은 집단성원들 간의 합의로 설정되어야 함(Toseland & Rivas, 2017: 103-104).
- 집단문화 : 집단성원들이 공통적으로 향유하는 가치, 신념, 관습, 전통 등을 의미하는 것으로, 집단성원이 동질적이거나 폐쇄형 집단이면 빠르게 형성되지만, 이질적이거나 개방향 집단이면 느리게 형성됨(Toseland & Rivas, 2017: 105-108).
- 긴장과 갈등 : 자연스럽고 필요한 구성요소로, 오히려 긴장과 갈등을 잘 해결하면 더욱 성장하게 됨(Yalom, 1975: 367-385; Toseland & Rivas, 2017: 108-112).
- 집단응집력(Toseland & Rivas, 2017: 95-99; 이미선 외, 2010: 156; 최선화, 2022: 181-182)
  - 개별 성원이 집단에 대하여 갖는 소속감과 매력을 표현한 집단의 특성으로, 집단성원이 다른 성원에 대하여 갖는 매력과 집단 전체에 대하여 갖는 매력을 의미함.
  - 집단성원들은 집단에서 얻는 것이 많을 때, 즉 집단에 매력을 느끼고 있을 때 집단응집력(결속력)이 생기고, 집단응집력이 높을수록 집단의 목표를 달성하는 데 효과적이며 결과도 만족스러우며, 소속감과 친밀감을 형성하고 이게 강할수록 자기노출의 저항감이 감소됨.
- 하위집단 : 상호간에 공통점을 발견, 하위집단을 형성하는데, 사회복지사는 이를 소시오그램을 통해 분석가능하고, 집단내 하위집단 형성은 자연스러운 현상으로 집단역동에 영향미침(Toseland & Rivas, 2017: 90-91; 이미선 외, 2010: 157; 최선화, 2022: 182).

⑩ 집단지도력(이미선 외, 2010: 155-156)

㉠ 집단지도력의 개념(Toseland & Rivas, 2017: 119; 사회복지교육연구회, 2025: 230)
- 의사소통을 통하여 집단목표를 달성하고자 영향을 주는 제반 힘과 과정
- 구체적으로 한 집단에서 타인의 행동에 영향을 미치는 것이며, 그 집단이 추구해야 할 목표와 방법을 최종적으로 결정하고 그 집단의 사회적 규범을 창출해내는 행동
- 계획된 리더로서의 사회복지사와 집단이 발달하면서 집단 성원들 사이에서 출현하게 되는 '토착적 리더십'은 구분되어야 함.

- 집단 활동에 관계하는 모든 성원이 가능한 한 최대의 만족감을 가지고 효과적인 목표달성을 위해 행동하도록 하는 작용을 말함.

ⓛ 집단 지도자(Toseland & Rivas, 2017: 119; 사회복지교육연구회, 2025: 230-231)
- 집단의 목표를 성취하기 위해 주거나 집단을 지도하는 사람
- 집단사회복지실천에서 집단 지도력은 사회복지사가 수행하지만, 집단이 발달하면 비공식적인 집단 지도력이 발생하기도 함.

ⓒ 집단지도력과 권력(Toseland & Rivas, 2017: 121-123; 사회복지교육연구회, 2025: 231-232)
- 집단 지도자로서 사회복지사는 집단과 개인이 바라는 목적을 달성할 수 있도록 집단 안팎에서 리더로서의 영향력을 행사함.
- 집단 내부에서는 전체로서의 집단 역동성을 변화시키기 위해서 또는 개별성원들의 변화를 위해 개입함.
- 사회복지사에게 부여되는 힘 vs 실제적인 힘(Toseland & Rivas, 2017: 121-122)
  - 사회복지사에게 부여되는 힘
    - ▸집단 구성원 또는 집단 외부의 다른 사람에 의해 사회복지사에게 지도력이 있다고 지각되는 데서 생기는 힘
    - ▸힘의 원천은 전문적 위상, 조직 내에서의 위치, 경험, 사회복지사와 성원 간의 역할 경계, 자원에의 접근성 등이 있음.
  - 실제적인 힘 : 집단 안팎에서 조건을 변화시킬 수 있는 사회복지사의 자원에 관계되는 힘으로서, 그 원천은 전문성, 정보, 합법성, 보상, 강제성 등이 있음.

ⓔ 집단지도력의 유형(Toseland & Rivas, 2017: 123-125; 사회복지교육연구회, 2025: 232-234)
- 자유방임적 리더십 : 리더십의 부재현상이라고도 할 수 있는데, 지도자는 집단이 필요로 하는 정보 또는 자원을 얻기 위한 섭외담당자의 역할 밖에는 하지 않고, 리더십의 핵심이라고 할 수 있는 지도자에 의한 동기부여가 없음.
- 전체적 또는 권위주의적 리더십 : 만족의 감소를 위협하고 공포와 불안을 통해 집단성원에게 일정한 행동을 강요함.
- 민주적 리더십 : 만족의 증대를 행동의 중요한 동기로 하여 기회와 유인의 부여를 통해 자발적인 행동의 발휘를 가능하게 함.

㉤ 집단지도력에 영향을 주는 요인들(Toseland & Rivas, 2017: 121-122, 125-128)

- 효과적인 상황 요인들 : 집단 성원들이 가지는 기대, 집단지도력이 획득되는 방법, 계획된 지도자와 집단이 발달하면서 출현하게 되는 지도자 사이의 경쟁 여부 등
- 집단지도력 유형에 영향을 주는 문제 : 결정의 질이 가지는 중요성, 지도자가 질 높은 결정을 내릴 수 있을 만한 정보와 전문성을 얼마나 가지는가?, 집단성원들은 질 높은 결정을 조성하기 위해 필요한 정보를 얼마나 가지는가?, 결정에 따른 행동은 그 결정의 인정정도에 얼마나 좌우되는가? 등

㉥ 집단사회복지실천에 있어 집단지도자의 기술(Toseland & Livas, 1995: 109)

- 집단과정 촉진 기술 : 집단 구성원을 참여시키기, 다른 이들에게 주의 기울이기, 표현하기, 반응하기, 집단 의사소통에 초점 두기, 집단 과정을 명확하게 하기, 내용을 명확히 하기, 집단 상호작용 이끌기 등
- 자료 수집과 사정 기술 : 생각, 감정, 행동을 확인하고 기술하기, 정보를 요청하고 질문하기, 정보를 요약하고 세분화하기, 생각, 감정, 행동을 종합하기, 정보 분석하기 등
- 행동기술 : 지지하기, 분석틀을 재구성하고 재정의 하기, 집단 구성원의 의사소통을 연결하기, 지도 및 지시, 조언・제안・지시, 자원 제공하기, 모델링・역할극・실연・코치, 직면, 갈등해결 등

<표 6-7> 집단 대상 사회복지실천의 기술

기 술		정 의
집단 과정 촉진 기술	집단구성원 참여촉진	소외되거나 침묵하고 있는 구성원을 집단과정에 참여시켜 문제해결방법을 찾도록 원조
	주의집중	사회복지사가 구성원의 말이나 행동을 이해하고 있다는 것을 나타내는 것
	표현기술	구성원이 주요 문제나 과업 등에 대해 느끼고 생각하는 바를 자유롭게 표현하도록 원조
	반응기술	집단과정에 선별적으로 반응하여 다음의 집단과정에 영향을 주는 것
	집단의사소통의 초점유지	특정영역에 초점을 둠으로써 관련없는 부분에 대한 의사소통을 줄이는 것
	집단과정의 명료화	구성원으로 하여금 그들이 어떻게 상호작용하고 있는지를 인식하도록 도와주는 것

기 술		정 의
집단 과정 촉진 기술	내용의 명료화	구성원 간의 상호작용의 내용을 명료화하는 것
	집단상호작용 지도	집단의 상호작용을 특정 방향으로 이끄는 것
자료 수집 및 사정 기술	확인 및 묘사	구성원이 특정 상황을 파악하고 묘사할 수 있도록 원조
	정보요청, 질문 및 탐색	상황을 확인하고 묘사하기 위해서는 정보 제공을 요청하고, 질문하고 탐색하는 것
	요약 및 세분화	직면한 문제나 관심사를 요약하거나 세분하는 것
	통합 기술	언어적, 비언어적 의사소통을 통합하는 것
	정보분석	자료의 유형을 파악하고, 자료 간의 차이를 발견하는 것
행동 기술	지지	구성원의 장점을 지적하고 그들의 요구에 반응하는 것
	재구조화 및 재정의	집단이 직면한 문제를 다양하고 긍정적으로 볼 수 있도록 원조하는 것
	지시	토론을 이끌고 정보를 공유하며 특정 문제를 평가할 때 집단활동을 지시하는 것
	조언 · 제안 · 교육	구성원이 새로운 기술을 습득하여 문제 상황을 변화시키도록 원조하는 것
	자원 제공	집단 내 · 외부의 자원을 구성원에게 연결하는 것
	모델링 역할연습	특정 상황에서의 행동을 시범 보이는 것
	직면	구성원이 행동, 사고, 감정의 불일치를 극복하도록 원조하는 것
	갈등해결	갈등 해결을 위해 조정, 협상, 중재를 하는 것

※ 출처 : Toseland & Livas(1995: 109), 전남련 외(2009: 371) 등을 재구성

⑪ 집단 대상 사회복지사의 역할(전남련 외, 2009: 370-371)

㉠ 조성자의 역할

- 사회복지사는 집단성원들이 목적달성과 관련된 계획과 활동에 대한 자신의 감정과 관심사를 표현하도록 격려함.
- 집단성원들의 집단활동에 대한 반작용을 탐색함.
- 목적 달성을 위해서 집단성원들이 자신들의 장점과 자원을 활성화시키도록 원조함.

㉡ 중개자의 역할

- 사회복지사는 집단성원들이 목적을 달성하는데 활용할 수 있는 지역사회의 자원을 파악하여 집단성원에게 알려주고, 서비스를 이용할 수 있는 자격이나 조건에 대해서도 정보를 제공함.
- 집단성원이 필요한 서비스를 받도록 타 기관에 의뢰하는 활동 수행함.

㉢ 중재자의 역할

- 사회복지사는 집단 내 성원 간 또는 조직 간에 일어나는 분쟁, 갈등 그리고 상반된 관점 등을 해결할 수 있도록 원조함.
- 사회복지사는 어느 한쪽 편을 들지 않고 중립성을 지켜야 하며, 자신의 판단이나 가치를 배제하도록 함.
- 사회복지사는 건설적이고 개방적인 의사소통을 통하여 쌍방이 받아들일 수 있는 합의나 타협점을 찾도록 함.

㉣ 옹호자의 역할

- 사회복지사는 중개자로서의 역할을 성공하지 못하거나 주변의 환경이 집단성원들의 욕구와 상충되는 경우, 집단성원들을 대신하여 그들의 관심과 욕구를 대변함.
- 사회복지사는 집단성원들의 충족되지 못한 욕구를 지역사회나 기관이 알도록 하여 새로운 서비스나 자원을 개발하는 것을 원조하고, 현재의 상태나 규칙을 변화시키기 위하여 대항자의 역할을 하는 것을 포함함.

㉤ 교육자의 역할

- 사회복지사는 집단성원들에게 문제해결에 필요한 새로운 정보를 제공하고, 새로운 행동을 보여주거나 행동모델이 되며, 문제상황에서 어떻게 해야 할 지를 배울 수 있도록 역할연습을 제시함.
- 사회복지사는 인간의 행동변화에 대한 지식과 기술을 활용하며 다양한 시각적·청각적 교육방법을 활용함.

⑫ 사회복지실천이론의 집단에의 적용[249]

㉠ 사회학습이론(Bandura, 1977: 22-39, 191-215)

- 약물남용 클라이언트들이 고위험 상황에 대한 인지적/행동적 대처기술의 부족 때문에 약물사용과 같은 대처수단을 사용하므로 이에 대한 효과적인 대처기술이 필요함.

249) 사회복지실천이론의 집단에의 적용에 대해서는 엄명용 외(2021: 288-292) 등을 참고하여 요약·제시함.

- 개인의 적절한 자기효능감과 적절한 대처기술이 포인트이기 때문에 약물남용의 재발을 예방하기 위해서는 자기효능감의 증진과 적절한 대처기술이 중요함.

㉡ 인지행동접근법(Beck, 1976: 250-290)

- 이는 '효과적인' 대처기술의 부재가 약물남용 재발을 야기하므로 '효과적인' 대처기술 습득을 강조함.
- 결과기대감의 수정 : 장·단점 분석기법을 이용하여 약물의 효과에 대한 클라이언트의 인식 변화 유도
- 효능기대감의 증진 : 고위험 상황에 성공적으로 대처할 수 있다는 개인의 신념 증진
- 대처기술 : 약물거부훈련, 자기주장훈련, 의사소통기술 등
- 인지행동접근법을 이용한 대표적인 약물중독치료 모형으로 재발예방모델이 있음.
  - 재발예방모델 : 문제상황과 대치 → 적절한 대처기술의 선택, 실행 → 자기효능감의 향상 → 재발 가능성 감소(Marlatt & Gordon, 1985: 38)

2. 집단발달단계와 집단 대상 사회복지실천의 기술

1) 집단발달단계에 대한 이해

① 집단발달단계의 개념 : 시간에 따른 집단의 진행과정의 변화로(Tuckman, 1965: 384), 집단은 시간이 지남에 따라 집단의 내부구조, 의사소통과 상호작용의 형태, 응집력, 사회적 통제, 문화 등이 형성되며 변화되어 감(Toseland & Rivas, 2017: 108-112).

② 집단발달단계의 특성(Tuckman & Jensen, 1977: 419-420; Wheelan, 2005: Ch.2,3; Gersick, 1988: 16-20)

㉠ 모든 집단이 모두 동일한 발달단계를 거치는 것은 아니며, 반드시 순차적으로 진행되는 것도 아니고 순서를 역행하기도 함.

㉡ 초기단계 내지 이전 단계로 되돌아가거나 특정단계를 뛰어 넘기도 함.

㉢ 어떤 집단은 정체되어 있는가 하면, 어떤 집단은 한 집단회기 동안에 신속하게 몇 단계를 거치기도 함.

㉣ 구성원의 수, 구성원 자격부여의 개방여부, 구성원의 능력, 집단의 목표 및 직무에 따라 발달정도가 결정됨.

㉤ 폐쇄집단은 비교적 집단발달단계를 구분하고 예측할 수 있으나, 개방집단은 자주 성원들이 교체되기 때문에 발달단계를 구분하고 예측하기 어려움.

③ 집단발달단계 이해의 필요성(Garland, et al., 1973: 17-19; Toseland & Rivas, 2021: 80-90)

㉠ 집단의 존속기간을 예측하고, 각 발달단계에서 예상되는 구성원 및 집단행동지표의 종합적인 기반을 제공하며, 사회복지사의 행동이 어떠해야 할 것인지를 제공함.

㉡ 각 단계에서 다루어야 할 독특한 행동을 예측할 수 있고 집단에서 발생하는 행동의 중요성을 인지할 수 있음.

㉢ 집단발달과 목적을 달성하도록 적합한 개입방법을 사용할 수 있음.

㉣ 개인이나 집단발달을 저해하는 장애물을 제거할 수 있고, 집단의 성장기간 동안 특정 시점에 필요한 지도자의 활동 수준을 고려하여 적합한 선택을 할 수 있음.

2) 집단발달단계의 구분과 특성

① 집단발달단계의 구분[250)]

<표 6-8> 학자별 집단발달단계 구분

발달단계 / 학자	초기단계	중간단계	종결단계
Northen (1969: 116-120)	계획(준비) 오리엔테이션	탐색과 시험 문제해결	종결
Hartford (1971: 64-93)	전집단계획 소집 집단형성	와해 및 갈등 집단기능 및 유지	종결
Klein (1972: 45-101)	오리엔테이션 저항	협상 친밀	종결
Trecker (1972: 110-120)	시작 집단감정의 출현단계	유대,목적,응집력의 발달 강한 집단의식 집단의식의 감소	종결
Sarri & Galinsky (1985: 70-86)	시초단계 형성단계	중간1단계 중간2단계 성숙단계	종결
Garland, Jones & Kolodny(1976: 17-71)	친밀 전 단계 권력과 통제	친밀 차별화(분화)	종결(헤어짐)

250) 집단발달단계는 집단의 특성과 성격, 학자에 따라 약간의 차이를 보이지만 대부분의 집단은 일정한 형태로 발달하게 되는데, 그것은 집단을 만들기 위한 준비단계, 실제로 구성원을 모집하고 모임을 갖기 시작하는 초기단계, 집단성원들이 서로를 알아가면서 지위와 역할을 찾아가는 과정에 갈등이 발생하여 조정하는 단계, 집단이 재구조화되며 더욱 성숙해져 목적을 달성하는 종결단계 등으로 구분됨(최선화, 2022: 188).

학자 \ 발달단계	초기단계	중간단계	종결단계
Toseland & Rivas (1995: 83-89)	계획 초기 사정	작업 평가	종결

※ 출처 : 각 학자들의 해당 문헌을 참고하여 재구성

② 집단발달단계의 특성(Corey, 2012: 180-350)[251]

㉠ 초기 단계

- 집단을 계획하고 조직하며 집단 성원을 모으는 단계
- 집단 성원들은 자신의 자율성을 유지한 채, 집단의 성원이 되려 하거나 집단 압력에 저항을 나타내기도 함.
- 초기단계가 진전되고 집단의 규범과 규칙이 차별화되면서 집단 성원들은 집단 내에서 자신이 맡을 역할을 탐색하고 시험하는데, 이러한 과정에서 갈등이 생기기 함.

㉡ 중기단계

- 집단의 목적과 목표를 달성하기 위해 사회복지사와 집단 성원 모두가 집중적인 노력을 기울임.
- 집단 성원 간의 상호작용과 관계가 발달하고 집단응집력도 높아짐.
- 문제해결, 형성, 친밀감, 성숙함 등이 나타남.

㉢ 종결단계

- 그동안 집단이 해온 노력을 정리하고 이에 대해 평가하고 정리하는 단계
- 이별의 과정이 시작되며 집단 감정과 응집력이 약화됨.
- 집단이 성취한 것을 정리하고 함께 축하하는 것으로 종결되기도 하지만, 집단이 성공적인 종결을 이루지 못한 경우에는 집단성원들에게 부정적인 감정이나 태도가 나타나기도 함.

3) 집단발달 단계별 사회복지실천기술[252]

① 준비단계의 실천기술: 효과적인 집단 운영을 위한 사전준비

251) 집단발달단계의 특성은 이미선 외(2010: 160-165), 최선화(2022: 188-196) 등을 참고하기 바람.
252) 집단발달 단계별 사회복지실천기술은 김혜란 외(2020: 180-245), 이윤로(2021: 215-260), 김용환(2022: 110-320), 구혜영(2023: 235-298), 김혜영 외(2023: 223-246)을 참고하여 요약·제시함.

㉠ 사전준비의 중요성[253]

- 효과적인 집단의 운영을 위한 계획 시 고려사항(이영호, 2009: 199-200)
  - 누구를 위한 집단인지
  - 집단의 목표가 무엇인지[254]
  - 집단의 크기는 어느 정도 할 것인지
  - 집단 구성원은 어떤 사람으로 구성할 것인지
  - 모임의 빈도와 기간은 어느 정도로 할 것인지
  - 모임장소는 어느 곳으로 할 것인지
  - 평가방법은 무엇인지
- 사전준비 및 계획과정을 통해 전반적인 밑그림(설계), 집단 운영의 자신감 제공, 개개인의 특성 파악, 주변 환경 파악 등의 기회를 가질 수 있음.

<표 6-9> 집단의 준비단계에서의 집단성원의 특성 및 집단의 특성과 사회복지사의 역할

집단성원의 특성	집단의 특성	사회복지사의 역할
•예상 집단성원의 임시 구성 •집단의 구조 임시 설정: 모임의 장소, 횟수, 기간, 공간, 규칙 •집단의 내용, 목적 및 목표를 임의 설정 •집단성원의 욕구 파악 •집단 개별성원과 사전 접촉: 개별 목표 설정	(해당 없음)	•개별 성원의 욕구 및 목표 파악 •집단의 목적을 명료하게 설정, 설명 •집단 구성에 영향을 주는 요인 파악(예, 기관의 정책, 장소, 의뢰, 공동 진행자와 협의)

※ 출처 : 김성이 외(2004: 199)

㉡ 준비단계의 구성요소(Northern & Kurland, 2001: 112-113)

- 욕구 : 집단에 참여할 가능성이 있는 집단성원들의 문제나 어려움, 염려하는 부분은 무엇인가?
- 목적 : 집단전체가 추구하는 목적과 목표는 무엇인가? 집단 개별성원의 목표는 무엇인가? 집단 전체의 목적과 목표 그리고 개별성원의 목표는 어떤 상관성이 있는가?
- 구성 : 집단성원 수, 집단을 이끌 사회복지사, 집단성원들의 공통점과 차이점은 무엇인가?

253) 집단발달 단계 중 준비단계에서의 사전준비의 중요성에 대해서는 이영호(2009: 198-199), 엄명용 외(2021: 293) 등을 참고하여 요약·제시함.
254) 집단발달 단계 중 준비단계에서의 집단목적에 대해서는 이영호(2009: 200-201) 등을 참고바람.

- 구조 : 집단 운영을 촉진하기 위해 필요한 것은 무엇인가? 집단의 모임시간 및 장소와 관련해서 고려해야 할 사항은 무엇인가?
- 내용 : 집단의 목적을 성취하기 위해 활용될 도구는 무엇인가?, 집단 내에서 실제로 어떤 일들이 벌어질 것인가?
- 사전접촉 : 집단의 참여를 위해 집단성원들을 어떻게 준비시킬 것인가?

㉢ 준비단계의 개입기술(엄명용 외, 2021: 299-307)

- 집단홍보 : 집단의 목표를 알리고 집단성원들을 모집하는 것으로, 홍보물 배포, 대상자들 직접 접촉, 동료 사회복지사에게 집단을 알리고 모집하는 등 다양한 방법을 활용할 수 있음(전남련 외, 2009: 372-373).
- 집단성원의 선별(이영호, 2009: 201-202)
  - 집단을 실제 운영하기 전에 집단성원을 선별하는 작업으로서, 집단의 목표와 집단성원의 개별목표를 최대한 일치시킬 수 있으며, 집단에 적합하지 않은 클라이언트, 집단에 참여할 수 있는 능력이 부족한 클라이언트, 집단과정을 방해할지로 모르는 클라이언트 등[255]을 선별할 수 있는 기회를 제공함.

---

255) 집단 운영 과정에서 문제 행동을 보일 수 있는 클라이언트 유형은 다양하며, 주로 집단의 역동성(dynamism)과 다른 성원들과의 상호작용에 부정적인 영향을 미치는 특성을 보임. 주요 유형은 다음과 같음(엄명용 외, 2021: 301-302).

① 대화를 독점하는 클라이언트 : 자신의 이야기나 문제에만 초점을 맞추어 다른 성원들이 발언할 기회를 박탈하는데, 이는 다른 집단성원들의 참여 의지를 꺾고 집단 분위기를 저해할 수 있음.

② 침묵하는 클라이언트 : 집단 활동에 참여하지 않고 의견을 표현하지 않아, 집단 역동에 기여하지 못하며 다른 성원들이 무시당하는 느낌을 받을 수 있음. 침묵의 원인은 수줍음, 불안감, 또는 불신 등 다양함.

③ 저항적이거나 부정적인 클라이언트 : 사회복지사의 제안이나 집단의 목표에 반대하거나 회의적인 태도를 보이고, 비판적이거나 냉소적인 발언으로 집단 분위기를 흐리며, 변화에 대한 동기가 낮을 수 있음

④ 의존적인 클라이언트 : 자신의 문제를 스스로 해결하기보다 사회복지사나 다른 집단성원들이 대신 결정해주기를 바라며 지속적으로 도움을 요청하는데, 이는 다른 성원들에게 부담을 줄 수 있음.

⑤ 질문 공세를 펼치는 클라이언트 : 다른 사람들에게 불필요한 질문을 끊임없이 하거나 사실 나열에만 집중하여 핵심적인 감정 표현이나 문제 탐색을 방해함.

⑤ 지성화(Intellectualizing)하는 클라이언트 : 문제 상황을 감정적으로 다루기보다 이론적이거나 추상적인 방식으로만 분석하고 설명하려 하며 자신의 감정을 드러내기를 회피하며 방어기제로 작동할 수 있음.

⑥ 하위 집단을 형성하는 클라이언트 : 특정 소수와만 교류하며 집단 전체의 통합을 저해하고 배타적인 분위기를 조성할 수 있음.

• 사회복지사는 집단을 시작하기 전에 집단성원 개개인과의 개별면담을 통해 집단의 목표, 과정, 기타 활동사항 등을 클라이언트에게 충분히 설명해 주고 클라이언트가 집단이 자신에게 적합한지 그리고 집단에 참여할 것인지를 스스로 결정할 수 있는 기회를 제공할 수 있음.

- 집단구성(이영호, 2009: 203-205)

〈표 6-10〉 집단 구성 시 고려해야 할 사항

이질성과 동질성[256)]	- 성원의 인성적 특징이나 목표가 유사하며 의사소통이 촉진될 수 있고, 성원들이 서로의 관심과 문제 및 과업을 규명할 수 있게 됨. - 단, 너무 동질적이거나 너무 이질적인 것은 좋지 않으며, 균형을 이루어야 함.
개방집단과 폐쇄집단[257)]	- 개방집단 : 집단이 진행되는 중간에 새로운 성원이 들어올 수 있는 집단 - 폐쇄집단 : 처음에 구성되는 성원 이외에 새로운 성원이 들어올 수 없는 집단
집단의 크기	- 집단의 크기는 집단 성원의 수를 의미 - 집단의 크기는 구성원의 만족도, 구성원 간의 상호작용, 집단 개입결과에 영향을 미침.

※ 출처 : 이영호(2009: 203-205), 엄명용 외(2021: 302-303, 304-305) 등을 재구성

- 집단구조(이영호, 2009: 206-208; 최선화, 2022: 185-186)
  • 집단크기(전남련 외, 2009: 374; 임안나 외, 2011: 217-218)
    ▸ 성인집단은 8명 정도로 구성하고, 아동 및 청소년은 이보다 적은 숫자로 구성
    ▸ 교육집단은 치료집단보다 집단의 규모가 클 수 있음.
    ▸ 집단성원이 多, 집단 통제의 어려움 / 집단성원이 小, 집단성원들간의 풍부한 상

256) 동질성은 성원들의 특성들이 유사함을 의미하고, 집단과정에서 많은 것을 얻을 수 있지만, 너무 또 동질적이면 부정적 결과를 가져올 수 있는데 반해, 이질성은 성원들의 주요 특성에 차이가 있음을 의미하는 것으로, 성원들의 대처능력이나 인생경험 등이 이질적인 경우 집단의 자산이 될 수 있지만, 지나치게 이질적이면 역효과를 낼 수 있음(엄명용 외, 2021: 302-303). 동질적 집단과 이질적 집단의 장・단점에 대해서는 이영호(2009: 203-204), 전남련 외(2009: 373-274) 등을 참고바람.

257) 개방형 집단은 집단 가입과 탈퇴가 자유롭고 새로운 성원의 참여가 다른 성원들에게 자극이 되는데, 잦은 교체가 이루어지면 집단 응집력이 약화되며 새로운 집단성원이 집단 소속감을 갖는데 문제가 생김길 수 있고, 폐쇄형 집단은 집단성원의 역할과 집단규범이 안정적이고 집단 응집력이 강하며 다수의 성원이 탈퇴 시 나머지 집단성원에게 미치는 영향이 크고 새로운 정보나 내용이 없어서 지루해 할 수 있음(엄명용 외, 2021: 303-304). 특히, 개방형 집단과 폐쇄형 집단의 장・단점에 대해서는 이영호(2009: 204-205, 〈표 9-1〉), 전남련 외(2009: 375), 김혜영 외(2023: 205) 등을 참고바람.

호작용을 기대하기 어렵고, 집단의 목적을 상실함.

- 모임의 빈도와 시간(임안나 외, 2011: 218)
  - ▸연령대별
    - ∘성인의 경우 : 1회/週, 1시간 30분~2시간/回, 직장인(점심or저녁)
    - ∘학생이 경우 : 2회/週, 60~90분/回, 학교 수업시간 중 일부 or 방과후
  - ▸집단의 특성
    - ∘개방집단 : 집단성원의 교체가 잦기 때문에, 참여의 지속성을 위해 자주 모임
    - ∘위기집단 : 긴급한 개입을 요하므로 하루에도 여러 차례 모임
- 집단의 기간(전남련 외, 2009: 374)
  - ▸언제 종결되는지 아는 것 자체가 집단에게 자극이 될 수 있으므로, 집단을 시작할 때 미리 알려주는 것이 좋음.
  - ▸집단의 기간이 너무 짧으면 집단성원들이 생산적이고 의미있는 변화를 이루기에 부족하므로 사회복지사는 집단의 기간을 정할 때 신중해야 함.
- 모임의 장소(전남련 외, 2009: 375)
  - ▸기관의 물리적 환경에 따라 결정되나, 비밀이 보장될 수 있는 장소를 선택함.
  - ▸집단성원들의 신분이 밖으로 노출되지 않는 장소를 선택함.
  - ▸집단성원들에게 편안함과 안락함을 제공할 수 있는 장소가 집단 운영에 긍정적인 영향을 줄 수 있음.
  - ▸좌석배치도를 사전에 계획하며, 원형의 배치가 서로에게 집중할 수 있어서 권장

- 공동진행자에 대한 고려(이영호, 2009: 209)
  - 사회복지사≡공동진행자(동등한 위치의 협력관계) : 집단 운영 시, 사회복지사가 미처 파악하지 못하는 부분을 파악해주고 협력을 통한 집단운영에 장점이 있음.
  - 사회복지사≠공동진행자(갈등 or 경쟁관계) : 집단 운영에 차질 발생

② 초기단계의 실천기술

㉠ 초기단계의 특징

〈표 6-11〉 집단의 초기단계에서의 집단성원의 특성 및 집단의 특성과 사회복지사의 역할

집단성원의 특성	집단의 특성	사회복지사의 역할
•낯선 사람과 새로운 환경에 대한 불안, 불신	•집단, 사회복지사, 집단 성원에 대한 소개(오리엔테이션)	•비밀보장 설명 •집단성원이 사회복지사이게 과

집단성원의 특성	집단의 특성	사회복지사의 역할
•사회복지사와 대화시도 •탐색 혹은 거리감 유지/친해지기 위한 노력 •성공에 대한 불안감, 두려움과 동시에 성공에 대한 기대감을 가짐(양가감정).	•집단규범, 가치, 대화양식 등이 설정 •집단 목적 공유 •집단 성원 간 공통점 모색(향후 집단응집력에 영향)	•도하게 의존하려는 것을 예방하기 위한 적극적 개입 •성원의 불안감, 두려움 감소 •집단 목적을 구성원 간에 공유하게 함. •서로 낯설어 하는 구성원 간에 공통점을 찾아 연결 •집단 규범이 설정될 수 있도록 도움

※ 출처 : 김성이 외(2004: 199)

ⓛ 초기단계의 개입기술[258]

- 오리엔테이션(Hepworth & Larsen, 2013: 34-42)
  - 사회복지사의 소개 : 사회복지사의 이름, 직위, 앞으로 운영될 집단프로그램과 관련된 경력 등을 소개
  - 집단성원의 소개 : 소개는 성원들 간의 상호관심사와 흥미를 공유하게 하고 상호신뢰를 발전시키는 계기가 되기 때문에 사회복지사는 소개과정을 통해 집단성원들 간의 유사성이 드러나도록 어떤 정보가 공유되는 것이 좋은 지를 결정하고, 개별성원의 소개 시 그 정보를 밝히도록 하는 것이 좋음(전남련 외, 2009: 376-377).
  - 집단목적 소개(전남련 외, 2009: 377)
    - ▸목적은 가능한 긍정적으로 표현함.
    - ▸분명하고 이해하기 쉬운 표현으로 구성함.
    - ▸집단의 목적을 알고 집단성원들이 참여하긴 했지만 집단 초기단계에서 집단의 목적을 명확히 하는 것이 좋음 → 심리적 불안감을 축소
    - ▸집단의 목적과 더불어 집단에서의 사회복지사의 역할에 대해 설명하는데, 특히 비자발적인 클라이언트로 구성된 집단일 경우에는 집단의 목적, 사회복지사의 역할, 사회복지사와 의뢰기관(보호관찰관)의 실무자와의 차이점에 대한 상세한 소개가 필요함.

258) 집단발달 단계 중 초기단계의 개입기술에 대한 내용에 대해서는 이영호(2009: 214-225), 엄명용 외(2021: 315-335) 등을 참고하여 요약・제시함.

▸ 집단이나 기관이 제공할 수 없는 것에 대해 언급하여 서비스의 한계를 밝힘
▸ 집단목적을 설명한 후 이에 대한 집단성원들의 의견이나 피드백을 받고 반영해야 함.
▸ 집단목적이 애매모호하게 설정되면 집단이 성공적으로 운영되기 어렵기 때문에 명확하게 설정되어야 하지만 집단목적은 집단성원의 의견을 반영하여 수정되기도 함.

- 집단성원 역할 소개(전남련 외, 2009: 377-378)
  ▸ 집단성원들은 집단에 참여하게 된 동기를 알고 있을지라도 자신들의 문제를 해결하기 위해 집단 내에서 무엇을 해야 하는지 모르는 경우가 많으며, 집단성원이 자신의 역할에 대해 불분명하면 집단으로부터 탈락하는 가능성도 큼.
  ▸ 집단성원의 역할을 소개할 때 집단의 규칙을 함께 설명할 수도 있음.
  ▸ 집단의 규칙 예시 : 집단에 적극적으로 참여하는 것, 결석하지 않는 것, 남을 비난하지 않는 것 등
- 집단 규칙 설명[259]
  ▸ 사회복지사는 집단성원들과 집단성원들의 행동과 관련된 규칙을 논의하고 결정해야 함.
  ▸ 비밀보장 : 집단 내에서 성원들 간에 논의된 내용을 집단 밖에서 논의하는 것을 금지하는 규칙, 집단에서 비밀공개의 정도와 원칙에 대해 토론하는 것이 좋음.
  ▸ 집단성원들의 행동과 관련된 규칙 논의, 결정
    ◦ 집단성원들의 출석과 지각에 관련된 사항
    ◦ 모임 중에 흡연이나 음식물을 먹는 행위에 관한 사항
    ◦ 친구나 주변 인물을 모임에 데리고 오는 것에 대한 사항
    ◦ 집단 밖에서 집단성원들과 어울리는 것에 대한 사항 등
  ▸ 성공적인 집단을 운영하는 데 필요한 규칙(엄명용 외, 2021: 324)
    ◦ 다른 성원이 얘기하는 동안 방해하지 않고 경청하기
    ◦ 집단토의를 독점하지 않기
    ◦ 다른 성원들의 생각과 감정을 존중하기
    ◦ 진지하고 솔직하게 다른 성원들의 생각과 감정에 관해서 얘기하기
    ◦ 서로 신뢰하고 협력하기 등

---

259) Hepworth et al.(1997: 339)은 집단규칙(규범)을 기능적인 규범과 역기능적인 규범으로 분류하여 설명하고 있으니 참고바람.

- 계약(전남련 외, 2009: 378)
  - 계약은 초기단계에서도 이루어지고 준비단계에서도 이루어짐.
  - 집단에 대한, 집단성원 상호간 혹은 집단지도자 및 기관 등에 대한 기대나 책임의무에 대해 구체적인 합의를 함.
  - 목적, 행동주체, 성취평가, 측정평가에 대해서 구체적으로 명시하는 것이 바람직

- 신뢰감 조성(Hepworth & Larsen, 2017: 37-43)
  - 초기단계에서 집단성원들은 집단이라는 환경에 익숙하지 않으므로 사회복지사의 태도와 행동을 모방하기 때문에 사회복지사의 태도가 매우 중요함. 즉 사회복지사가 집단성원들에게 보이는 태도를 통해 집단성원들을 가르칠 수 있음.
  - 신뢰감 조성을 위해 필요한 사회복지사의 기본적인 태도
    - ▸주의집중행동 : 사회복지사의 태도가 개방적이고 비심판적이며, 집단성원을 있는 그대로 수용하고 집단성원들이 하는 말에 관심이 있다는 것을 비언어적으로 전달하는 사회복지사의 행동(예, 눈맞춤, 몸자세, 목소리 등)
    - ▸적극적 경청 : 사회복지사가 클라이언트의 말을 이해하고 있다는 것을 명확하게 제시할 수 있는 도구이며, 경청하는 기술과 반영하는 기술을 결합한 것
    - ▸감정이입적 자세 : 집단성원의 감정과 생각을 인식하고 이해하며 그것에 대해 적절히 반응하는 자세
    - ▸집단성원을 통제하지 않고 있는 그대로 수용하며 존중하는 자세

- 집단성원의 불안 및 저항을 다루는 기술(Hepworth & Larsen, 2017: 510-540)
  - 집단성원의 불안은 특히 초기단계에 자연스럽게 나타나는 현상임을 인식하고 집단성원에게 설명하여 줌.
  - 집단성원들 간의 갈등 또는 집단성원과 사회복지사 간의 갈등이 잘 다루어지지 않는다면 상호 간의 신뢰감이 저하될 뿐만 아니라,앞으로 전개될 집단과정에 부정적인 영향을 주기 때문에, 갈등은 반드시 인식되어야 하고 건설적인 방식으로 다루어져야 함.
  - 집단성원이 보이는 저항은 다음의 사회복지사의 태도와도 관계가 있음, 따라서, 사회복지사가 회기를 철저하게 준비하고 집단 내에서의 자신의 행동에 대해 주의하는 것이 좋음. 특히, 사회복지사는 태도가 공격적이거나 심판적이지 않도록 자

신의 행동에 관해 주의해야 함.

▸ 집단과 좀 떨어져 앉음.

▸ 말을 지나치게 많이 함.

▸ 질문 또는 지나치게 많은 조언을 함으로써 집단과정을 방해함.

▸ 상대방을 비꼬거나 관심을 끄는 행동으로 집단을 지배하려고 함.

• 저항을 다룰 때의 실수

▸ 클라이언트의 감정을 너무 집중적으로 탐색하는 경우 : "불쾌하다는 말씀을 하셨는데, 무엇이 불쾌하게 만드나요?"

▸ 집단에 참여하여 얻을 수 있는 혜택을 설명함으로써 저항감을 줄이려는 경우 : 이는 사회복지사가 방어적 입장에서 집단참여의 중요성을 설명하게 되어 역효과를 가져올 수도 있음.

▸ 집단 성원에게 죄책감을 유발하여 집단참여를 종용하는 경우 : "당신은 당신만 생각하지 당신의 문제로 인해 고통받고 있는 가족에 대해서는 관심이 없군요."

▸ 한 성원의 저항감을 집단 전체의 저항감인 것처럼 다루는 경우 ; "지금 A씨가 불쾌한 감정을 표현하셨는데 다른 사람들도 그렇게 느끼나요?" 등은 집단의 상황을 더욱 악화시키는 결과를 가져올 수 있음.

- 목표설정(임안나 외, 2011: 222)

• 사회복지사는 집단에 참여한 모든 집단성원들의 공통목표인 집단목표를 설정해야 하며, 이는 집단의 목적에 따라 달라질 수 있다.

▸ 예시1) 대부분의 집단에 적용할 수 있는 목표 : 자아존중감 향상, 자기주장성 향상, 타인에게 유용한 피드백 제공하기 등

▸ 예시2) 구체적인 집단목표의 예

∘ 노인집단 : 인생경험에 대한 회고, 상실감 다루기 등

∘ 장애인집단 : 장애에 대한 감정표현, 지지체계 설정 등

• 집단성원 각자 개별목표를 설정함. 개별목표는 집단성원들의 집단참여도를 향상시킬 수 있으며 집단성원이 집단에 대해 갖는 매력도 증가시킬 수 있음.

• 효과적인 목표설정기준 : 과정보다는 성취로 기술, 명확하고 구체적으로 기술, 측정가능한 표현으로 기술, 현실적이어야, 클라이언트의 가치관과 문화에 어울려야, 목표 달성은 문제상황의 호전과 관련이 있어야, 목표달성을 위한 기간을 명시함.

- 집단운영(Hepworth & Larsen, 2017: 290-330, 507-545)
  - 효과적인 집단운영방식을 위한 제안
    - ▸초기단계에서는 직접적인 지시와 교육이 집단발달을 촉진시킴.
    - ▸자기노출, 피드백 제공의 중요성을 인식시킴.
    - ▸집단성원의 바람직한 행동에 대해서 긍정적인 강화물을 제공함.
    - ▸사회복지사가 집단성원의 역할모델이 됨.
    - ▸집단 내에서 행동이 집단성원 각자의 생활에서 보이는 문제를 반영한다는 것을 인식시키고 집단 내에서 특정 행동을 변화시키려는 노력을 하는 것이 중요하다는 것을 이해시킴.
  - 시간 제한적이고 구조화된 집단운영
    - ▸사회복지사의 적극적인 개입이 요구되는 구조화된 집단운영방식
    - ▸자기주장훈련, 사회기술훈련, 분노조절, 양육기술훈련집단 등
    - ▸보통 6~16회기로 구성
    - ▸다루는 내용 : 교육자료의 제공, 연습, 역할극, 교육자료 또는 성원들이 경험한 문제들에 대한 토의, 과제수행, 모임에 대한 평가 등
    - ▸각 회기 내에서 다루어질 안건들이 미리 개발(예, 양육기술향상을 위한 집단프로그램 중 1회기의 목적과 안건[260])
  - 집단회기의 시작과 마무리 기술
    - ▸집단회기를 시작하는 방식
      - ◦집단 성원에게 이번 회기 동안 다루기 원하는 것을 간략하게 질문 : 특정성원에 집중하기보다 개별성원 모두에게 원하는 바를 얘기할 수 있는 기회를 제공
      - ◦집단 성원에게 지난 회기와 관련된 생각과 느낌을 질문
      - ◦집단성원들 간에 혹은 집단성원과 사회복지사 간에 해결되지 않은 이슈가 있을 경우 이를 표현하도록 함.
      - ◦집단회기 주별로 진행될 경우 집단성원에게 일주일 동안 경험했던 바에 대해 집단에 보고하도록 요청 : 과제수행과 관련해서 성공내지 실패한 경험들에 관한 질문 등
      - ◦지난 회기에 관한 사회복지사의 관찰, 생각 등을 표현하면서 회기를 시작
    - ▸집단회기를 마무리 짓는 방식

260) 양육기술향상을 위한 집단프로그램 중 1회기의 목적과 안건은 엄명용 외(2021: 332-333)을 참고하기 바람.

- 회기 중 제기된 이슈를 마무리하지 않은 채 회기를 끝내는 것도 활용 : 모든 것이 마무리되었다는 느낌을 가진 채 집단회기를 마무리한다면 집단성원들은 해당 회기에서 다루었던 내용에 관해 심사숙고하지 않을 수도 있기 때문
- 집단성원에게 각자가 회기에 어느 정도 투자하였는지를 질문 : 회기에 대해 지루해했다면 이를 해소할 수 있는 방안에 관해 토의
- 회기에서 다루었던 내용을 요약
- 참여도가 높은 집단성원을 인정해 주고 긍정적인 피드백을 제공
- 과제수행 또는 집단에서 배운 것을 집단 밖의 문제 상황에 어떻게 적용할지에 대한 계획을 얘기하도록 요청
- 다음 회기에서 다루기 원하는 주제나 문제가 있는지를 질문
- 회기에 대한 사회복지사의 관찰, 생각 등을 표현하면서 마무리

③ 사정단계의 실천기술(엄명용 외, 2021: 308; 에듀윌, 2025: 147)

㉠ 사정단계의 개념 : 원조과정이 기초하는 과정이자 산물임.

- 과정으로서의 사정 : 정보를 수집 · 조작 · 판단
- 산물로서의 사정 : 집단과 집단성원의 기능에 관한 진술문

㉡ 집단발달단계별 사정의 특징(Hepworth & Larsen, 2017: 185-188)

- 사정은 특정 단계에서만 이루어지는 것이 아니라 연속적으로 이루어짐.
- 각 단계마다 사정이 이루어지며, 단계별로 내용이 조금씩 다름.

〈표 6-12〉 집단발달단계별 사정 내용

초기단계	집단 및 성원의 기능 수행에 대한 체계적 사정
중기단계	초기 사정 내용에 대한 타당성을 검토하고 그 성공 여부에 기반하여 개입계획 수정
말기단계	집단 및 성원의 기능달성 정도를 사정, 추가적인 개입이 필요한 영역에 주목

※ 출처 : 에듀윌(2025: 147)

㉢ 사정단계에서의 개입기술(Toseland & Rivas, 2001: 201-208; Hepworth & Larsen, 2017: 189-200)

- 성원의 자기관찰 : 자기 모니터, 도표, 기록지, 일지
- 사회복지사의 관찰 : 역할극, 소시오 드라마, 사이코드라마, 모의 검증
- 외부 전문가의 보고 : 집단 외부의 사람들이 쓴 보고서나 정보를 활용하는 방법

㉣ 집단사정도구[261] : 우울증 진단 척도, 자존감 척도, 부모-자녀 관계 측정 척도, 스트레스 척도 등 표준화된 척도, 소시오메트리, 의의차별 척도, 상호작용챠트 등

④ 중간단계(개입단계)의 실천기술

㉠ 중간단계의 특징

〈표 6-13〉 집단의 중간단계에서의 집단성원의 특성 및 집단의 특성과 사회복지사의 역할

집단성원의 특성	집단의 특성	사회복지사의 역할
•집단에 대한 탐색이 점차 감소 •집단성원 간 짝을 이루고 하위집단 발생 •하위집단 간 알력이 발생 •자신의 지위 및 역할을 모색 •집단성원의 독특성 인정, 집단에 대한 공헌 모색 •집단의 중요성을 내면화 •사회복지사에게 덜 의존하고 자신의 의사표현 시작	•집단의 문화, 행동, 규범, 갈등이 발생하고 해결 •집단성원의 지위, 위계 질서, 역할, 리더가 형성 •집단성원 및 리더를 실험하고 신뢰할 수 있게 됨 •집단성원 간의 공통점, 차이점을 인정, 존중함 → 집단의 응집력 발달	•집단의 현 위치를 파악(진행상황, 갈등, 협조체계 등) •각 성원에 대한 평가(태도, 관계, 행동, 동기, 목표 등) •집단의 목적,목표를 재확인하고 성원 모두의 참여 유도 •집단성원 간의 공통점 및 차이점 파악 •집단리더에 대한 실험을 인정 •집단성원이 다양한 경험을 할 수 있도록 도움 •직면 •집단의 갈등 해소

※ 출처 : 김성이 외(2004: 199)

㉠ 중간단계의 개입기술[262]

- 집단응집력 향상을 위한 실천기술(원칙)[263]
  • 집단토의와 프로그램 활동들을 적극적으로 활용하여 집단성원들 간의 공개적이고 활발한 상호작용을 촉진

261) 집단사정도구는 Toseland & Rivas(2001: 201-203, 208-210)와 Hepworth & Larsen(2017: 298-315), 엄명용 외(2021: 309-312)에 예시와 같이 상세하게 설명되어 있으니 살펴보기 바람.
262) 집단발달 단계 중 중간단계의 개입기술에 대한 내용에 대해서는 이영호(2009: 228-237), 엄명용 외(2021: 337-353)를 참고하여 요약・제시함.
263) 집단응집력 향상을 위한 실천기술(원칙) 관련 내용에 대해서는 Corey & Corey(1997: 100-130), Toseland & Rivas(2001: 74-85), 엄명용 외(2021: 339-340) 등을 참고하여 요약・제시함.

- 사회복지사는 집단성원들이 집단과정에 적극적으로 참여하고 그들이 목표를 달성하고 변화를 이루어 낼 수 있는 유능한 존재(스스로 가치있는 존재)라는 것을 인식할 수 있도록 원조함.
- 집단성원들의 욕구가 집단 내에서 충족될 방법들을 파악할 수 있도록 원조함.
- 집단성원들이 목표에 초점을 두고 목표를 달성할 수 있도록 원조함.
- 집단성원들이 상이한 인식과 관점을 인정하면서 비경쟁적인 관계 즉, 협력하는 관계를 형성하도록 원조함.
- 모든 집단성원들이 집단과정에 완전히 참여할 수 있는 규모의 집단을 형성함.
- 집단성원들이 기대하는 바를 명확히 하고 집단성원의 기대와 집단의 목적을 일치시킴.
- 집단에 참여함으로써 얻을 수 있는 자극제(자원, 보상 등)를 집단성원에게 제공함.
- 집단성원들이 현재 참여하고 있는 집단에 자부심을 느끼도록 원조함.
- 사회복지사 뿐만 아니라 집단성원도 집단의 내용과 방향에 책임이 있다는 것을 인식시킴.

- 집단과정을 촉진하기 위한 실천기술(Corey, 1995: 52-65)[264]
  - 자기노출[265]
    - ▸자기노출 : 언어적 표현 또는 비언어적 행동을 통해서 사회복지사가 자기 자신에 대한 정보를 의도적이고 의식적으로 누설하는 것으로, 집단성원의 자기노출에도 영향, 사회복지사와 성원들 간의 신뢰관계 향상에 기여함.
    - ▸자기노출의 유형
      - ∘ 사회복지사가 집단에서 현재 일어나고 있는 것에 관해 자신의 생각과 감정을 집단성원에게 공개하는 유형
      - ∘ 사회복지사가 자신의 과거 경험 등을 집단성원에게 제시하는 유형
    - ▸집단 내에서 자기노출을 위한 지침
      - ∘ 집단의 목적과 목표와 관련이 있어야 함.
      - ∘ 집단성원들이 특정 집단성원에 대해 지속적인 반발을 보이고 이로 인해 집단

---

264) Corey(1995: 52-65)의 집단과정을 촉진하기 위한 실천기술 관련 내용에 대해서는 엄명용 외(2021: 340-345)를 참고하기 바람.

265) 집단발달단계 중 중간단계에서 사회복지사의 자기노출을 위한 형식과 사례에 대해서는 이영호(2009: 229-230), 엄명용 외(2021: 341-342)를 참고하기 바람.

참여 수준이 영향을 받는다면 이를 집단 전체에 공개하도록 함.

◦ 집단성원들은 자신에 관해 무엇을 그리고 얼마나 많이 노출시킬 것인지를 결정해야 하고, 자기노출로 인해 동반되는 위험을 어느 정도 감당해 낼 수 있는지를 결정해야 함.

◦ 자기노출의 수준은 집단발달단계와 관련이 있음.

- 직면하기[266]

▸ 직면하기 : 클라이언트가 보이는 불일치를 알아차리고 주의집중기술을 활용하여 이에 대한 피드백을 클라이언트에게 제공하는 기술(Ivey, 1994; 엄명용 외, 2021: 342)

▸ 불일치의 예

◦ 진술문사이의 불일지 : 자신의 배우자를 매우 사랑한다고 말한 클라이언트가 잠시 후 이를 직접적으로 논박하는 내용을 언급하는 경우

◦ 언행의 불일치 : 아내와 저녁에 데이트를 약속한 남편이 밤늦게 귀가한 경우

◦ 진술문과 비언어적 행동 사이의 불일치 : 집단에 참여하는 것을 좋아한다고 얘기하는 집단성원의 얼굴이 경직되어 있는 경우

◦ 비언어적 행동 사이의 불일치 : 클라이언트가 웃음을 지으면서 이를 악무는 경우

◦ 진술문과 맥락 사이의 불일치 : 문제를 해결할 힘이 없는 것이 분명한 클라이언트가 가족문제를 해결하겠다고 말하는 경우

◦ 사람들 간의 불일치 : 남편과 아내가 말하는 내용이 일치하지 않는 경우

- 집단성원의 행동(불일치)을 구체적으로 지적하고 그 행동이 집단과 다른 집단성원들에 미치는 영향을 자세하게 설명할 수 있어야 함.

- 피드백(이영호, 2009: 231-232)

▸ 피드백 : 집단성원들에게 그들의 역할수행이나 또는 서로를 어떻게 바라보는징 대해서 명확한 정보를 제공하는 것(Ivey, 1994; 엄명용 외, 2021: 344)

▸ 효과적인 피드백을 위한 지침

◦ 클라이언트의 요청이 있을 때 피드백을 제공하는 것이 가장 효과적이며 클라이언트가 사용할 수 있는 만큼만 제공

◦ 피드백을 제공할 때 클라이언트의 장점에 초점을 둠.

---

266) 집단발달단계 중 중간단계에서 사회복지사의 직면하기를 위한 형식과 사례에 대해서는 이영호(2009: 230-231), 엄명용 외(2021: 343)를 참고하기 바람.

◦ 구체적이어야 하는데, 특정행동에 대한 구체적인 피드백은 그 행동에 대한 자신의 관점을 비교할 수 있는 기회를 제공함.
◦ 한 번에 한 두 가지 정도의 피드백을 제공하는 것이 적당함.
◦ 가장 의미 있는 피드백의 유형은 피드백을 제공하는 사람과 제공받는 사람과의 관계를 직접적으로 다루는 피드백임.
◦ 피드백을 이해했는지 어떻게 받아들였는지를 확인함.

▸ 피드백을 구하기 위한 형식 예(김용석 외, 2013: 239)
◦ "지금까지 우리가 얘기한 것에 대해 어떻게 생각하십니까?"
◦ "질문이나 추가로 언급할 말은 없습니까?"
◦ "우리가 행동원칙에 대해 얘기했는데, 어떤 생각이 드십니까?"

- 변화를 이끌어 내기 위한 실천기술[267)]
• 집단성원의 내적 변화에 초점을 두는 개입기술(인지재구성)
▸ 집단성원이 역기능적이고 불합리한 사고유형 또는 신념체계를 보다 기능적이고 합리적인 신념체계로 대체할 수 있도록 원조하는 기술
▸ Ellis의 ABC이론[268)] : A는 선행사건을, B는 선행사건에 대한 생각 또는 해석을, C는 행동이나 감정과 같은 결과를 의미함.
+ 개인이 경험하는 감정 또는 행동(C)은 선행사건(A)에 의해서 자동적으로 결정되는 것이 아니라 선행사건을 해석하고 평가하는 방식(B)에 의해 결정된다고 주장함.
+ 특정상황(A)을 부정적으로 해석(B)하면 부정적인 감정(C)을 경험하게 되고, 부정적인 감정을 처리하기 위해 음주와 같은 부정적인 행동(C)을 할 가능성이 높아짐.

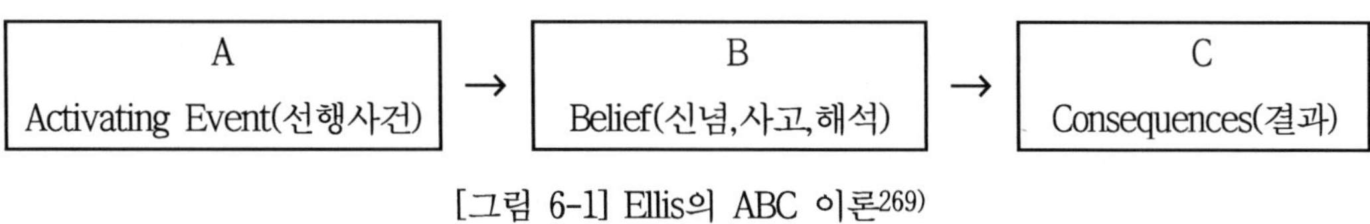

[그림 6-1] Ellis의 ABC 이론[269)]

267) 집단발달 단계 중 중간단계의 개입기술 중 변화를 이끌어 내기 위한 실천기술에 대해서는 이영호(2009: 232-236)를 참고하여 요약·제시함.
268) Ellis의 ABC이론의 사례에 대해서는 엄명용 외(2021: 346-348)를 참고하기 바람.
269) 출처 : 엄명용 외(2021: 346-348) 재구성

- 집단성원의 대인관계 변화에 초점을 두는 개입기술[270]
  - ▸집단은 집단성원에게 타 집단성원의 행동을 직접 관찰할 수 있고, 또한 역할연습을 통해 특정 행동을 터득할 수 있는 기회를 제공하기 때문에 대인관계 상의 문제를 다루는 데 매우 적절한 개입방법임.
  - ▸대인관계기술의 향상을 목적으로 하는 대표적인 프로그램은 사회기술훈련임.
    - ∘사회기술훈련의 하위기술 : 양육기술, 자기주장기술, 말하기와 경청하기 등과 같은 의사소통기술, 친구만들기 기술 등
    - ∘사회기술훈련의 단계[271]
      - + 1단계 : 사회기술훈련의 필요성과 표적사회기술에 대해 설명함.
      - + 2단계 : 표적사회기술의 구성 요소들을 밝힘.
      - + 3단계 : 사회기술을 시연함.
      - + 4단계 : 역할극을 통해 표적사회기술의 각 요소를 연습함.
      - + 5단계 : 평가를 실시함.
      - + 6단계 : 역할극에 기술 요소를 결합함.
      - + 7단계 : 표적사회기술을 실제 상황에 적용함.

- 집단성원의 환경변화에 초점을 두는 개입기술[272]
  - ▸개인의 변화와 더불어 그 개인을 둘러싸고 있는 환경의 변화가 이루어질 때 변화의 효과가 극대화되기 때문에 사회복지사는 개인의 변화 뿐만 아니라 환경의 변화에도 초점을 두어야 함.
  - ▸예시 : 알코올 및 약물 사용의 문제를 지닌 집단성원
    - ∘개인의 변화 : 집단프로그램을 통해 약물 사용 욕구와 재발과 관련한 주변의 유혹에 효과적으로 대처하는 기술을 배울 수 있음(근데, 이게 다가 아니죠!!!).
    - ∘환경의 변화 : 개인의 변화에만 머무르면 약물을 다시 사용하게 될 가능성이 높아지기 때문에, 약물 사용 욕구와 재발 관련 주변의 유혹을 차단시킬 수 있는 지지망의 확보 및 확충 등 환경에도 개입이 필요함.

---

270) 집단발달 단계 중 중간단계의 개입기술 중 집단성원의 대인관계 변화에 초점을 두는 개입기술은 이영호(2009: 233-236)를 참고하여 요약・제시함.
271) 사회기술훈련의 단계에 대한 구체적인 내용은 엄명용 외(2021: 349-350)을, 적절한 사례에 대해서는 엄명용 외(2021: 350-351)를 참고하기 바람.
272) 집단발달 단계 중 중간단계의 집단성원의 환경변화에 초점을 두는 개입기술에 대해서는 이영호(2009: 236-237)를 참고하여 요약・제시함.

⑤ 종결단계의 실천기술

㉠ 종결단계의 특징(이영호, 2009: 239; 구혜영, 2023: 320-330)

- 집단성원들이 집단과정에서 경험한 것들을 집단 밖에서 실행해 봄으로써 배운 것들을 통합하는 단계
- 집단성원들이 집단이 목표를 달성했을 때 종결하는 것이 이상적이지만, 집단성원이 중도 탈락하거나 집단이나 성원의 목적을 달성하지 못한 채 종결하기도 함.

〈표 6-14〉 집단의 종결단계에서의 집단성원의 특성 및 집단의 특성과 사회복지사의 역할

집단성원의 특성	집단의 특성	사회복지사의 역할
•집단성원이 자신의 성공담을 집단에서 표현함. •대화가 자유로움. •집단참여가 저조해짐. •집단이 종결에 대한 양가감정 및 퇴행 발생 •집단 경험이 자신의 생활에서 준거틀이 됨.	•집단의 종결에 대한 논의 •집단에서 얻은 성과를 일관되게 유지하도록 함. •집단성원, 집단, 사회복지사에 대한 이별 준비 •집단 종결	•집단 종결을 준비함(집단의 종결이 임박함을 알림), •집단 종결에 대한 욕구와 목표 달성정도, 성과의 유지 정도 등을 점검함. •집단 종결에 대한 개별성원의 반응 점검 •남은 기간 성취해야 할 일과 과정을 토의 •집단성원의 성과에 대한 논의 •사회복지사의 감정 처리

※ 출처 : 김성이 외(2004: 199)

㉡ 종결단계의 유형273)

- 계획된 종결: 상호 합의에 의한 종결(엄명용 외, 2021: 462-464)
  - 종결시기가 미리 정해져 있는 경우
    - ▸세부 사항 : 사회복지사와 집단성원이 상호 합의 하에 종결하는 경우로, 종결이 구체적으로 지정된 시간 내에 이루어질 것이라는 정확한 정보를 공유함.
    - ▸사회복지사의 향후 조치

273) 종결단계의 유형은 Hepworth et al.(2017: 580-610), Kirst-Ashman & Hull(2018: 320-340), 엄명용 외(2020: 410-425), 설진화(2018: 310-325) 등을 참고하여 요약·제시함. 그리고, 종결의 유형 중 계획된 종결과 계획되지 않은 종결에 대한 구체적인 내용은 양옥경 외(2018: 380-395)를 참고하기 바람.

◦ 지금까지의 성과를 유지시키고 집단성원이 지속적인 향상을 할 수 있도록 계획을 수립해야 함.

◦ 집단성원이 나름대로의 정서적인 준비와 홀로 일을 처리해 나갈 계획을 마련하도록 도움.

- 종결시기에 대해 나중에 합의하는 경우

▸ 세부 사항

◦ 사전에 회기의 횟수에 대해 명확한 합의를 하지 않은 경우

◦ 대체로 집단성원의 주요 문제가 해결되었거나, 더 이상의 개입이 필요 없다고 사회복지사가 판단한 경우

▸ 사회복지사의 향후 조치

◦ 개입과정에서 집단성원이 달성한 것을 종결과정을 통해 강화시켜야 함.

◦ 집단성원으로 하여금 현재 당면한 문제뿐만 아니라, 미래 자신이 문제에 대해 자신감을 갖고 대처할 수 있도록 도움.

◦ 집단성원이 느낄 수 있는 감정을 다루어 주어야 함.

- 계획되지 않은 종결: 중단으로 인한 종결(엄명용 외, 2021: 464-466)

- 사회복지사에 의한 종결

▸ 세부 사항

◦ 사회복지가 새로운 직장이나 부서로 옮겨가게 되었을 경우

◦ 해당 사례가 자신이 다루기에 적합하지 않다고 판단하는 경우

◦ 사회복지사의 개인적 사정(입원, 이사 등)

◦ 개입 목적을 달성할 수 없다고 판단되는 경우

◦ 집단성원이 변화할 준비가 되어 있지 않은 경우

▸ 사회복지사의 향후 조치

◦ 집단성원이 종결에 대해 정서적으로 준비할 수 있도록 자신의 상황에 대해 최대한 미리 알려주어야 함.

◦ 집단성원에게 자신의 상황에 충분히 설명하여 자신의 결정을 수용할 수 있도록 최대한 노력해야 함.

◦ 집단성원에 대한 지속적인 개입이 필요하다고 판단되는 경우, 그를 기관 내 다른 사회복지사나 다른 기관에 의뢰하여 개입이 계속 유지될 수 있도록 함.

- 집단성원에 의한 종결[274](엄명용 외, 2021: 465-466)

▸ 세부 사항
- 문제라고 생각했던 것이 사라져, 더 이상 원조를 필요로 하지 않는 경우
- 직업의 전환과 거주지 이동
- 질병으로 인한 경우
- 원조과정에 만족하지 않은 경우
- 비용적인 문제로 인한 경우

▸ 사회복지사의 향후 조치
- 집단성원이 회기를 중단하고자 하는 이유를 충분히 탐색한 후, 그에 대해 최대한의 관심과 이해를 표현하고 그 결정을 존중하면서 원만한 종결을 유도함.
- 중도에 그만두더라도 실패가 아니라는 것을 인지시켜 주고 집단에 기여한 바를 알려 주는 것이 좋음.

〈표 6-15〉 계획된 종결과 계획되지 않은 종결의 유형 비교

구분	계획된 종결	계획되지 않은 종결
개념	설정된 목표가 달성되었거나, 미리 정해진 기간이 종료되어 양측이 합의하에 관계를 마무리하는 형태	전문적인 합의 없이 갑작스럽게 중단되는 경우로, 흔히 '중도 탈락' 혹은 '조기 종결'이라고도 명명
목표 달성	초기단계에서 설정한 개입목표가 성공적으로 달성되었을 때 이루어짐.	대부분 초기단계에서 설정된 개입목표가 달성되지 않는 채 중단됨.
시간 제한	단기 개입처럼 처음부터 종결 날짜가 정해져 있는 경우	처음부터 종결 날짜가 정해져 있지 않으며, 사회복자사와 클라이언트 양측 요인으로 중단되는 경우
주요 과업	-성취한 변화의 유지 및 일반화(사후관리 계획) -종결에 따른 정서적 반응(아쉬움, 성취감 등) 다루기 -필요 시 타 기관으로의 의뢰	-중단 원인을 파악하고 가능한 경우 다시 연결하거나 타 기관으로 연결함. -남겨진 클라이언트의 상실감이나 거부감을 최소화하기 위한 노력해야 함.

※ 출처 : Hepworth, et al.(2017: 565-582), Cournoyer(2016: 518-530) 등을 재구성

274) 집단성원에 의한 종결은 클라이언트가 약속된 회기에 아무런 연락없이 나타나지 않거나, 회기에 참석했지만 구체적인 이유를 제시하지 않은 채 앞으로 회기에 참석할 수 없다고 선언하는 경우, 회기에 참석은 하지만 자신의 문제에 대해 사회복지사와 구체적인 논의를 거부하는 경우 등이 해당함(엄명용 외, 2021: 465).

- 목표달성 유무로 인한 종결[275)]

〈표 6-16〉 목표달성 유무로 인한 종결의 유형 비교

구분	내용
성공적인 종결	- 집단과 집단 성원들이 목표를 성취한 경우 - 성취에 만족감을 느끼며 자존감이 향상됨. - 이별에 대한 상실감을 겪기도 함. - 남아 있는 문제에 대한 계획을 성원들이 수립할 수 있도록 원조
성공적이지 않은 종결	- 집단과 집단 성원들 목표의 대부분 또는 모두를 이루지 못한 경우 - 결과에 대해 분노, 좌절, 실망, 우울, 절망, 죄책감, 책임 전가, 비난 등을 할 가능성이 있음. - 성공하지 못했다 하더라도 성공적인 집단처럼 종결의 의식이나 형식을 잘 계획해야 하고 목표를 달성하지 못한 이유나 목표달성의 대안 등을 토론하는 것이 좋음.

※ 출처 : Shulman(2015: 230-280) 재구성

ⓒ 종결단계의 개입기술[276)]

- 성취된 변화를 유지하고 일반화하기
- 개별 성원의 독립적 기능을 촉진하고 집단에 대한 의존성을 감소시키기 위해 모임 주기 조절하기
- 성원들의 종결에 대한 (부정적) 감정을 다루기
- 미래에 대한 계획 세우기
- 다른 자원에 대한 클라이언트 의뢰하기
- 집단활동을 평가하기
- 불만족스러운 종결의 원인 분석하기
- 종결 통보하기, 성원들의 준비 원조하기

275) 목표를 성취하여 더 이상 서비스를 받지 않아도 되는 성공적인 종결을 맞게 되기도 하고 그렇지 않을 수도 있으며, 정해진 횟수와 기간이 지났음에도 불구하고 목표달성이 되지 않았거나 결과의 수준이 낮고 불만족스러운 경우에는 성공적이지 않은 종결이라고 할 수 있음(엄명용 외, 2021: 462-463).

276) 종결단계의 개입기술에 대해서는 Yalom(2020: 405-425), Toseland & Rivas(2021: 400-430), 전남련 외(2009: 388-390), 엄명용 외(2021: 472-479) 등을 종합적으로 참고하여 중요 항목을 요약·제시함.

제7장 사회복지실천의 기록과 평가

1. 사회복지실천의 기록

1) 사회복지실천 기록의 개념[277)278)279)]

① 사회복지실천에서의 기록은 그 쓰임새가 다양할 뿐만 아니라 중요한 과정인데, 사회복지실천과정을 기록자의 편견을 배제하고 일정한 틀이나 양식에 따라 활동내용을 기록으로 남김으로써 여러 용도로 황용할 수 있음(최선화, 2012: 287).

② 사회복지사가 개입한 사례를 계획에서부터 종결과 사후지도까지의 전 과정을 합당한 형식을 갖춘 틀에 따라 객관적으로 서술하는 것(최옥채, 2002: 139)

2) 사회복지실천 기록의 목적[280)281)](Kagle, 1991: 2-5)

① 클라이언트의 욕구 파악

㉠ 기록은 클라이언트, 상황, 서비스에 대한 욕구를 확인시켜 주는 정보를 포함함

㉡ 정보는 클라이언트의 서비스 자격요건을 확인해 주고 제공된 서비스에 대해 제3자로부터 배상을 청구할 때도 있음.

② 서비스 내용의 보고

---

277) 사회복지실천의 기록이란, 사회복지실천과정에서 발생하는 정보, 행위, 결과 등을 재생가능한 형태로 저장하는 것, 즉 문서화하는 것을 의미함(방미진・황영희, 2011: 287-288). 이것은 실천현장의 특성에 따라 매우 다양하게 나타나지만, 기본적으로 클라이언트의 욕구, 상황, 서비스 결정 및 제공의 과정, 결과 등을 중심으로 기록이 이루어짐(권구영 외, 2009: 220). 따라서 사회복지실천 기록의 목적은 ① 사회복지실천 활동의 문서화, ② 효과적인 서비스를 위한 모니터, ③ 사례의 지속성 유지, ④ 전문가 간에 의사소통 활성화, ⑤ 슈퍼비전의 활성화, ⑥ 클라이언트와 정보 공유, ⑦ 행정과 조사연구 자료로 활용 등임.

278) 사회복시실천 기록의 개념에 대해서는 방미진・황영희(2011: 287-288), 김혜영 외(2014: 203), 엄명용 외(2020: 340-341), 김봉순 외(2011: 135-136)등을 참고하기 바람.

279) 김혜란 외(2006, 서혜석 외, 2017: 177)는 사회복지실천 기록의 본질적인 기능에 대해서, 사회복지사가 클라이언트에 대해 서비스를 제공하는 과정에서 취해진 전문적 의사과정, 그 근거, 내용, 결과를 기록하는 것이라고 하였음.

280) Wilson(1976: 3~5)은 사회복지실천 기록의 목적을 '서비스의 책임성을 높이고, 사회복지사의 기술을 증가시켜 서비스의 질을 향상시켜주는 성장의 수단을 제공하는 것' 으로 제시함.

281) 사회복시실천 기록의 목적에 대한 추가적인 내용은 윤현숙 외(2001: 310-314), 양정남・최선령(2002: 105), 전남련 외(2009: 422-425), 나동석・서혜석(2009: 155~159), 방미진・황영희(2011: 288), 김봉순 외(2011: 137~139), 최선화(2012: 288-289), 윤선오 외(2017: 199~201), 김혜영 외(2014: 204~207), 이영호(2015: 314-315), 서혜석 외(2017: 177~182), 엄명용 외(2020: 341~343), 최선화(2022: 304-305), 김혜영 외(2023: 304-307) 등을 참고하기 바람.

㉠ 사회복지사는 클라이언트와의 만남, 지역사회기관과의 회의, 기관의 사례검토에 대해 기술함.

㉡ 사회복지사는 클라이언트의 상황이나 서비스 과정에 영향을 주는 주요사건에 대해 보고함.

㉢ 보고의 목적은 서비스 과정에 대한 정당한 이유를 제공해 주기 위한 것임.

③ 사례의 지속성 유지 : 사회복지사가 부재 시 클라이언트에게 서비스를 전달하는 다른 사회복지사가 사례에 대한 현재까지의 진행과정을 검토할 수 있게 해줌.

④ 전문가 간 의사소통의 원활화

㉠ 기록은 팀 구성원에게 집단결정과 집단행동을 강화시켜 주는 자원을 제공함.

㉡ 전문가의 개별적 노력을 조정할 수 있도록 돕고, 팀의 모든 구성원이 접할 수 있는 새로운 정보를 만들어냄.

⑤ 클라이언트와 정보공유 : 기록은 클라이언트와 의사소통하는 도구로 사용될 수 있음.

⑥ 슈퍼비전, 자문, 자료검토의 원활화 : 슈퍼바이저는 이 정보를 사회복지사가 서비스를 계획하고 실행하는 것을 돕는데 사용함.

⑦ 서비스의 과정과 효과의 모니터

㉠ 기록은 서비스에 대한 지속적 평가에 유용한 도구임.

㉡ 그것을 기술하기 위해 사용되는 서술적이며 평가적인 문서임.

⑧ 학생과 다른 전문가에 대한 교육

㉠ 기록은 교육적 측면에서도 명시적인 역할과 암시적인 역할을 모두 수행하고 사회복 실천과 기관의 업무과정을 가르치기 위해 사용함.

㉡ 각 사회복지사의 지속적 교육과 발전을 위한 중요한 도구임.

⑨ 행정적 과업을 위한 자료 제공 : 클라이언트와 서비스에 관한 정보는 클라이언트를 지속적으로 추적하고 클라이언트의 욕구, 서비스의 유형, 직무관리, 직원의 직무수행, 자원이 분배에 관한 행정적 결정을 위한 정보를 제공하기 위해 사용

⑩ 조사를 위한 자료제공

㉠ '조사'라고 이름 붙은 활동을 위한 재원을 정당화시키는데 어려움을 겪음

㉡ 많은 기관과 사회복지사들은 조사에서 기록을 사용함.

3) 사회복지실천 기록의 내용(Kagle, 1991: 17-53; 전남련 외, 2009: 425-426)[282)]

282) 사회복지실천 기록의 내용에 대해서는 Kirst-Ashman & Hull, Jr.(1999; 최선화, 2022: 305) 등을 참고하기 바람. 특히, 이에 대해 Kagle(1991: 18), 윤현숙 외(2001: 315), 김혜영 외(2014: 207) 등

① 서비스 탐색단계에서의 기록 내용

㉠ 클라이언트의 특성(사회 인구학적 정보)

㉡ 서비스를 개시하는 이유(클라이언트의 요청, 의뢰 경로 및 내용 등)

㉢ 클라이언트의 사회력(현재와 과거 생활, 상황, 문제 대처 방법 등)[283]

㉣ 서비스 자원과 제약의 파악

㉤ 사회복지사의 사정, 견해, 조작적 가설 등

② 서비스 형성 단계에서의 기록 내용

㉠ 서비스에 영향을 미치는 결정, 정당성 기록

㉡ 서비스 목적(구체적이고 측정 가능한 목표 설정)

㉢ 서비스 계획(클라이언트를 위한 의뢰 계획, 탐색과 개입을 위한 쟁점, 사회복지사와 클라이언트, 다른 사람이 취해야 할 조치 등을 기록)

㉣ 서비스 특성(행정처리나 조사연구를 위한 기록

③ 서비스 실행단계에서의 기록 내용

㉠ 중간 노트(과정 노트) : 실행 과정 중에 일어난 사항), 지난 기록 후 일어난 상황 변화, 서비스 활동, 주요 사건, 서비스 목적이나 계획에 대한 사정 및 변화 기록

㉡ 서비스 재검토(중간 요약) : 서비스 결정과 활동에 대한 재평가, 사례회의 등

④ 서비스 종결단계에서의 기록 내용 : 서비스 종결의 방법과 사유, 서비스 활동과 결과 요약(종결요약), 사후지도(follow-up)

4) 사회복지실천 기록의 원칙(최옥채, 2002: 142-143; 최선화, 2022: 306)

① 전문성과 책임성 확보 : 기록은 서비스의 전 과정을 문서화하여 사회복지 실천의 전문

은 ① 클라이언트의 인구학적 특성, ② 서비스를 제공하는 방법과 사유, ③ 클라이언트의 현재 및 과거의 문제나 욕구에 대한 기술 - 사회력(social history), ④ 사회복지사의 소견과 사정, ⑤ 서비스의 목적, ⑥ 서비스의 계획, ⑦ 서비스의 특성, ⑧ 서비스 종결의 방법과 사유, ⑨ 서비스 활동과 결과에 대한 요약, ⑩ 추후관리계획 등을 제시하고 있음. 특히, Kagle(1991: 17-53), 윤현숙 외(2001: 316-324), 이영호(2015: 317-321) 등은 서비스의 단계별로 기록내용의 요소를 보다 구체적으로 제시하고 있기 때문에 참고하기 바람.

283) 사회복지사가 서비스 탐색단계에서 기록하여야 할 클라이언트의 '사회력'에 대한 구체적인 내용에 대해서는 Sheafor et al.(1997: 322), Kagle(1991: 25-26, 28-30), 윤현숙 외(2001: 325-328), 전남련 외(2009: 430-431), 김혜영 외(2023: 311-313) 등을 참고하기 바람.

성과 책임성을 증명하는 근거가 됨.

② 서비스의 연속성 및 효과성 : 기록은 서비스의 진행 상황과 결과를 체계적으로 관리하고, 추후 서비스 계획을 수립하거나 평가, 수정을 위한 기초 자료를 제공함.

③ 정확성 및 객관성 : 사실에 기반하여 부정확한 판단이나 편견이 없는 객관적인 사실을 기록해야 함.

④ 간결성 및 구조화 : 정보가 너무 많거나 적지 않게, 필요한 사람이 쉽게 파악할 수 있도록 명확하고 체계적으로 정리해야 함.

⑤ 비밀 보장 : 클라이언트의 사적인 정보를 다루므로, 비밀보장 원칙을 철저히 지켜야 함.

⑥ 윤리적 원칙 준수 : 클라이언트 중심의 원칙(개별화, 수용, 자기결정 등)을 바탕으로 기록해야 함.

5) 사회복지실천 기록의 형태(방미진・황영희, 2011: 289)[284)]

① 메모(최선화, 2022: 307)

㉠ 기록을 위하여 사회복지사는 면접 중 클라이언트가 말한 것을 간단히 메모함.

㉡ 활용

- 사회복지사의 지난 면담에 대한 기억 상기
- 클라이언트와의 계약이나 그의 사회력에 대한 정보
- 전문적인 중요 사항 교환
- 해결되었거나 미결로 남아 있는 사항에 대한 정리

㉢ 유의 : 면접보다 중요시 ×, 면접 전 클라이언트의 동의 전제

② 녹음, 녹화하기

㉠ 언어적・비언어적 내용을 모두 기록해 주므로 사회복지사나 클라이언트로 하여금 자신들이 말하고 행동한 것을 되돌아보고 상호작용 과정상의 문제를 파악할 수 있음.

㉡ 장점 : 메모에 비해 효과적

㉢ 유의 : 면접보다 중요시 ×, 면접 전 클라이언트의 동의 전제

6) 사회복지실천 기록의 방식(최옥채, 2017: 319-320)

① 대화식 : 모든 대화 내용을 빠짐없이 기록함.

284) 사회복시실천 기록의 형태에 대해서는 방미진・황영희(2011: 289), 김봉순 외(2011: 136-137) 등을 참고하기 바람.

[대화식 기록의 예시]

□ 사회복지사 : (100원짜리 동전을 가리키며) 이건 어떤 모양이지?
○ 클라이언트 : 동그라미요.
□ 사회복지사 : (만 원 권 지폐를 가리키며) 이건 어떤 모양이지?
○ 클라이언트 : 네모요.
□ 사회복지사 : 모양이 같은 것끼리 나눠 보자. (클라이언트는 두 부분으로 잘 분류해 주었다.)
□ 사회복지사 : (오천 원 권 지폐를 들며) 무엇으로 만들었을까?
○ 클라이언트 : 종이요.
□ 사회복지사 : (모형 지폐를 들며) 무엇으로 만들었을까?
○ 클라이언트 : (한참 생각한 후에) 도화지요.
□ 사회복지사 : 무엇을 보고 짝을 지었니?
○ 클라이언트 : 글자 보고요.
□ 사회복지사 : 크기를 보고도 알 수 있고, 그림을 보고도 알 수 있단다.
○ 클라이언트 : 500원짜리 그림은 새, 50원짜리는 나무, 100원짜리는 할아버지, 10원짜리는 교회 같아요.

② 요약식

㉠ 기록자가 중요한 부분을 발췌 기록함.

㉡ 대화식 기록이 숙달되어 활용할 수 있음.

[요약식 기록 예시]

- 클라이언트의 순수함에 새삼 놀라며 크게 웃었더니 클라이언트도 따라 웃었다. 다시 동전을 들며 물었더니 "쇠." 라고 대답했다. 모양과 재질에 따라 동전과 지폐로 나눌 수 있음을 알려 주고, 동전과 지폐란 명칭을 다섯 차례 반복 학습했다. 여러 가지 돈의 앞면을 제시하며 얼마짜리인지 말하기를 한 결과, 클라이언트는 정확히 말해 주었다. 같은 단위의 돈을 찾을 수 있는지 보기 위해 앞면에 맞게 뒷면을 짝 짓는 게임을 해보기로 했다. 클라이언트는 재미있는 듯 열심히 짝을 지었다.
- 열심히 해 준 클라이언트를 칭찬해 주며 다음 단계로 넘어갔다. 여러 가지 물체(동전, 지폐, 버스표, 토큰, 모형 돈)를 펼쳐 놓은 후 돈이 아닌 것을 골라 보자고 했더니, 클라이언트는 버스표와 토큰을 제일 먼저 골라내고, 그 다음으로 모형 돈 중 색깔 있는 동전을 골라냈다. 그리고는 모형 지폐를 골라내었다. 클라이언트는 동전과 색깔이 비슷한 모형 동전을 돈으로 생각했다. 모형 동전과 실물 동전을 만져 보게 했고, 같은 위치에서 떨어트려 소리를 들어 보게 했다. 클라이언트는 그때서야 가려낼 수 있었다. 정리하며 다음 시간이 언제인지 물어 보고, 다시 한번 동전과 지폐의 명칭을 상기시켜 주었다.

7) 사회복지실천 기록의 유형(Kagle, 1991: 54-104; Wilson, 1980: 18-140; Sheafor et al., 1997: 194-200; Johnson, 1995: 382-384)[285)]

① 과정기록

㉠ 의의
- 구체적이고 아주 상세한 기록양식
- 클라이언트와 그 상황에 대해 이야기 한 내용, 클라이언트 행동, 사회복지사가 관찰한 것과 판단한 것 등 상호작용을 그대로 세밀하게 기록

㉡ 내용
- 면담에 참석한 사람 이름
- 날짜, 장소, 세션 진행기간
- 목적과 계획
- 상호작용 내용/사회복지사의 역할과 활동
- 클라이언트의 관심사, 상황 또는 문제, 클라이언트의 반응, 클라이언트의 반응에 대한 사회복지사의 사정(분석)
- 세션 중 사회복지사 활동에 대해 스스로 분석한 내용
- 다음 면담계획

㉢ 방법
- 면담 중에 사회복지사와 클라이언트의 상호작용 내용을 대본처럼 직접인용으로 기록할 수도 있고 간접적으로 풀어서 기록할 수도 있음.
- 상호작용 과정을 세밀하게 표현하기 위해 면접내용, 사회복지사의 의견, 슈퍼바이저 코멘트 부분으로 나누어 기록할 수 있음.

㉣ 예시
- 퇴학 직전에 놓여 있는 학생의 어머니와의 면담(김혜영 외, 2014: 210)

---

285) 사회복시실천 기록의 유형은 조휘일・이윤로(2001: 151~156), 윤현숙 외(2001: 330-342), 양옥경 외(2005: 291-299), 나동석・서혜석(2009: 159-170), 전남련 외(2009: 432-444), 김봉순 외(2011: 139-140), 방미진・황영희(2011: 290-294), 김혜영 외(2014: 207-217), 이영호(2015: 322-330), 윤선오 외(2017: 202-204), 서혜석 외(2017: 182-193), 최옥채(2017: 320-321), 엄명용 외(2020: 345-351), 김혜영 외(2023: 316-328) 등을 참고하여 요약정리하였음.

면담일 : 2008년 4월 25일

면담내용	사회복지사의 코멘트
□ 사회복지사 : 제가 지난번 전화통화 했던 사회복지사 000입니다. ○ 클라이언트 : 네 … 어떻게 말을 해야 할지… 사실은 우리 아이가 말썽을 부려서 학교에서 퇴학을 당하게 되었습니다. 대화를 하려고 해도 저와는 말도 하지 않으려 하고 달리 의논할 사람이 없어서 … 아이 아빠는 저한테 오히려 화를 내면서 집에서 뭐 했느냐고 하지만 저도 할 만큼 했는데…	클라이언트는 매우 당황하는 것 같았다.
□ 사회복지사 : 그러니까 아이가 비행행동을 보이나 보죠? 아이는 몇 학년입니까?	다음 클라이언트와의 면담 약속 때문에 성급한 결론을 내리려 한 것 같다.
○ 클라이언트 : 비행행동이라고 하기 보다는 학교를 잘 가려 하지 않고 잘못된 친구들과 어울려 본드 등을 하는 것 같습니다. 하지만 남의 물건을 뺏거나 때리는 폭력행동은 하지 않습니다.	클라이언트는 비행행동이라는 단어가 불쾌하였던 것 같다.

- 컴퓨터 게임에 빠져있는 학생의 어머니와의 면담(윤현숙 외, 2001: 334)

면담 내용	사회복지사의 느낌이나 분석
상담실에 클라이언트가 힘없이 들어왔다. W : "안녕하세요? 무슨 일로 오셨나요?"	'무슨 일로 오셨어요?' 라는 첫 질문이 적당한지 모르겠다.
C : "어제 아이랑 싸우고 속이 상해서...." (고개를 푹 숙이고 작은 목소리로 말함) W : "아이들이랑 자주 싸우세요?"	'아이랑 자주 싸우세요?' 라는 질문보다는 고개를 푹 숙이고 속상해 하는데 대해서 공감하는 감정이입적 말을 하는 편이 더 좋았을 것 같다.
C : "다른 때는 괜찮은데 컴퓨터 앞에만 앉으면 게임을 하길래 뭐라고 했더니 나한테 마구 대들어서 때렸어요."	클라이언트가 아들이 밤을 세워 게임하는 것에 매우 속상해 했고, 어떻게 하면 고칠 수 있는지 치료 프로그램을 의뢰한 것으로 보아 아이를 회복시키려는 강한 의지가 보였다.
W : "아이가 게임중독인가요?" C : "게임 중독이라면 어느 정도로 해야..." (말끝을 흐린다) W : "어제도 그렇게 정신없이 했나요?" C : "예, 밤을 꼬박 새워서 해요. 학교 가서는 도대체 무슨 정신으로 앉아있는지..."	'게임중독' 이라는 말을 잘 이해하지 못하는 것 같다. 게임을 어느 정도 하는지 물어보고 그 말을 했으면 좋았을 것 같다.

② 요약기록(=이야기체기록=압축기록)

㉠ 의의

- 가장 널리 사용하는 기록 형태
- 일반적으로 사례접수일, 사회력, 행동계획, 시간의 경과에 따라 변화된 상황, 개입활동, 중요한 정보 등이 포함되며, 요약·기록함.
- 시간의 경과에 따라 일정한 간격을 정해 기록하거나 특정행동이나 사실 등의 기록이 필요할 때 작성

㉡ 방법

- 사회복지사가 제공한 것보다 클라이언트에게 일어난 변화에 주로 초점
- 날짜와 클라이언트의 기본사항을 적은 뒤 기록해야 할 중요한 내용을 선택하여 시간의 흐름 별로 조직화하여 기록하거나, 주제별 제목 하에 조직하여 기록
- 포함 내용 : 면담 일시, 클라이언트에 대한 간단한 내용, 서비스나 개입내용, 클라이언트의 변화 등

㉢ 예시

- 주제별 제목 하에 조직화하여 기록(윤현숙 외, 2001: 338; 양옥경 외, 2005: 296~298)

- 2008년 4월 25일 오전 10시
- 클라이언트(000, 30세, 여) 와의 개별면담

- **제시된 문제** : 술이 취한 남편으로부터 언쟁 도중 남편이 발로 차서 넘어지면서 탁자에 허리를 부딪혀서 다쳤다. 이로 인해 허리통증과 걸음걸이가 불편하고 술만 취하면 아내 구타가 점점 심해져서 본 기관 도움 요청
- **가족기능** : 남편은 IMF사태 이후 대규모 감원으로 인해 직장을 잃고 오래 동안 실직 상태에 있다가 현재는 친척이 운영하는 사업체에 일하고 있다. 결혼 후 6개월 때 언쟁 중 따귀를 맞은 적이 있는데 이것이 처음 폭력을 당한 경험이다. 실직사태 이후 음주 및 음주 후 폭력이 증가하였다.
- **현재 상태에 대한 클라이언트의 인식** : 이혼절차를 알아본 적은 없으나 가끔 이혼을 생각해 보았으며 오늘은 더욱 강하게 든다고 한다. 그러나 남편이 음주 및 구타 습관 만 고치면 좋겠다는 희망을 피력하였다. 당분간 집에 들어가고 싶지 않으며, 여성의 쉼터에도 가고 싶지 않고 친정 언니네에 가 있을 계획이다.

- 2008년 4월 25일 오전 10시
- 클라이언트(000, 30세, 여) 와의 개별면담

- **사정** : 클라이언트는 어젯밤의 구타사건으로 정서적으로 혼란한 상태를 보인다. 남편의 사회경제적 스트레스가 부부문제에 영향을 끼치는 것으로 보이고 , 남편 역시 도움이 필요하므로 남편에 대한 개입도 필요하다고 사료된다. 또한 클라이언트는 가정폭력 방지법을 비롯하여 주변의 지원체계에 대한지식이 전혀 없으므로 이에 대한 지식이 필요하다.
- **계획**
  ① 내일 다시 클라이언트와 면담하여 지적 개입을 계속할 것이다.
  ② 남편과 연락하여 면담을 약속할 것이다(클라이언트 동의).
  ③ 클라이언트를 본 기관과 연계되어 있는 법률상담소와 연결시킬 것이다.

- 시간의 흐름별로 조직화하여 기록(양옥경 외, 2005: 298)

- 25/4/2008

- ○○대학병원의 의료사회복지사인 ○○○가 어제 아이를 출산한 미혼모 △△△를 아동복지기관인 본 기관에 의뢰했다.
- △△△는 18세로 벌써 두 번째 아이를 출산했고, 첫 번째 아이는 출산직후 사망했다.
- △△△는 정신지체로 고아원에서 나온 뒤 일정한 거주 없이 노숙하고 있는 상태에서 임신하였고, 특별한 보호자도 없는 상태이다.
- 퇴원 후에도 갈 곳이 없어 다시 노숙할 확률이 높은 상태이므로 일단 △△△의 동의를 얻어 본 시설에 모자를 같이 입소시키고 아이의 입양문제는 향후 논의하고자 한다.

③ 문제중심기록

㉠ 의의

- 현재의 문제를 중심으로 문제영역을 규정하고 사정하며 목록화하여 각 문제에 대해 무엇을 할 것인지를 계획하고 그 진행사항을 기록
- 기록의 주요목표가 문서화뿐만 아니라 정보교환에 있기 때문에 다른 전문직과 함께 일하는 현장에서 효과적 → 병원 또는 의료적 프로그램에 자주 사용되는 방법이며, 사회복지기관에서 널리 사용

㉡ 내용

- 데이터베이스 구축 : 클라이언트의 문제를 목록으로 작성하기 위한 기본자료
- 클라이언트가 제시하는 문제, 클라이언트의 일상생활, 사회심리적 정보, 현재질병, 과거력, 주변환경, 신체적인 건강에 대한 내용 포함

- 문제목록 작성 : 팀을 구성해 클라이언트문제 목록을 작성하고 새로운 문제를 발견하면 추가
- 각 문제에 대한 계획 : 개별적으로 그리고 독립적으로 각 문제에 대해 계획
- 계획실행 : 서비스 진행과 변화 내용에 대해 문제목록에 기재된 번호에 따라 SOAP 방식으로 기록

㉢ 방법(진행노트)(전남련 외, 2009: 441)

- **S**(subject information, 주관적 정보) : 클라이언트의 자기보고에 근거, 클라이언트가 자신의 상황을 어떻게 인식하고 느끼고 있는 지를 나타냄.
- **O**(object information, 객관적 정보) : 전문가의 직접적인 관찰, 임상적 실험, 체계적인 자료수집 등에서 획득
- **A**(assessment, 사정) : 주관적 정보 및 객관적 정보의 검토를 통해 추론된 전문가의 개념화와 결론을 의미
- **P**(plan, 계획) : 전문가가 특정한 문제를 제기하거나 해결하는 방법을 나타냄.

㉣ 예시

- 정신과 환자의 퇴원준비를 위한 계획 면담(김정진, 2004: 211)

- **S** : "퇴원하고 싶어요. 퇴원하면 다시는 입원하지 않을 거예요. 특별한 계획은 없어요"
- **O** : 퇴원계획 면담에 관해 협조적인 태도로 임하였다. 클라이언트의 차트를 보니 입 · 퇴원을 3번 반복하였고, 퇴원 후에는 주로 방치되고 치료 유지가 안 되는 것으로 기록되어 있다.
- **A** : 퇴원 자체를 목표로 하고 있어, 퇴원계획을 위한 면담에는 협조적이다. 퇴원 후 지역사회 적응을 위한 클라이언트와 가족의 자원이 직계가족 정도로 협소하나, 모두들 생업에 종사하여 주로 집에서 지내게 될 것이고, 이는 그 동안 재입원의 악순환을 반복하게 한 원인으로 보인다.
- **P** : 퇴원계획의 목표에 대한 분명한 인식을 갖도록 돕고, 재입원 경험에 대한 클라이언트의 입장을 경청하여 퇴원후 생활에 대한 예측과 계획을 알아본다.

- 어머니의 사망과 이에 따른 갑작스러운 체중 증가로 정서적 문제 및 이로 인한 건강상태와 친구관계에 어려움을 하소연 하는 여성과의 면담(양옥경 외, 2002: 135)

- **S** : 성순씨는 어머니가 6달 전에 돌아가신 후 52kg이었던 몸무게가 68kg으로 증가하여 외모에 자신이 없고 남자 친구도 자신을 싫어하여 헤어지자고 한다면서 죽고 싶을 정도로 우울하다고 하였다.

- **S** : 더 무력한 것은 이런 상황에서 음식을 절제하지 못하는 자신이 바보 같고 다시는 전처럼 날씬해 질 것 같지 않다고 한다. 요새 살을 빼기 위해 많이 먹은 후 손가락을 넣어 음식을 토해내는 방법을 사용한다고 한다.
- **O** : 성순씨는 키가 커 그렇게 뚱뚱해 보이지는 않지만 옛날 사진에 비해서는 살이 많이 찐 편이다. 전반적으로 심한 무력감을 호소하고 있었으며 우울해 보였다.
- **A** : 외동딸로 어머니에 대한 상실을 보상하는 방법으로 과식하였고, 그 결과 몸무게가 많이 증가되었다. 늘 남자친구마저 자신을 떠날까봐 불안해하고 따라서 날씬해져야 한다는 중압감 때문에 먹고 토해내는 방법을 사용하고 있다. 하지만 이런 방법을 쓴다는 사실을 남자친구가 알까봐 이런저런 핑계로 만나기를 꺼리고 있다. 그러면서도 안 만나는 동안 남자친구가 멀어지면 어쩌나 하는 두려움 때문에 우울해지는 것이다. 성순씨는 이런 두려움을 친구에게 말할 자신이 없고 그 모든 것이 자신의 외모 때문이라 면서 통제하지 못하는 자신에게 무력감을 느끼고 있는 것 같다.
- **P** : ① 체중감량을 위한 상담을 영양사에게 의뢰
  ② 지지적 면담 : 자신감을 회복하고 두려움과 상실감을 표현
  ③ 남자친구와 대화하는 방법 훈련
  ④ 성순씨와 의논하여 체중감량집단에 의뢰

8) 좋지 않은 기록의 특징(김혜란 외, 2006: 327)

① 서비스의 결정과 행동에 초점을 둠.

② 사정, 개입, 평가의 기초가 되는 클라이언트와 상황에 관한 정보가 들어 있음.

③ 각 단계에서 목적, 목표, 계획, 과정과 진행을 포함하여 서비스 전달에 관한 정보가 들어 있음.

④ 상황묘사와 사회복지사의 견해가 명확하게 분리되어 별도의 제목 하에 쓰여 읽는 사람들이 사회복지사의 관찰사항과 해석을 구분해 이해할 수 있음.

⑤ 구조화되어 있어 정보를 효과적으로 문서화할 수 있고, 쉽게 색출해 낼 수 있음.

⑥ 서비스 전달이 잘 묘사되고 모든 문서가 정확하여 유용함.

⑦ 기록이 간결하고 구체적, 타당하고 명확, 논리적, 시기적절, 의미 있고 사실에 근거함.

⑧ 전문가적 윤리를 바탕으로 함.

⑨ 수용된 이론에 기초해 있음.

⑩ 전문가의 견해를 담으면서도 클라이언트의 관점을 무시하지 않음.

〈표 7-1〉 사회복지실천 기록 유형별 장단점 비교

구분	장점	단점
과정 기록	-사회복지 실습이나 교육방법으로 유용하게 쓰임. -기록을 통해 과정을 자세히 파악할 수 있기 때문에 잘못된 개입을 예방할 수 있음.	-시간이 많이 소요됨. -엄밀한 의미에서 완벽하게 모든 것을 기록하기는 불가능함.
요약 기록	-사례가 장기간 지속될 경우 유용하며, 사례 노트를 활용하여 시간에 따른 변화나 과정을 기록해두면 좋음. -전체 서비스 과정을 고려하면서 쉽고 짧게 사용할 수 있음. -면담의 모든 과정을 기록하는 것이 아니라 사회복지사가 중요하다고 판단되는 것을 선택하여 기록하는 융통성이 있음.	-사회복지사의 재량에 의존하기 때문에 기록 내용이 너무 단순하거나 길고 초점이 명확하지 않을 수 있음. -클라이언트의 언어적 표현이나 비언어적 표현이 사실적으로 드러나지 않을 수 있음. -클라이언트와 사회복지사의 생각이나 느낌이 잘 드러나지 않을 수 있음.
문제중심 기록	-서로 다른 전문직 간의 의사소통을 촉진하여 여러 분야의 협력적 공조를 원활히 함. -책무성을 향상시키고, 질 높은 기록 검토 가능	-클라이언트의 욕구나 자원, 강점보다 문제에 초점을 두기 때문에 실천 폭이 한정됨. -개인과 환경의 상호작용보다 개인을 강조하므로 현상의 복잡성을 단순화시킬 수 있음. -부분화를 강조하기 때문에 통합적이고 체계적인 쟁점들을 왜곡시킬 수 있음.

※ 출처 : Kagle(1991: 54-104), Wilson(1980: 17-140), Sheafor et al.(1997: 194-200), Johnson(1995: 382-384) 등을 재구성

2. 사회복지실천의 평가

1) 사회복지실천 평가의 의미와 중요성

① 사회복지실천 평가의 의미[286)]

㉠ 집단과정에서 환류와 같이, 실천적 개입이 소기의 목적을 달성하고 클라이언트에게 얼마나 변화를 가져왔는지를 파악함으로써 실천의 효과를 검증하는 과정

㉡ 평가를 통해서 좀 더 효과적인 새로운 개입방법을 모색하기 위한 과정으로, 사회복지

286) 사회복지실천에서 평가는 사회복지실천의 결과를 사정하는 것이며, 일반적으로 개입의 효과성과 효율성을 사정하게 되는데, 사회복지사는 사회복지실천의 결과를 평가함으로써 서비스의 질을 향상시킬 수도 있으며 전문기술과 지식을 향상하는 데에도 도움을 받게 됨. 사회복지실천 평가의 의미에 대해서는 최선화(2022: 309), 김혜영 외(2023: 333) 등을 참고하여 요약・제시함.

사가 클라이언트의 문제해결능력이 어느 정도 향상되었는지 또는 어느 정도 목표를 달성했는지를 측정하는 것

② 사회복지실천 평가의 중요성[287)]

㉠ 사회복지서비스의 양적 팽창은 사회복지사업에 할당된 자원이 효과적으로 사용되고 있는가에 대한 신뢰성의 검증을 요구하고 있음.

㉡ 평가를 위한 법적 근거(1997년 개정 사회복지사업법)가 마련되었음(3년마다 1회 이상 사회복지시설 종사자의 전문성, 시설환경, 서비스 만족도 등을 평가)

㉢ 클라이언트는 어떻게 반응하고 있나? 또는 지금의 사회복지실천 과정이 문제해결에 도움이 되는가? 등을 포함하는 윤리적·전문적으로 중요한 문제를 설명하는 준거틀을 제시함.

㉣ 평가는 재정적인 지원이나 지역사회의 승인이 필요할 때 이에 대한 근거를 제시하는 계획안이 됨.

2) 사회복지실천 평가의 유형[288)]

① 평가의 차원(이미선 외, 2010: 246)

㉠ 성과평가(결과평가)

- 성과에 대한 평가는 목표에 비추어 성취된 결과를 평가하는 것이며, 성과 평가의 방법은 평가단계에서 결정함.
- 점수 척도로 목표달성의 정도를 클라이언트에게 물어볼 수 있음(1~5점).
- 상태 변화의 성과 측정은 클라이언트에게 변화가 일어났는지 직접 물어볼 수 있음.
- 성과의 양적 평가 : 문제나 표적행동 발생률을 평가하는 데 유용하고, 측정기준선과 최근의 측정내용을 비교하여 평가함.

㉡ 과정평가

- 클라이언트에게 도움이 되었는지 그리고 클라이언트가 원조과정을 어떻게 인지했는지와 관련된 평가

---

287) 사회복지실천 평가의 관련 내용에 대해서는 윤현숙 외(2001: 351-352), 김혜영 외(2023: 335-336) 등을 참고하여 요약·제시함. 특히, 김혜영 외(2023)는 사회복지실천 평가의 중요성에 대해, ① 사회복지실천의 책무성 확보, ② 재정지원처의 실천 프로그램의 효과성 입증 요구, ③ 효과성과 효율성 평가를 통한 개입기술의 변화가능성 제시 등을 제시하고 있음.

288) 사회복지실천 평가의 유형에 대해서는 전남련 외(2009: 452-453), 이미선 외(2010: 246-247), 김혜영 외(2023: 336-338) 등을 참고하여 요약·제시함.

- 원조과정에서 도움이 되었거나 방해되었던 기술과 사건에 대해 클라이언트의 피드백을 받으면 사회복지사는 분별력을 갖고 기술을 사용할 수 있게 됨.

㉢ 사회복지사 평가

- 어떤 세팅에서는 사회복지사가 제공한 서비스에 대한 만족도 뿐만 아니라 구조적인 문제도 평가함.
- 클라이언트의 긍정적 피드백은 사회복지사로 하여금 자기 강점을 더 잘 알게 하고 그것을 미래에 자주 활용하게 됨.
- 부정적인 피드백은 때로 고통스럽지만, 주의 산만, 반치료적 행위나 태도, 매너리즘을 알려준다는 점에서 역시 매우 도움이 됨.

② 평가의 시점[289](최선화, 2022: 309-310)

㉠ 형성평가

- 개입과정에 대한 평가
- 사회복지실천 과정에 초점을 두고, 주기적으로 진전 상황을 평가함.
- 활동의 진행과정에서 그것을 부분적으로 수정, 개선, 보완하는 데 필요한 정보를 얻기 위하여 실시하는 평가활동으로, 사회복지실천에서 원조과정 동안 실시되는 사정과 관련됨.
- 사회복지사가 과정을 검토하도록 하고 필요한 경우에 개입계획을 수정할 수 있도록 하며, 이러한 측면에서 형성평가는 실천과정의 점검이라고 할 수 있음.

㉡ 총괄평가

- 활동이 종결되었을 때, 그 활동의 결과로서 산출된 성과와 효율성에 대하여 종합적인 가치판단을 하는 행위
- 사회복지실천 개입(프로그램)이 종결되었을 때 그것의 효과성, 즉 목적 달성여부와 관련하여 그 요인을 분석하는 것을 의미하며 이러한 면에서 형성평가와 대조됨.
- 개입이 목표로 하는 바를 얼마나 잘 성취했는가의 여부를 평가하는 것으로, 개입방법의 성과나 효과, 즉 효율성과 효과성을 평가함.
- 총괄평가의 단계 및 고려해야 할 요소 : 기관의 사명, 프로그램의 목적, 프로그램의

---

289) 사회복지실천의 평가는 평가의 시점에 따라 크게 형성평가와 총괄평가로 나뉘는데, 이에 대한 구체적인 내용에 대해서는 최선화(2022: 309-310), 김혜영 외(2023: 337-338) 등을 참고하기 바람. 특히, 총괄평가와 그 세부 유형으로서의 효과성 및 효율성 평가에 대한 내용은 김혜영 외(2023: 337-338)를 적극 참고하기 바람.

목표, 프로그램 목표달성 여부 결정 방법, 목표달성 여부, 평가자료 활용방법 등

③ 평가의 대상[290)]

㉠ 실천평가

- 사회복지사의 개입 노력, 즉 개인, 가족, 집단 대상의 변화를 사정하는 것
- 형성평가와 총괄평가로 구분

㉡ 프로그램 평가

- 당사자 혹은 전체 지역사회 단위에서 제공되는 프로그램의 효과와 효율 평가
- 주로 이사장이나 제원 제공자에게 프로그램을 실시하고 난 후 결과를 보고하는 총괄평가, 즉 효과성 평가와 효율성 평가로 구분

④ 기초 자료의 측정과 평가

㉠ 양적 평가[291)]

- 명시적 행동 측정
  - 명시적 행동(overt behavior)은 관찰 가능하므로 빈도를 셀 수 있음.
  - 매일의 평균 빈도는 발전상황을 측정하는 기초 자료가 될 것이며, 이러한 측정은 문제행동을 계량화하고 주간 발전 상황과 변화 노력의 궁극적 결과를 탐지할 수 있게 함.
  - 빈도측정은 클라이언트, 관찰자 또는 사회복지사가 수행할 수 있음.
- 소급해서 추정(retrospective estimate)
  - 개입 이전의 기초측정 자료는 클라이언트로 하여금 변화를 목표로 한 행동범위를 소급해서 추정하게 하거나 이전의 자료를 수집함으로써 확보됨.
  - 소급 추정(retrospective estimate)에 따라 표적 행동의 기초 자료를 파악할 때, 클라이언트에게 표적 행동의 일상적인 빈도에 따라 특정 시간 간격(몇 분에서부터

290) 사회복지실천의 평가는 평가의 대상에 따라 크게 실천 평가와 프로그램 평가로 나뉘는데, 이에 대한 구체적인 내용은 전남련 외(2009: 453), 최선화(2022: 309-310), 김혜영 외(2023: 336-337)를 참고하기 바람.

291) 양적 평가(quantitative evaluation)는 문제의 발생빈도와 심각성의 정도를 측정하는 과정의 활용이라는 형태를 띠는데, 개입을 사용하기 이전에 기초 자료를 측정하며, 이는 발전정도와 절차의 종료, 후속조치들을 비교할 수 있게 하기 때문에, 이러한 비교는 클라이언트에게 개입한 활동의 효과성을 평가하는 양적인 자료를 제공함.

하루) 동안의 행동을 추정하도록 요구하는 것이 일반적인 방법임.

- 암시적 행동의 측정
  - 문제 유발적인 감정이나 생각 같은 암시적 행위(covert behaviors, 예를 들어 비이성적 공포, 우울증 상태, 자기 비하적 생각)에 대한 기초 자료를 측정하는 것을의미함.
  - 클라이언트는 표적이 되는 생각의 발생빈도를 세거나 감정적 상태에 대한 점수를 매길 수 있음.

㉡ 기초자료 측정의 지침

- 측정의 목표를 명확히 하고 조작적인 형식으로 규정함.
- 측정은 변화에 초점을 맞춘 목표에 직접적이고 구체적으로 관련되어 있는지 확인함.
- 클라이언트는 대개 하나 이상의 문제를 호소하고 하나의 문제는 몇 가지 차원으로 (예, 우울증의 요소는 의기소침한 감정, 낮은 자부심, 낮은 자기주장 등) 나타나므로 복합적인 측정기준을 사용할 필요가 있음.
- 측정기준은 상대적으로 일관성 있는 상황에서 얻어야 함.
- 따로 떨어진 별개 목표에서의 기초 자료에 대한 측정기준은 실현가능성이 없고, 반대로 진행 중인 목표에 대한 측정은 발전적이며 제한을 받지 않음.

㉢ 과업성취 척도

- 클라이언트와 사회복지사가 개입과업에 대한 완수 정도를 결정할 때 활용됨.
- 기초선 설정이나 단일사례설계의 적용이 어려울 때 또는 단기 서비스 상황에 적용되는 것으로 과업중심실천에서 개발되었음.
- 과업중심실천은 여러 개의 독립적인 활동과 과제로 세분화하고 이를 약 1-2주 안에 수행하는 것을 목적으로 하며, 이때 합의된 과제가 실제로 달성되었는지를 측정하는 것이 과업성취척도임.
- 보통 4점 척도(①최소한 달성 또는 전혀 달성되지 않음, ②부분적 달성, ③상당히 달성, ④완전 달성)를 사용함.

3) 사회복지실천 평가의 방법: 집단대상설계와 단일사례연구설계[292]

---

292) 사회복지실천에서 평가를 위한 설계는 크게 집단대상설계와 단일사례연구설계로 나누어 볼 수 있는데, 집단대상설계는 개입방법의 효과를 과학적으로 증명할 수 있는 방법이지만 사회복지실

① 집단대상설계

㉠ 집단대상설계의 개념

- 연구참여자들을 여러 개의 집단으로 나누어 각기 다른 처치나 조건을 적용하고 그 결과를 비교하는 연구 방법론
- 단일대상설계와 대비되는 개념으로, 개별 대상자의 변화보다는 집단 평균의 차이를 분석하여 개입의 효과를 검증하는 데 중점을 둠.

㉡ 집단대상설계의 유형[293)]

- 실험집단설계
  - 연구대상이 되는 두 집단을 무작위 표집한 후 실험집단에는 의도적으로 개입하고 통제집단에는 개입하지 않은 후 두 집단의 결과를 비교함.
  - 전형적인 실험조사설계는 무작위 추출 과정을 통해서 각각의 표본이 실험집단 또는 통제집단에 들어갈 수 있는 확률을 같게 하여 인과관계의 추론을 높임.

〈표 7-2〉 실험집단설계

유 형	Model	비고
통제집단 사전사후측정실험설계	실험집단 : (R) O_0 X O_1 통제집단 : (R) O_2 O_3 실험효과 : (O_1-O_0) - (O_3-O_2)	R : 무작위 표집 O : 관찰(측정) X : 개입(프로그램)

※ 출처 : 전남련 외(2009: 455)

- 유사실험집단설계
  - 조사대상자는 난선화가 아닌 방법에 의하여 선정되며, 실험변수는 조작되었거나 조작 가능한 것으로 볼 수 있고, 관찰 또는 검사를 여러 번 할 수 있게 된 조사설계의 형태를 의미함.
  - 유사실험에는 무작위 추출 과정이 결여되어 있지만, 비동질적인 특성인 것으로 보이는 집단을 비교하거나 한 집단을 여러 번에 걸쳐 관찰하기도 함(엄명용 외, 2005: 464).

천의 성격상 흔히 쓰일 수 있는 설계가 아니기 때문에 본 서에서는 단일사례연구설계를 중심으로 다루고자 함.

293) 본 서에 제시된 집단대상설계의 유형으로서 실험집단설계(진실험설계, 완전실험설계)와 유사실험집단설계(준실험설계, 의사실험설계)는 전남련 외(2009: 454-456), 최선화(2022: 310-311), 김혜영 외(2023: 340-341) 등을 참고하여 요약·제시함. 특히, 이에 대한 구체적인 설명과 내용은 이종환(2014: 63-66)을 참고하기 바람.

〈표 7-3〉 유사실험집단설계

유 형	Model	비고
2집단 사전사후측정실험설계	실험집단 : O_0 X O_1 통제집단 : O_2 O_3	O : 관찰(측정) X : 개입(프로그램)

※ 출처 : 전남련 외(2009: 455)

② 단일사례연구설계

㉠ 단일사례연구설계의 개념[294)]

- 독립변수(개입)와 종속변수(결과) 사이의 인과관계를 설정하기 위해, 통제된 환경 하에서 하나의 유기체에 대해서 개입하기 전과 후의 변화를 반복해서 측정하는 평가 연구방법
- 무작위로 표집된 두 집단을 비교하는 대신에, 단일 클라이언트를 대상으로 개입 전, 개입 동안, 개입 후를 반복적으로 관찰함으로써 그 변화를 평가하는 방법으로, 이 방법을 통해 결과의 성취정도 뿐만 아니라 그 변화가 개입으로 인한 변화인지를 알 수 있음.

㉡ 단일사례연구설계의 특징(이종환, 2021: 77)

- 단일대상(N=1) : 단일한 대상(개인, 집단, 조직, 지역사회 등)에 초점
- 통제집단과 실험집단의 동일(=통제집단이 없음)
  - 개입 전의 경향을 통제적인 상태로 보고, 개입 중 또는 후의 상태를 실험처치 후의 상태로 보아 실험조사설계의 통제집단사후비교설계와 같은 논리를 찾으려는 것임
  - 개입 전의 일상적인 상태를 알 수 있을 정도로 여러 번의 관찰을 한다면 이는 동일한 통제집단을 설정하는 것과 같은 효과를 얻을 수 있고, 이것은 실험집단에 개입을 한 후 사후조사를 실시한 것과 같은 효과를 가지므로 독립변수(개입)와 종속

294) 단일사례(연구)설계의 개념에 대해서는 전남련 외(2009: 456), 이미선 외(2010: 233-234), 최선화(2022: 311-312), 김혜영 외(2023: 341) 등을 참고하여 요약·제시함. 그리고, Bloom et al.(1995)은 단일사례(연구)설계의 목적에 대해서, ① 시간의 변화에 따른 사건과 사람의 변화를 점검하고 사례 상황을 사정하고, ② 표적 사건에 긍정적 혹은 부정적 변화가 일어났는지를 평가하며, ③ 사회복지사의 개입이 이 변화와 연결되는가를 평가하고, ④ 사회복지사가 개입 간의 효과를 비교하는 것이라고 하였음(이미선 외, 2010: 234),.

변수(변화시키고자하는 표적) 사이의 인과성을 추정할 수 있는 근거를 제공함.
- 반복 측정 : 기초선 단계와 개입 단계 모두에서 종속변수(표적 행동)를 여러 번 반복 측정하여 그 추세를 파악함.
- 시각적 분석 : 수준(Level), 경향(Trend), 변동성(Variability) 변화를 그래프로 시각화하여 분석하고 평가함.
- 기초선의 중요성 : 클라이언트의 문제, 상황, 목적에 관련된 개별화된 기초선은 개입과정 동안 변화를 측정하는 기준이 됨.
- 개입방법의 수정 가능 : 개입 도중에 효과를 계속 측정할 수 있으므로 효과가 없는 개입은 수정하여 효과적인 방안을 강구할 수 있도록 함.
- 개입효과성 검증 : 가설의 검증이 아닌, 표적행동에 대한 개입효과를 관찰, 분석하는 것이 목적임.

㉢ 단일사례연구설계의 기본 구조(이종환, 2021: 77)
- 기초선단계(A)
  - 연구자가 개입하기 이전 단계로서, ‘A’로 표시함.
  - 개입 전의 문제상황, 표적행동을 반복 측정하여 경향을 알아내는 단계로서, 통제집단과 유사한 역할을 수행함.
  - 충분히 관찰이 이루어질 때 단일사례연구의 내적 타당도가 향상됨.
  - 그래프에 시간 순서대로 측정점을 표시하고 측정점들을 줄로 연결한 후 그래프 경향을 관찰함.
- 개입단계(B)
  - 표적행동에 대한 개입이 이뤄지는 기간
  - 이 기간 동안에는 표적행동의 상태에 대한 관찰을 병행해야 함.
  - 단일사례설계의 구조를 설명하는 데 있어서 개입국면을 일반적으로 ‘B’로 표시
  - 개입단계에서는 측정을 하는 사람, 장소, 측정방법, 기타 조건을 기초선 단계와 동일하게 해야 함.

㉣ 단일사례연구설계의 평가 절차(전남련 외, 2009: 456-461, 이종환, 2021: 77)
- **목표의 구체화(표적행동의 설정)**
  - 개입의 결과로 무엇이 달라져야 하는가를 구체적인 용어로 기술해야 함.

- 목표는 클라이언트의 기대를 반영해야 하며, 현실적으로 달성 가능해야 하며, 구체화되고, 측정할 수 있는 것이어야 함.
- 예시) **[문제]** 학교결석 / **[구체적 표적행동]** 1주일에 2-3번 무단결석 / **[명확한 개입 목표]** 1주일에 5일 모두 등교

- **적절한 측정도구의 선택**
  - 개입의 결과(표적행동의 변화)는 신뢰할 수 있는 방법으로 측정되어야 하는데, 그 측정도구는 양적 결과를 측정함으로써 최소한 그 변화가 일어났는지의 유무를 알 수 있어야 함.
  - 측정도구의 유형[295]
    - ▸직접관찰 : 연구자가 클라이언트 표적행동의 발생빈도, 지속시간, 발생간격 등을 직접 관찰하여 평가하는 방식(예, 빈도계산, 시간표집법 등)
    - ▸자기보고식 평정척도 : 클라이언트의 사고나 감정 등 내적인 상태에 대해 발생빈도와 강도 등을 클라이언트 자신이 숫자로 표시하게 하여 평가하는 방식(5점 또는 7점 평정척도)
    - ▸표준화된 측정도구[296] : 검사도구를 이용하는 방식으로, 프로그램 시작 전과 종료 후에 기존 척도를 이용하여 설문지(일반적)로 측정하여 서로 비교하는 방식

- **기초선 자료 기록**
  - 개입 이전의 기초선 자료를 수집해야 하는데, 기초선 측정은 개입 이전의 행동을 측정한 후 개입으로 인한 변화를 알 수 있는 기초율을 설정하는 것임. 만약, 개입 이후에 수집된 자료가 기초선 자료와 다른 패턴이나 수준을 보인다면 변화가 일어났음을 알 수 있을 것임.
  - 기초선 측정 시 고려사항 : 적어도 3회 이상 측정, 자료(표적행동)가 안정된 유형을 보일 때까지 계속 측정(Zastrow, 1995: 328)

- **개입 실행과 점검** : 명확하고 구체적인 개입을 실행하고, 개입기간 중에 기초선을 설정했을 때 시행하였던 측정방법을 동일하게 실시해야 함.

- **변화의 사정과 효과성 추론**
  - 시각적 변화 분석 : 기초선과 개입을 그려놓은 그래프를 보면서 개입 이전과 개입 이후의 표적행동들의 변화를 비교하여 개입의 효과를 분석하는 방법

---

295) 측정도구의 유형에 대한 더 구체적인 내용은 전남련 외(2009: 457-459)를 참고하기 바람.

296) Sheafor et al.(1997: 581)는 표준화된 측정도구를 사용할 때 타당성, 신뢰성, 적용의 용이성, 유용성, 민감성, 비반응성 등을 고려해야 한다고 하였음.

▸ 파동 : 관찰된 표적행동이 시간 경과에 따라 변화하는 정도로, 만일 파동이 크면 변화의 유형을 파악할 수 없으므로 기초선과 관찰수를 늘려야 하고, 파동이 작으면 개입의 효과를 확실히 알 수 있음.

▸ 경향 : 기초선의 방향을 개입기간의 표적행동 변화의 방향과 연결시켜 검토함.

▸ 수준 : 관찰된 표적행동의 점수 위치

• 통계학적 분석 : 자료들에서 나타나는 변화들이 통계학적으로 의미있는 것인지를 분석하는 방법

▸ 평균비교 : 기초선에서 나타나는 관찰값들의 평균과 평균값을 비교하는 방법

▸ 경향선접근 : 기초선(A)의 관찰점을 전반부와 후반부로 절반 나누어 전반부의 평균과 후반부의 평균을 구해 두 점을 잇는 직선을 그어 개입(B)부분까지 연장하는 경향선을 그음. 만일 개입단계에서의 관찰점이 모두 경향선 아래에 있으면 그 개입은 효과적임.

• 임상적 분석 : 현실에서 얼마만큼 비중이 있는 변화인지를 판단하는 방법으로, 제대로 개입의 서비스가 제공되었는지, 비용-효과성의 문제는 없는지 실질적으로 분석해야 함.

ⓜ 단일사례설계의 유형[297]

- **AB설계** : 기본단일설계
  • 기초선(A) 설정 후 개입(B)이 뒤따르는 것을 의미함.
  • 개입전 국면(A)에는 개입이 없으며 단순히 표적행동빈도 등에 관한 관찰만 진행
- **ABA설계**
  • AB설계에 개입 이후 또 하나의 기초선(A)을 추가한 설계
  • AB설계에 개입을 일정 기간 실시하고 나서 개입을 중단한 후 표적행동을 관찰하는 설계
  • 기초선(A) - 개입(B) - 기초선(A)의 형태
- **ABAB설계** : 외생변수를 보다 효과적으로 통제하기 위해 제2기초선(A)과 제2개입단계(B)를 추가하는 것
- **BAB설계**
  • 기초선 측정 없이 바로 개입할 때 사용하는 설계

297) 단일사례(연구)설계의 유형에 대해서는 전남련 외(2009: 461-469), 이미선 외(2010: 234-244), 이종환(2021: 78), 최선화(2022: 312-313), 김혜영 외(2023: 341-342) 등을 참고하여 요약·제시함.

• 클라이언트가 위기에 처해 있거나 기초선을 측정할 수 없는 상황에서 바로 개입하는 설계로서, 클라이언트 상황이 어느 정도 안정되면 개입을 중지하고 기초선 단계 자료를 수집함.

- **ABC설계와 ABCD설계(다중요소설계)** : 하나의 기초선 자료에 대해 여러 개의 각기 다른 개입방법으로 연속적으로 도입해보는 것
- **복수(다중)기초선설계**
  • 기초선이 복수로 설정되어 대상자 또는 문제 간에 기초선이 각각 다르게 설정됨.
  • 대상자 간 복수기초선 조사 : 특정한 개입방법이 동일한 문제를 가진 여러 대상자에게 효과가 있는지를 평가
  • 문제 간 복수기초선 조사 : 특정한 개입방법이 대상자의 다중문제 해결에 효과가 있는지를 평가

참고문헌

〈국내문헌〉

구혜영, 2023, 「사회복지실천기술론」, 신정출판.

권구영 · 고은숙 · 김용민 · 박봉정 · 진혜경, 2009, 「사회복지실천론」, 창지사.

김기태 · 김수환 · 김영호 · 박지영, 2002, 「사회복지실천론」, 양서원.

김기태 · 박병현 · 최송식, 1999, 「사회복지의 이해」, 박영사.

김봉순 · 김향선 · 김현호 · 박영국 · 오정옥 · 이기량 · 이남순 · 이연복 · 이채식, 2011, 「사회복지실천론」, 창지사.

김성이 · 조학래 · 노충래, 2004, 「청소년복지학」, 집문당.

김영모, 2000, 「사회복지학」, 고헌출판부.

김용석 · 이석호 · 전종설, 2013, 「사회복지 실천기술」, 박영사.

김용석 · 김휘연 · 박화옥 · 양혜원, 2019, 「집단사회복지실천론」, 학지사.

김용환, 2022, 「집단사회복지실천론」, 동문사.

김유숙, 1998, 「가족치료: 이론과 실제」, 학지사.

______, 1999, 「가족치료: 이론과 실제」, 학지사.

______, 2002a, 「가족치료: 이론과 실제」(개정판), 학지사.

______, 2002b, "사회구성주의 가족치료", 「가족과 가족치료」, 10(1), 1-23.

김유순 · 이영분, 1992, 「가족분석가계도」, 홍익재.

김융일 · 조홍식 · 김연옥, 1984,「사회사업실천론」, 나남출판사.

____________________, 1997, 「사회사업실천론」, 나남출판.

____________________, 2000, 「사회복지실천론」, 나남출판.

김인숙 · 김용석, 2006, 「사회복지실천기술 연습」, 나남출판.

김정진, 2004, 「사회복지실습론」, 서현사.

김정희 · 이창호, 1992, 「현대심리치료」, 중앙적성출판사.

김종옥 · 권중돈, 1993, 「집단사회사업방법론」, 홍익재.

김혜란, 1998, 「사회복지실천기법과 지침」, 나남출판.

김혜란 · 홍선미 · 공계순, 2002, 「사회복지실천기술론」, 나남출판.

____________________, 2006, 「사회복지실천기술론」, 나남출판.

김혜란 · 홍선미 · 공계순 · 박현선, 2020, 「사회복지실천기술론」, 학지사

김혜란 · 공계순 · 박현선 · 홍선미, 2014, 「사회복지실천론」, 나남출판.

김혜영 · 석말숙 · 최정숙 · 김성경, 2014, 「사회복지실천론」(2판 1쇄), 공동체.

김혜영 · 석말숙 · 홍나미 · 신인순, 2023, 「사회복지실천기술론」(2판), 공동체.

나동석 · 서혜석, 2009, 「사회복지실천론」, 학현사.

남세진 · 조홍식, 1997, 「집단지도방법론」, 서울대학교 출판부.

류종훈, 2006, 「사회복지실천기술론」, 유풍출판사.
박석돈 · 김만호 · 성희자 · 이애재 · 신원식 · 배성우 · 남영옥 · 명선영 · 임성옥 · 이옥희 · 김수정 · 손지아 · 권신영 · 박순미, 2010, 「사회복지개론」, 양서원.
방미진 · 황영희, 2011, 「사회복지실천론」, 나눔의집.
사회복지교육연구회, 2025, 「사회복지사 1급 이론서: 사회복지실천기술론」, 나눔의집.
서혜석 · 김덕진 · 이명자, 2017, 「사회복지실천론」, 정민사.
설진화, 2014, 「사회복지실천기술의 이해」, 양서원.
______, 2018, 「사회복지실천론」, 양성원.
성숙진, 2000, 「상담의 필수기술: 효과적인 의사소통을 위한 사례중심 접근법」, 나남출판.
송정아 · 최규련, 1997, 「가족치료의 이론과 기법」, 하우.
신성자 외, 2007,「사회복지실천기술론」, 양서원.
신성자 · 홍금자 · 라동석 · 김진이, 2000, 「사회복지실천론」, 고헌출판부.
양옥경 · 김정진 · 서미경 · 김미옥 · 김소희, 2000, 「사회복지실천론」, 나남출판사.
______, 2001, 「사회복지실천론」(개정판), 나남출판사.
______, 2002, 「사회복지실천론」(증보판), 나남출판사.
______, 2005, 「사회복지실천론」(개정3판), 나남출판사.
______, 2018, 「사회복지실천론」(개정5판), 나남출판사.
양정남 · 최선령, 2002, 「사회복지실천론」, 양서원.
엄명용 · 김성천 · 오혜경 · 윤혜미, 2000, 「사회복지실천의 이해」, 학지사.
엄명용 · 김성천 · 윤혜미, 2020, 「사회복지실천의 이해」, 학지사.
엄명용 · 노충래 · 김용석, 2005, 「사회복지실천기술의 이해」, 학지사.
______, 2015, 「사회복지실천기술의 이해」, 학지사.
______, 2021, 「사회복지실천기술의 이해」, 학지사.
에듀윌, 2025, 「2026 최신판 에듀윌 사회복지사 1급 핵심요약집」, 에듀윌.
원석조, 2013, 「사회복지개론」, 양서원.
원요한, 2009, 「사회복지실천기술론」, 학현사.
윤선오 · 김우호 · 서보준, 2017, 「사회복지실천론」, 양서원.
윤현숙 · 이영분 · 김기환 · 이원숙 · 이은주 · 최현미 · 홍금자, 2001, 「사회복지실천론」, 동인.
이미선 · 강우진 · 권향임, 2010, 「사회복지실천기술론」, 창지사.
이애재, 2006, 「사회복지실천기술론」, 양서원.
이영분 · 신영화 · 권진숙 · 박태영 · 최선령 · 최현미, 2010, 「가족치료: 모델과 사례」, 학지사.
이영호, 2009, 「사회복지실천기술론」, 공동체.
______, 2015, 「사회복지실천기술론」, 공동체.
______, 2022, 「사회복지실천기술론」, 공동체.
이윤로, 2007, 「사회복지실천기술론」, 학지사.
______, 2021, 「사회복지실천기술론」, 학지사.

이임숙, 2016, “『이게 정말 나일까?』의 치료적 요인들: 얄롬(Yalom)의 치료적 요인을 중심으로”, 「독서치료연구」, 8(2), 103-119.
이종복 · 전남련 · 김덕일, 2006, 「사회복지실천론」, 학현사.
이종환, 2014, 「사회과학조사방법론」(2판), 공동체.
______, 2021, 「사회과학조사방법론」(3판), 공동체.
임안나 · 곽정국 · 장승전 · 임현진 · 신후경 · 김한덕 · 이순자 · 김덕주 · 배재덕 · 강해자, 2011, 「사회복지실천기술론」, 공동체.
장인협, 1989, 「사회사업실천방법론(上)」, 서울대학교출판부.
______, 1991, 「사회사업실천방법론(下」), 서울대학교출판부.
전남련 · 김혜금, 2006, 「부모교육론」, 형설출판사.
전남련 · 신재명 · 이권일 · 김상조, 2009, 「사회복지실천기술론」, 학현사.
전남련 · 오영식 · 정명희 · 김치건 · 이재선 · 김현명 · 김철벽, 2011, 「사회복지실천기술론」, 오래.
전재일 · 이성희, 2004, 「사회복지실천기술론」, 형설출판사.
정문자, 2003, 「사티어 경험적 가족치료」, 학지사.
조휘일 · 이윤로, 2001, 「사회복지실천론」, 학지사.
____________, 2006, 「사회복지실천론」, 학지사.
조홍식 · 김인숙 · 김혜란 · 김혜련 · 신은주, 2019, 「가족복지학」(5판), 학지사.
최선화, 2012, 「풀어쓴 사회복지실천기술」(제4판), 공동체.
______, 2022, 「풀어쓴 사회복지실천기술」(제6판), 공동체.
최수찬 · 이은혜, 2016, “피해자지원법인의 표준 지침 수립방안 : 위기개입 모델을 중심으로,” 「형사정책연구」, 제27권 제3호(통권 제107호), 한국형사정책연구원 pp.285-314.
최옥채, 2002, 「사회복지실천론」, 공동체.
______, 2017, 「사회복지실천론」, 양서원.
최해경, 2019, 「사회복지실천론」, 학지사.
한국인구보건연구원(현, 한국보건사회연구원), 2004, 「사회복지정책 발전방향」, 정책토론회 자료집.
한국전문대학사회복지교육협의회, 2005, 「사회복지실천론」, 양서원.
허남순 역, 1994, 「해결중심적 단기가족치료」, 중앙적성출판사, 제2장 “기본 원리와 철학”
허남순 · 한인영 · 김기환 · 김용석, 2004, 「사회복지실천 이론과 기술」, 나눔의집.

<국외문헌>

Alexander, Chauncey A., 1977, “Social Work Practice: A Unitary Conception,” *Social Work*, 22(5), pp.407-414. https://doi.org/10.1093/sw/22.5.407
American Addiction Centers(AAC), 2019, *Motivational Interviewing in Addiction Treatments.* https://americanaddictioncenters.org/therapy-treatment/motivational-interviewing.
Anderson, Harlene, & Goolishian, Harold A., 1992, “The client is the expert: A not-knowing approach to therapy,” In S. McNamee & K. J. Gergen (Eds.), *Therapy as social construction* (pp. 25-39), Sage Publications, Inc.

Bales, Robert F., 1950, *Interaction Process Analysis: A Method for the Study of Small Groups*, Cambridge, MA.: Addison-Wesley.

______________, 1953, "The equilibrium problem in small groups," In T. Parsons et al., *Working Papers in Theory of Action* (pp.111-161), New York: Free Press.

Bandura, Albert, 1977a, "Self-Efficacy: Toward a Unifying Theory of Behavioral Change," *Psychological Review*, 84(2). https://doi.org/10.1037/0033-295X.84.2.191

______________, 1977b, *Social Learning Theory*, Englewood Cliffs, New Jersey: Prentice-Hall.

Barker, Robert L., 1991, *The Social Work Dictionary* (2nd ed.), Washington, DC: NASW Press.

______________, 1995, *The Social Work Dictionary* (3rd ed.), Washington, DC: NASW Press.

______________, 2003, *The Social Work Dictionary* (5th ed.), Washington, DC: NASW Press.

Beck, Aaron T., 1963, "Thinking and Depression: Idiosyncratic Content and Cognitive Distortions," *Archives of General Psychiatry*, 9(4), 324-333. http://dx.doi.org/10.1001/archpsyc.1963.01720160014002

Beck, Aaron T., Rush, John A., Shaw, Brian F., & Emery, Gary, 1979, *Cognitive Therapy of Depression*, New York: The Guilford Press.

Beck, Aaron T., Wright, Fred D., Newman, Cory F., & Liese, Bruce S., 1993, *Cognitive therapy of substance abuse*, New York: The Guilford Press.

Bellack, Alan S., Mueser, Kim T., Gingerich, Susan, & Agresta, Julie, 2004, *Social Skills Training for Schizophrenia: A Step-by-step Guide* (2nd. ed.), New York: The Guilford Press.

Berg, Insoo Kim, 1994, *Family-based services: A solution-focused approach*, W W Norton & Co.

Biestek. Felix P., 1957, *The casework relationship*, Chicago: Loyola University Press.

Bloom, Martin, Fischer, Joel, & Orme, John G., 1995, *Evaluating practice: guidelines for the accountable professional* (2nd ed.), Boston: Allyn and Bacon.

Boehm, Werner William, 1958, "The Nature of Social Work," *Social Work*, 3(2).

Bowen, Murray, 1976, "Theory in the Practice of Psychotherapy," In Philip J. Guerin, Jr. (Ed.), *Family Therapy: Theory and Practice* (pp.42-90), New York: Gardner Press.

______________, 1978, *Family therapy in clinical practice*, Northvale, NJ.: Jason Aronson, Inc.

Bowers, Swithun, 1949, *The Nature and Definition of Social Casework*, New York: Family Service Association of America.

Brieland, Donald, & Lemmon, John, 1977, *Social Work and the Law*, West Publishing Company.

Brill, Naomi I., 1997, *Working With People: The Helping Process* (6th ed.), New York: Longman.

Bruggemann, William G., 2002, *The Practice of Macro Social Work* (2nd ed.), Pacific Grove, CA.: Thomson Brooks/Cole Publishing Co.

Burns, David D., 1980, *Feeling Good: The New Mood Therapy*, William Morrow, Chicago: Turabian.

Caplan, G., 1964, *Principles of Preventive Psychiatry*, New York: Basics Books.

Carter, Elizabeth A., & McGoldrick, Monica (Eds.), 1988, *The changing family life cycle: A framework for family therapy* (2nd ed.), New York: Gardner Press.

______________________________________, 1999, *The Expanded Family Life Cycle: Individual, Family, and Social Perspectives*, Pearson, Boston: Allyn & Bacon.

_______________, 2005, *The Expanded Family Life Cycle: Individual, Family, and Social Perspectives* (3rd ed.), Pearson, Boston: Allyn & Bacon.

Cartwright, D., 1968, "The Nature of Group Cohesiveness," In D. Cartwright, & A. Zander (Eds.), *Group Dynamics: Research and Theory* (3rd ed., pp.91-109), New York: Harper & Row.

Cartwright, D., & Zander, A., 1968, *Group Dynamics: Research and Theory* (3rd ed.), New York: Harper & Row.

Center for Disease Control, 2019, *Preventing Adverse Childhood Experiences(ACEs): Leveraging the Best Available Evidence*. https://www.cdc.gov/violenceprevention/pdf/preventingACES.pdf

Collins, Donald A., Jordan, Catheleen, Coleman, Heather C., 1999, *An Introduction to Family Social Work*, Cengage Learning.

Compton, Berlah R., & Galaway, Burt, 1975, *Social Work Processes*, The Dorsey Press Home Wood III, Ilinois, 김융일 · 조홍식 · 김연옥 공저, 1984, 「사회사업실천론」, 나남출판사.

_______________, 1994, *Social Work Processes* (5th ed.), Pacific Grove, CA.: Brooks/Cole Publishing Co.

_______________, 1999, *Social Work Processes* (6th ed.), Pacific Grove, CA.: Brooks/Cole Publishing Co.

_______________, 2005, *Social Work Processes* (7th ed.), Pacific Grove, CA.: Brooks/Cole Publishing Co.

Compton, Berlah R., 1983, "Traditional Fields of Practice," *Handbook of Clinical social Work*, San Francisco : Jossey-Bass.

Cooley, Charles Horton, 1909, *Social organization: A study of the larger mind*, New York: Charles Scribner's Sons. https://doi.org/10.1037/14788-000

Corey, Gerald, 1991, *Theory and practice of counseling and psychotherapy* (4th ed.), Pacific Grove, CA.: Thomson Brooks/Cole Publishing Co. 조현춘 · 조현재 역, 1996, 「심리상담과 치료의 이론과 실제」, 시그마프레스.

_______, 1995, *Theory and Practice of Counseling and Psychotherapy* (5th ed.), Pacific Grove, CA.: Thomson Brooks/Cole Publishing Co.

_______, 2012, *Theory and Practice of Counseling and Psychotherapy* (9th ed.), Pacific Grove, CA.: Thomson Brooks/Cole Publishing Co.

Corey, Marianne Schneider, & Corey, Gerald, 1997, *Groups: Process and practice* (5th ed.), Pacific Grove, CA.: Thomson Brooks/Cole Publishing Co.

Coulshed, Veronica, & Orme, Joan, 1998, *Social Work Practice: An Introduction* (2nd ed.), Basingstoke, Palgrave Macmillan.

Cournoyer, Barry R., 2000, *The Social Work Skills Workbook* (3rd ed.), Belmont, CA.: Brooks/Cole, 김인숙 · 김용석 역, 2006, 「사회복지실천기술 연습」, 나남출판.

__________, 2010, *The Social Work Skills Workbook* (6th ed.), Belmont, CA.: Brooks/Cole, 김용석 · 이석호 · 전종설 역, 2013, 「사회복지 실천기술」, 박영사.

__________________, 2016, *The Social Work Skills Workbook* (8th ed.), Belmont, CA.: Brooks/Cole.

De Shazer, Steve, 1985, *Keys to solution in brief therapy*, New York: Norton.

_______________, 1988, *Clues: Investigating Solutions in Brief Therapy*, New York: W.W. Norton.

Douglas, Tom, 1976, *Groupwork Practice*, London: Tavistock Publications.

Duvall, Evelyn Millis, 1977, *Marriage and family development* (5th Ed.), Philadelphia: Lippincott.

Egan, Gerard, 1982, *The skilled helper: A systematic approach to effective helping* (2nd ed.), Monterey, CA.: Thomson Brooks/Cole Publishing Co.

____________, 1990, *The skilled helper: A systematic approach to effective helping* (4th ed.), Monterey, CA.: Thomson Brooks/Cole Publishing Co.

Ellis, Albert, 1962, *Reason and emotion in psychotherapy*, New York: Lyle Stuart.

Epstein, Laura, 1980, *Helping People: The Task-Centered Approach*, St. Louis: C.V. Mosby.

____________, 1992, *Brief Treatment and a New Look at the Task Oriented Approach*, Merrill Publishing Company.

____________, 1995, "Brief Task-Centered Practice," In Edwards, R. L.(Ed.), *Encyclopedia of Social Work* (19th ed., pp.313-323), Washington D.C.: NASW Press.

Epstein, Nathan B., Baldwin, Lawrence M., & Bishop, Duane S., 1983, "The McMaster Family Assessment Device," *Journal of Marital and Family Therapy*, 9(2), pp.171-180. https://doi.org/10.1111/j.1752-0606.1983.tb01497.x

Evans, David R., Hearn, Margaret T., Uhlemann, Max R., & Ivey, A. E., 1998, *Essential Interviewing: A programmed approach to effective communication* (5th ed.), Pacific Grove, CA.: Thomson Brooks/Cole Publishing Co, 성숙진 역, 2000, 「상담의 필수기술: 효과적인 의사소통을 위한 사례중심 접근법」, 나남출판.

Federico, Ronald C.. 1973, *The Social Welfare Institution: An Introduction*, Lexington, Mass.: Heath.

Feltham, Colin, & Dryden, Windy, 1993, *Dictionary of Counselling*, London: Whurr.

Fisch, Richard, Weakland, John H., & Segal, Lynn, 1985, *The Tactics of Change: Doing Therapy Briefly*, SanFrancisco, CA.: Jossey-Bass.

Flexner, A., 1915, "Is Social Work a Profession?," In Proceedings of the National Conference of Charities and Corrections (pp.576-590), The New School of Philanthropy.

Friedlander, Walter A., & Apte, Robert Z., 1974, *Introduction to Social Welfare* (4th ed.), Englewood Cliffs, New Jersey: Prentice-Hall, Inc.

__________________________________, 1980, *Introduction to Social Welfare* (5th ed.), Englewood Cliffs, New Jersey: Prentice-Hall, Inc.

Friedlander, Walter A., 1961, *Introduction to Social Welfare* (2nd ed.), Englewood Cliffs, N.J.: Prentice-Hall.

Galvin, Kathleen M., & Brommel, Bernard J., 1990, *Family Communication: Cohesion and Change*, Harper Collins Publishers, 이재연 · 최영희 공역, 1990, 「의사소통과 가족관계」, 형설출판사.

Gambrill, Eileen D., 1997, *Social Work Practice: A Critical Thinker's Guide*, New York: Oxford University Press.

Garland, James A., Jones, Hubert E., & Kolodny, Ralph L., 1973, "A Model for Stages of Development in Social Work Groups," In Saul, Bernstein (Ed.), *Explorations in Group Work: Essays in Theory and Practice* (pp.17-71), Boston University School of Social Work, Boston: Milford House.

Gersick, Connie J., 1988, "Time and transition in work teams: Toward a new model of group development," *Academy of Management Journal*, 31(1), pp.9-41

Gilliland, Burl E., & James, Richard K., 1997, *Crisis Intervention Strategies* (3rd ed.), Pacific Grove, CA.: Brooks/Cole Publishing Company.

Golan, N., 1978, *Treatment in Crisis Situations*, New York: Free Press.

Goldenberg, Irene, & Goldenberg, Herbert, 2000, *Family Therapy: An Overview* (5th Ed.), Belmont, CA.:Wadsworth/Thomson Learning.

____________________, 2012, *Family Therapy: An Overview* (8th Ed.), Belmont, CA.:Wadsworth/Thomson Learning.

Goldstein, Eda G., 1984, *Ego Psychology and Social Work Practice* (2nd Ed.), New York: The Free Press

Goldstein, H., 1990, "The knowledge base of social work practice: Theory, wisdom, analogue, or art?," *Families in Society*, 71(1), pp.32-43.

Gordon, William E., 1962, "A Critique of the Working Definition," *Social Work*, 7(4), pp.3-13.

__________, 1965, "Knowledge and Value: Their Distinction and Relationship in Clarifying Social Work practice," *Social Work*, 10(4), pp.32-39.

Granvold, D. K. (Ed.), 1994, *Cognitive and Behavioral Treatment: Methods and Applications*, Pacific Grove, CA.: Thomson Brooks/Cole Publishing Co.

Greenwood, Ernest, 1957, "Attributes of a profession," *Social Work*, 2, pp.5-45.

Haley, Jay, 1976, *Problem-solving Therapy: New Strategies for Effective Family Therapy*, San Francisco: Jossey-Bass.

Hartford, Margaret E., 1971, *Groups in Social Work: Application of Collaboration and Change Process*, New York: Columbia University Press.

Hartman, Ann, 1978, "Diagrammatic Assessment of Family Relationships," *Social casework*, Vol. 59, Issue 8, pp.465-476.

Hartman, Ann, & Laird, Joan, 1983, *Family-centered Social Work Practice*, New York: Free Press.

Henry, Sue, 1981, *Group Skills in Social Work: A Four-Dimensional Approach*, Itasca, Illinois: F.E. Peacock.

______, 1992, *Group Skills in Social Work: A Four-Dimensional Approach* (2nd ed.), Itasca, Illinois: F.E. Peacock.

Hepworth, Dean H., & Larsen, Jo Ann, 1986, *Direct Social Work Practice: Theory and skills* (2nd ed.), Pacific Grove, CA: Brooks/Cole Publishing Company.

____________________, 1990, *Direct Social Work Practice: Theory and Skills* (3rd ed.), Pacific Grove, CA: Brooks/Cole Publishing Company.

______________, 1993, *Direct Social Work Practice: Theory and Skills* (4th ed.), Pacific Grove, CA: Brooks/Cole Publishing Company.

______________, 2013, *Direct Social Work Practice: Theory and Skills* (9th ed.), Pacific Grove, CA: Brooks/Cole Publishing Company.

______________, 2017, *Direct Social Work Practice: Theory and Skills* (10th ed.), Pacific Grove, CA: Brooks/Cole Publishing Company.

Hepworth, Dean H., Rooney, Ronald H., & Larsen, Jo Ann, 1997, *Direct Social Work Practice: Theory and Skills* (5th ed.), Pacific Grove, CA: Brooks/Cole Publishing Company.

______________, 2002, *Direct Social Work Practice: Theory and Skills* (6th ed.), Pacific Grove, CA: Brooks/Cole Publishing Company.

Heron, John, 2001, *Helping the Client: A Creative Practical Guide* (5th ed.), London: Sage.

Hjelle, Larry A., & Ziegler, Daniel J., 1981, *Personality theories: basic assumptions, research, and applications* (2nd ed.), New York, London: McGraw-Hill.

Hollis, Florence., 1972, *Casework: A Psychosocial Therapy*, New York: Random House.

Ivey, Allen E., 1994, *Intentional Interviewing and Counseling: Facilitating Client Development in a Multicultural Society* (3rd ed.), Pacific Grove, CA.: Thomson Brooks/Cole Publishing Co.

James, Richard K. & Gilliland, Burl E., 2001, *Crisis Intervention Strategies* (4th Ed.), Brooks/Cole Thomson Learning, 한인영 · 장수미 · 최정숙, 「위기개입」, 나눔의집.

______________, 2017, *Crisis Intervention Strategies* (8th ed.). Brooks/Cole Thomson Learning

Johnson, Louise C., & Yanca, Stephen J., 2001, *Social Work Practice: A Generalist Approach* (7th ed.), Boston: Allyn Bacon.

Johnson, Louise. C., 1980, *Social Work Practice: A Generalist Approach*, Boston : Allyn & Bacon.

______________, 1989, *Social Work Practice: A General Approach* (3rd ed.), Boston: Allyn & Bacon.

______________, 1995, *Social Work Practice: A General Approach* (5th ed.), Boston: Allyn & Bacon.

______________, 1998, *Social Work Practice: A General Approach* (6th ed.), Boston: Allyn & Bacon.

Jordan, Catheleen, & Franklin, Cynthia, 1995, *Clinical assessment: Quantitative and qualitative methods*, Chicago: Lyceum Books Inc.

Kadushin, Alfred, 1959, "The Knowledge Base of Social Work" (pp.39~79), In Kahn, Alfred J., *Issues in American Social Work*, New York: Columbia University Press.

______________, 1990, *The Social Work Interview* (3rd ed.), New York: Columbia University Press.

______________, 1995, "Interviwing," In R. L. Edwards & J. G. Hopps(eds.), *Encyclopedia of Social Work* (19th ed. pp.1527-1537), Washington, D.C.: NASW Press.

Kadushin, Alfred, & Kadushin, Goldie, 1997, *The Social Work Interview: A Guide for Human Service Professionals* (4th ed.), New York: Columbia University Press.

Kagle, Jill Doner, 1991, *Social work records* (2nd ed.), Belmont, CA.: Wadsworth.

Kantor, David & Lehr, William, 1975, *Inside the Family: Toward a Theory of Family Process*, San Francisco: Jossey-Bass.

Kirst-Ashman, Karen K., 2003, *Introduction to Social Work and Social Welfare: Critical Thinking Perspectives*, Thomson Brooks/Cole.

Kirst-Ashman, Karen K., & Hull, Grafton H., Jr., 1993, *Understanding generalist practice* (1st ed.), Chicago: Nelson-Hall Publishers.

____________________, 1999, *Understanding generalist practice* (2nd ed.), Chicago: Nelson-HallPublishers.

____________________, 2018, *Understanding generalist practice* (8th ed.), Chicago: Nelson-HallPublishers.

Klein, Alan F., 1972, *Effective Groupwork: An Introduction to Principle and Method*, New York: Association Press.

Konopka, Gisela P., 1963, *Social Group Work: a helping process*, Englewood Cliffs, N.J., Prentice-Hall.

Lantz, J., 1996, "Cognitive theory and social work treatment," In Turner, F.(eds.), *Social Work Treatment* (ppl.94-115), New York: The Free Press.

Lazarus, Richard S., & Folkman, Susan, 1984, *Stress, Appraisal, and Coping*, New York, NY.: Springer Publishing Company.

LeCroy, Craig W. (Ed.), 1994, *Handbook of Child and Adolescent Treatment Manuals*, New York: The Free Press.

Levy, Charles S., 1973, "The Value Base of Social Work," *Journal of Education for Social Work*, Vol. 9, pp.34-42.

Lewin, K., 1951, *Field Theory in Social Science: Selected Theoretical Papers*, New York: Harper & Row.

Lowenberg, Frank M. & Dolgoff, Ralph, 1971, *Ethical Decisions for Social Work Practice* (5th ed.), Itasca, IL: F. E. Peacock.

____________________, 1992, *Ethical Decisions for Social Work Practice* (4th ed.), Itasca, IL: F.E. Peacock.

Malekoff, Andrew, 1997, *Group Work with Adolescents: Principles and Practice* (pp.37-40), New York: The Guilford Press.

Marlatt, Alan G. & Gordon, Judith R. (Eds.), 1985, *Relapse prevention: Maintenance strategies in the treatment of addictive behaviors* (1st ed.), New York: The Guilford Press.

Mattison, Marian, 1977, "Ethical Decision Making: The Person in the Process," *Social Work*, 45, pp.201-212.

McGoldrick, Monica, & Gerson, Randy, 1985, *Genograms in Family Assessment*, New York: Norton & Company.

Meyer, C., 1990, *Can Social Work Keep up with the Changing Family?* [Monograph], The fifth annual Robert J. O'Leary Memorial Lecture, Columbus: THe Ohio State University College of Social Work, pp.1-24.

Miley, Karla K., O'Melia, Michael W., & DuBois, Brenda L., 1995, *Generalist Social Work Practice: An Empowering Approach*, Boston: Allyn and Bacon.

______________________________, 2001, *Generalist Social Work Practice: An Empowering Approach* (3rd ed.), Boston: Allyn and Bacon.

______________________________, 2016, *Generalist Social Work Practice: An Empowering Approach* (8th ed.), Boston: Allyn and Bacon.

Millar, Rob, Crute, Valerie, & Hargie Owen, 1992, *Professional Interviewing*, London: Routledge.

Miller, Jean Baker, 1976, *Toward a new psychology of women*, Boston: Beacon Press.

Miller, William R., & Rollnick, Stephen, 1991, *Motivational interviewing: Preparing people to change addictive behavior*, New York: The Guilford Press.

____________________, 2002, *Motivational interviewing: Preparing people to change addictive behavior* (2nd ed.), New York: The Guilford Press.

____________________, 2009, "Ten Things That Motivational Interviewing Is Not," *Behavioural and Cognitive Psychotherapy*, 37, pp.129-140. http://dx.doi.org/10.1017/S1352465809005128

____________________, 2013, Motivational Interviewing: Helping People to Change (3rd ed.), New York: The Guilford Press.

Miller, William R., & Rose, G. S., 2009, "Toward a theory of motivational interviewing," *American Psychologist*, 64(6), pp.527-537. https://doi.org/10.1037/a0016830

Miller, William R., Zweben, A., DiClemente, C., & Rychtarik, R., 1992, *Motivational Enhancement Therapy Manual: A Clinical Research Guide for Therapists Treating Individuals with Alcohol Abuse and Dependence* (Project MATCH Monograph Series, Vol. 2, DHHS Pub. No. (ADM) 92-1894). Government Printing Office.

Minuchin, Keith Salvador, 1974, *Families & Family Therapy*, Cambridge, MA.: Harvard University Press.

Minuchin, Keith Salvador, & Fisch, Charles H., 1981, *Family Therapy Techniques*, Cambridge, MA.: Harvard University Press.

Morales, Armando T., & Sheafor, Bradford W., 1980, *Social Work: A Profession of Many Faces* (2nd, ed.), Boston, MA: Allyn and Bacon.

________________________, 1987, *Social Work: A Profession of Many Faces* (4th ed.), Boston, MA: Allyn and Bacon.

________________________, 1997, *Social Work: A Profession of Many Faces* (8th ed.), Boston, MA: Allyn and Bacon.

________________________, 2001, *Social Work: A Profession of Many Faces* (9th ed.), Allyn and Bacon.

Moreno, Jacob Levy, 1951, *Sociometry, Experimental Method and the Science of Society: An Approach to a New Political Orientation*, New York: Beacon House, Inc.

__________________, 1953, *Who shall survive? Foundations of sociometry, group psychotherapy and socio-drama* (2nd ed.). New York: Beacon House, Inc.

Myer, Rick A., Williams, Richard C. Ottens, Alan J., & Schmidt, Anne E., 1991, "Crisis assessment: A triage model," *Journal of Mental Health Counseling*, 13(3), pp.311-324.

Myer Rick A., 2001, *Assessment for crisis intervention: A triage assessment model*, Belmont, CA: Brooks/Cole.

NASW, 1958, "Working Definition of Social Work Practice" in Toward clarification and improvement of social work practice, *Social Work*, 3(2).

_____, 1973, *Standards for Social Service Manpower*, Washington, D.C.: NASW.

_____, 1974, "Social Case Work: Generic and Specific: A Report of the Milford Conferenceof 1929," Washington, D.C.: National Association of Social Workers.

_____, 1995, *Encyclopedia of Social Work* (19th ed.), Washington, D.C.: NASW Press.

_____, 1996, *Code of Ethics of the National Association of Social Workers*, Washington, D.C.: NASW Press.

Neidig, Peter H., 1984, *Spouse Abuse: A Treatment Program for Couples*, Research Press.

Nichols, Michael P., 2013, *Family Therapy: Concepts and Methods*, Pearson New International Edition, Boston, Pearson.

Nichols, Michael P., & Schwartz, Richard C., 1995, *Family Therapy: Concepts and Methods* (3rd ed.), Boston, MA.: Allyn & Bacon.

____________________________________, 2001, *Family Therapy: Concepts and Methods* (5th ed.), Boston, MA.: Allyn & Bacon.

Northen, Helen, 1969, *Social Work with Groups*, New York: Columbia University Press.

Northen, Helen, & Kurland, Roselle, 2001, *Social Work with Groups* (3rd ed.), New York: Columbia University Press.

Papell, Catherine P., & Rothman, Beulah, 1966, "Social Group Work Models: Possession and Heritage," *Journal of Education for Social Work*, 2(2), 66-77

Parad, Howard J., & Parad Libbie G., 1990, *Crisis Intervention, Book 2: The Practitioner's Sourcebook for Brief Therapy*, Milwaukee, Wi.: Family Service America.

Patterson, Joän M., 2002, "Integrating family resilience and family stress theory," *Journal of Marriage and Family*, 64(2), pp.349-360.

Patterson, JoEllen, Williams, Lee, Grauf-Grounds, Claudia, & Chamow, Larry, 1998, *Essential Skills in Family Therapy: From the First Interview to Termination*, New York: Guilford Press.

Payne, Malcom, 1997, *Modern Social Work Theory*, New York: Macmillan Pub., 서진환 · 이선혜 · 정수경 역, 2001, 「현대 사회복지실천이론」, 나남출판.

Perlman, Helen Harris, 1957, *Social Casework: A Problem-Solving Process*, Chicago: University of Chicago Press.

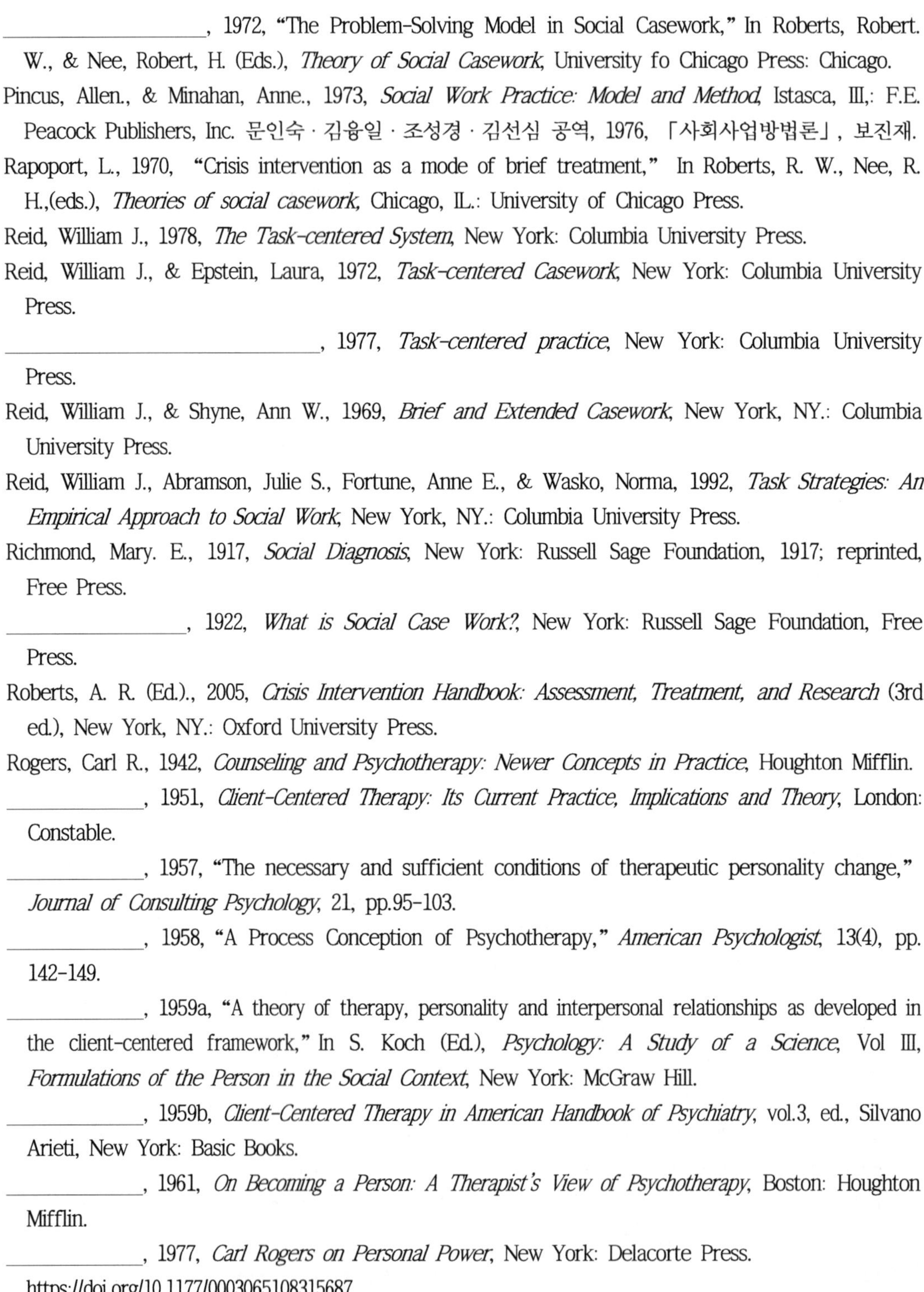

______________, 1972, "The Problem-Solving Model in Social Casework," In Roberts, Robert. W., & Nee, Robert, H. (Eds.), *Theory of Social Casework*, University fo Chicago Press: Chicago.

Pincus, Allen., & Minahan, Anne., 1973, *Social Work Practice: Model and Method*, Istasca, Ⅲ,: F.E. Peacock Publishers, Inc. 문인숙 · 김융일 · 조성경 · 김선심 공역, 1976, 「사회사업방법론」, 보진재.

Rapoport, L., 1970, "Crisis intervention as a mode of brief treatment," In Roberts, R. W., Nee, R. H.,(eds.), *Theories of social casework*, Chicago, IL.: University of Chicago Press.

Reid, William J., 1978, *The Task-centered System*, New York: Columbia University Press.

Reid, William J., & Epstein, Laura, 1972, *Task-centered Casework*, New York: Columbia University Press.

______________________, 1977, *Task-centered practice*, New York: Columbia University Press.

Reid, William J., & Shyne, Ann W., 1969, *Brief and Extended Casework*, New York, NY.: Columbia University Press.

Reid, William J., Abramson, Julie S., Fortune, Anne E., & Wasko, Norma, 1992, *Task Strategies: An Empirical Approach to Social Work*, New York, NY.: Columbia University Press.

Richmond, Mary. E., 1917, *Social Diagnosis*, New York: Russell Sage Foundation, 1917; reprinted, Free Press.

____________, 1922, *What is Social Case Work?*, New York: Russell Sage Foundation, Free Press.

Roberts, A. R. (Ed.)., 2005, *Crisis Intervention Handbook: Assessment, Treatment, and Research* (3rd ed.), New York, NY.: Oxford University Press.

Rogers, Carl R., 1942, *Counseling and Psychotherapy: Newer Concepts in Practice*, Houghton Mifflin.

_________, 1951, *Client-Centered Therapy: Its Current Practice, Implications and Theory*, London: Constable.

_________, 1957, "The necessary and sufficient conditions of therapeutic personality change," *Journal of Consulting Psychology*, 21, pp.95-103.

_________, 1958, "A Process Conception of Psychotherapy," *American Psychologist*, 13(4), pp. 142-149.

_________, 1959a, "A theory of therapy, personality and interpersonal relationships as developed in the client-centered framework," In S. Koch (Ed.), *Psychology: A Study of a Science*, Vol Ⅲ, *Formulations of the Person in the Social Context*, New York: McGraw Hill.

_________, 1959b, *Client-Centered Therapy in American Handbook of Psychiatry*, vol.3, ed., Silvano Arieti, New York: Basic Books.

_________, 1961, *On Becoming a Person: A Therapist's View of Psychotherapy*, Boston: Houghton Mifflin.

_________, 1977, *Carl Rogers on Personal Power*, New York: Delacorte Press. https://doi.org/10.1177/0003065108315687

Saleebey, Dennis, 1997, *The Strengths Perspective in Social Work Practice* (2nd ed.). New York: Longman, pp. 41-52.

Sarri, Rosemary C., & Galinsky, David P., 1985, *Individual Change Through Small Groups* (2nd ed.), New York: Free Press.

Satir, Virginia, 1972, *Peoplemaking*, Palo Alto, CA.: Science and Behavior Books.

__________, 1983, *Conjoint Family Therapy*, Palo Alto, CA.: Science and Behavior Books.

Satir, Virginia, Banmen, John, Gerber, Jane, & Gomori, Maria, 1991, *The Satir Model: Family Therapy and Beyond*, Palo Alto, CA.: Science and Behavior Books.

Schlippe, Arist von., & Schweitzer, Jochen, 1996, *Lehrbuch der Systemischen Therapie und Beratung*, Göttingen, Vandenhoeck & Ruprecht

Schubert, Margaret, 1971, *Interviewing in Social Work Practice: an introduction*, New York: Council on Social Work Education.

Shapiro, D. E., & Koocher, G. P., 1996, "Goals and practical considerations in outpatient medical crises," *Professional Psychology: Research and Practice*, 122, pp.109-120.

__________________________, 1996, "Goals and practical considerations in outpatient medical crises intervention," *Professional Psychology: Research and Practice*, 27(2), 109-120.

Sheafor, Bradford W., Horejsi, Charles R., & Horejsi, Gloria A., 1991, *Techniques and Guidelines for Social Work Practice* (2nd ed.), Needham Heights, MA.: Allyn & Bacon

____, 1997, *Techniques and Guidelines for Social Work Practice* (4th ed.), Needham Heights, MA.: Allyn & Bacon, 서울대사회복지실천연구회 역, 1998, 「사회복지 실천기법과 지침」, 나남출판.

Shulman, Lawrence, 1984, *The Skills of Helping Individuals and Groups* (3rd ed.), Itasca, LI.: F.E. Peacock Publishers.

______________, 1992, *The Skills of Helping Individuals, Families, Groups, and Communities* (2nd ed.), Itasca, LI.: F. E. Peacock Publishers.

______________, 2015, *The Skills of Helping Individuals, Families, Groups, and Communities* (8th ed.), Itasca, LI.: F. E. Peacock Publishers.

Siporin, M., 1975, *Introduction to Social Work Practice*, New York: Macmillan Publishing, Co., Inc.

Skidmore, Rex A.; Thackeray, Milton G.; Farley, O. William, 2000, *Introduction Social Work*, Pearson, Boston: Allyn & Bacon.

Smalley, Ruth E., 1967, *Theory for Social Work Practice*, New York: Columbia University Press.

Strean, Herbert S., 1996, "Psychoanalytic Theory and Social Work Practice: Treatment Approaches in the Human Services," In F. J. Turner (Ed.), *Social work treatment: Interlocking theoretical approaches* (4th ed.), New York: The Free Press.

Strong, Bryan & DeVault, Christine, 1992, *The Marriage and Family Experience* (5th Ed.), St. Paul, MN.: West Publishing Company.

Tönnies, Ferdinand, 1887, *Community and Society (Gemeinschaft und Gesellschaft)*, New York, NY: Harper & Row.

Toseland, Ronald W., & Rivas, Robert F., 1995, *An Introduction to Group Work Practice* (2nd ed.), Needham Heights, MA.: Allyn and Bacon.

__________________, 2001, *An Introduction to Group Work Practice* (4th ed.), Needham Heights, MA.: Allyn and Bacon.

__________________, 2017, *An Introduction to Group Work Practice* (8th ed.), Needham Heights, MA.: Allyn and Bacon.

__________________, 2021, *An Introduction to Group Work Practice* (9th ed.), Needham Heights, MA.: Allyn and Bacon.

Trecker, Harleigh B., 1972, *Social Group Work: Principles and Practices*, New York: Association Press.

Trevithick, Pamela, 2000, *Social Work Skills: A Practice Handbook*, Philadelphia, PA.: Open University Press.

Tuckman, Bruce W., 1965, "Developmental Sequence in Small Groups," *Psychological Bulletin*, 63(6), pp.384-399.

Tuckman, Bruce W., & Jensen, Mary Ann C., 1977, "Stages of small-group development revisited," *Group & Organization Studies*, 2(4), pp.419-427.

Turner, F. J., 1996, *Social Work Treatment: Interlocking Theoretical Approaches* (3th ed.), New York: Free Press.

Walsh, F., & Crosser, C., 2000, "Advances in family therapy: Theory and practice," In P. Allen-Meares & Garvin, C. (Eds.), *The handbook of social work direct practice* (pp.301-325). New York: Sage.

Watzlawick, Paul, Weakland, John H., & Fisch, Richard, 1974, *Change: Principles of problem formation and problem resolution*, W. W. Norton.

Wheelan, Susan A., 2005, *Creating effective teams: A guide for members and leaders*, London: Sage Publications.

White, Michael, & Epston, David, 1990, *Narrative Means to Therapeutic Ends*, New York: W. W. Norton.

Wilson, G., 1976, "From practice to theory: A personalized history," In R. W. Roberts and H. Northen (Eds.), *Theories of social work with groups* (pp.1-44), New York: Columbia University Press.

Wilson, Suanna J., 1976, *Recording: Guidelines for Social Workers*, New York: The Free Press.

________, 1980, *Recording: Guidelines for Social Workers*, New York: The Free Press.

Woods, Mary E., & Hollis, Florence, 1990, *Casework: A Psychosocial Therapy* (4th ed.), McGraw-Hill.

______________, 2000, *Casework: A Psychosocial Therapy* (5th ed.), McGraw-Hill.

Woods, Mary E., & Robinson, H., 1996, "Psychosocial Theory and Social Work Treatment," In F. J. Turner (Ed.), *Social work treatment: Interlocking theoretical approaches* (4th ed.) (pp.555-580), New York: The Free Press.

Yalom, Irvin D., 1970, *The Theory and Practice of Group Psychotherapy*, New York: Basic Books.

______________, 1975, *The Theory and Practice of Group Psychotherapy* (2nd ed.), New York: Basic Books.

______________, 1985, *The Theory and Practice of Group Psychotherapy* (3rd ed.), New York: Basic Books.

______________, 2020, *The Theory and Practice of Group Psychotherapy* (6th ed.), New York: Basic Books.

Yalom, Irvin D., & Leszcz, Molyn, 2008, *The Theory and Practice of Group Psychotherapy* (5th ed.), New York: Basic Books, 최해림 · 장성숙 역, 「최신 집단정신치료의 이론과 실제」, 하나의학사 (원본발간일 2005년)

Zastrow, Charles H., 1989, *The Practice of Social Work*, Chicago: Dorsey Press.

________________, 1992, *The Practice of Social Work: Applications of Generalist and Advanced Content* (2nd ed.), Pacific Grove, CA.: Brooks/Cole Pub.

________________, 1995, *The Practice of Social Work: Applications of Generalist and Advanced Content* (5th ed.), Pacific Grove, CA.: Brooks/Cole Pub.

________________, 1999, *The Practice of Social Work: Applications of Generalist and Advanced Content* (10th ed.), Pacific Grove, CA.: Brooks/Cole Pub.

________________, 2000, *Understanding Human Behavior and the Social Environment* (5th ed.), Cengage Learning.

알기 쉽게 이해하는 핵심요약

사회복지실천기술론

2026년 3월 1일 초판 1쇄 인쇄
2026년 3월 5일 초판 1쇄 발행

저　자 | 최 성 혁 • 지음

발 행 처 | 도서출판 에듀컨텐츠휴피아
발 행 인 | 李 相 烈
등록번호 | 제2017-000042호 (2002년 1월 9일 신고등록)
주　소 | 서울 광진구 자양로 28길 98, 동양빌딩
전　화 | (02) 443-6366
팩　스 | (02) 443-6376
e-mail | iknowledge@naver.com
web | http://cafe.naver.com/eduhuepia
만든사람들 | 기획 • 김수아 / 책임편집 • 이진훈 한수진 정민경
디자인 • 유충현 / 영업 • 이순우

ISBN 978-89-6356-560-6 (93330)
정　가 19,000원